本书属于国家自然科学基金青年项目——丝绸之路沿线的佛教石窟与 5-9 世纪佛寺空间模式及其生成逻辑研究（项目批准号：51608354）的阶段性成果。

敦煌莫高窟与6至11世纪佛寺空间布局研究

Research on Mogao Grottoes in Dunhuang and Spatial Layout of Buddhist Monasteries from the 6th through 11th Century

赵娜冬　段智钧　著

中国建筑工业出版社

图书在版编目（CIP）数据

敦煌莫高窟与 6 至 11 世纪佛寺空间布局研究／赵娜冬，段智钧著．
北京：中国建筑工业出版社，2019.12
ISBN 978-7-112-24223-8

Ⅰ．①敦…　Ⅱ．①赵…②段…　Ⅲ．①敦煌石窟－研究②佛教－
寺庙－宗教建筑－研究－中国　Ⅳ．① K879.214 ② TU-098.3

中国版本图书馆 CIP 数据核字（2019）第 208535 号

　　公元 6~11 世纪处于佛教中国化的关键时期，也是中国佛教建筑研究的
重要阶段。本文以敦煌莫高窟的石窟形制、经变壁画以及主尊塑像等艺术遗
存为直接研究对象来讨论公元 6~11 世纪佛寺院落的空间布局特征，结合汉
地佛寺遗迹及有关历史文献，重点关注佛寺院落的殿阁配置、空间关系与空
间组合三方面。

　　责任编辑：张　晶　杨　琪
　　责任校对：赵　菲

敦煌莫高窟与6至11世纪佛寺空间布局研究
赵娜冬　段智钧　著
*
中国建筑工业出版社出版、发行（北京海淀三里河路9号）
各地新华书店、建筑书店经销
北京雅盈中佳图文设计公司制版
北京建筑工业印刷厂印刷
*
开本：787×1092毫米　1/16　印张：16¼　字数：308千字
2019年12月第一版　2019年12月第一次印刷
定价：**68.00**元
ISBN 978-7-112-24223-8
　　　　　（34752）

摘 要

公元 6~11 世纪处于佛教中国化的关键时期，也是中国佛教建筑研究的重要阶段。本文以敦煌莫高窟的石窟形制、经变壁画以及主尊塑像等艺术遗存为直接研究对象来讨论公元 6~11 世纪佛寺院落的空间布局特征，结合汉地佛寺遗迹及有关历史文献，重点关注佛寺院落的殿阁配置、空间关系与空间组合三方面。

首先对敦煌莫高窟的时空意义及其所反映的礼佛空间进行分析，基于佛教中国化的发展历程与研究对象艺术分期的对应关系，以及敦煌佛教与中原佛教的紧密关联，明确本文研究的时间范围主要对应敦煌艺术分期的隋代至归义军时期（公元 581~1036 年）。在此基础上，参考佛教艺术学相关领域的研究方法，确定了对石窟形制、经变壁画以及主尊塑像进行整体研究的视角。

然后，基于占绝大多数的佛殿型窟与"一正两厢"式院落空间的对应关系，对隋代至归义军时期莫高窟相关内容进行全面爬梳与整理，并结合莫高窟佛教图像特征的总结与辨析，从主尊塑像的姿态入手，讨论不同主尊佛的各种绘塑组合可能体现的信仰主题，进而对其反映出的佛寺院落主题及相应殿阁的可能配伍组合情况加以分析论证，明确了其中的对应关系和历史联系。

接下来，对以净土变相为主的莫高窟经变壁画从信仰基础和图像特征两个方面进行梳理，在此基础上，讨论石窟形制与经变壁画所直接或间接反映的佛寺院落可能出现的三种主要殿阁布局模式及其发展历程，并且分别总结出主辅单体组群型、廊连接组群型和复合型组群这三种主要殿阁布局模式的各子类型的空间特征及其相互演变关联。

最后，讨论莫高窟自身作为大型石窟寺遗迹，其中可能反映有佛寺院落的空间组合关系。分析有关佛寺院落组合的可能性，从纵向空间序列和横向轴线组合两方面，尝试讨论佛寺院落的扩展方式。还通过具体石窟实例研究，对石窟内部空间与绘塑组合的整体性进行了深入探讨，进一步印证石窟空间在整体上是基于对应佛寺布局的功能关系和义理逻辑两方面的统筹考量。

关键词：莫高窟；6~11 世纪；佛寺；院落；空间布局

Abstract

The period from the 6th through 11th century is not only the critical phrase of sinicization of Buddhism, but also the important section of research on Chinese Buddhist Architecture. By means of types of rock-out caves, sutra wall-painting and leading statues in Mogao Grottoes as direct objects of study, the dissertation tries to discuss on features of spatial layout in courtyards of Buddhist monasteries from the 6th through 11th century. Moreover, with relics of Chinese Buddhist monasteries and involved historical documents, further research focuses on three aspects, namely, configuration of buildings in courtyards of Buddhist monasteries, spatial relationship and combination of spaces.

Firstly, this dissertation analyzed on space-time significance of Mogao Grottoes in Dunhuang and reflected whorship-Buddha space, and confirms time extent of the dissertation corresponds to Sui Dynasty through Guiyijun Period (581-1036 AD) of Dunhuang artical periodization, based on the relation between development of sinicization of Buddhism and artical periodization of objects of study, as well as the close correlation of Dunhuang Buddhism and Central-plain Buddhism. What's more, integrated research on types of rock-out caves, sutra wall-painting and leading statues in Mogao Grottoes is chosen as study perspective via reference to research methods in fields related to Buddhist art theory.

Secondly, based on corresponding relationship between overwhelming Buddha-hall caves and courtyard space consisting of one front hall and two wing halls, related content of Mogao Grottoes from Sui Dynasty through Guiyijun Period was overall teased out and arranged. Then, with summarization and differentiation of Buddhist-image features in Mogao Grottoes, this part discussed that combinations of paintings and statues centered by different leading Buddha statues possibly embody corresponding faith themes starting with postures of leading statues. Furthermore, this part analyzed and discussed on courtyard themes and collocation possibilities of relevant buildings reflected by analysis mentioned above, and makes clear corresponding relation and historical connection.

The third part cleared up sutra wall-painting in Mogao Grottoes based on Pure-land sutra painting from these two aspects, faith basis image feature. On this basis, this part discussed on three possibilities of layout patterns of main buildings and their evolution directly or indirectly reflected by types of rock-out caves and sutra wall-painting, and separately concluded spatial characteristics of individual subtypes of these three patterns and mutual relevance during their evolution.

Finally, the dissertation discussed on possibilities of spatial combination relation reflected by Mogao Grottoes as relic of large grotto temple. This part also analyzed possibility of courtyard combination reflected by correlative art remains, and tries to discuss on extended modes of courtyards in Buddhist monasteries from such two aspects as longitudinal spatial sequence and lateral combination of axises. What's more, by means of the specific cave example, this part deeply explored on integrality of interior space and combination of painting and statues in rock-out caves and more verifies the whole of that cave space are result of integral consideration based on function relation and sutra logic of homologous Buddhist monasteries.

Keywords : Mogao Grottoes ; from the 6th through 11th century ; Buddhist monasteries ; courtyard ; spatial layout

目　录

第1章 绪论

本书以敦煌莫高窟隋代至归义军时期（公元 581~1036 年）的有关艺术遗存，包括石窟形制、壁画、塑像等作为主要研究对象。首先，基于"石窟即寺院"的一般假设，莫高窟的石窟形制所构建的空间形态在一定程度上可以被看作是对同期有关普通佛寺的殿阁配置和空间布局的写仿与精炼，因而，莫高窟是研究隋代至宋初（约为公元 6~11 世纪）佛寺布局情况的重要实物遗迹。其次，莫高窟的壁画，尤其是依据"净土三经"①、"弥勒六经"②《药师经》等净土类佛经内容绘制而成的经变画（以下均简称为净土变相）是一种能够反映佛寺空间的重要佛教图像类型。言其重要，一是内容，作为承载特定佛教意义的绘画类型，以描绘大型建筑背景见长的净土变相较之其他佛教绘画更关注对佛国净土的向往，其写实风格的建筑背景宛若真实佛寺的再现，是研究当时佛寺布局情况不可或缺的图像史料；二是对所依据的特定佛教义理的阐释作用，经变壁画所选用的由特定义理支撑的宗教图像和构图模式，为我们对同期佛寺布局情况进行宗教解读提供了重要线索；三是在佛教史中的地位，莫高窟经变壁画由产生到高峰的发展过程涵盖了汉地佛教发展中国化的重要阶段，如同佛教经典、著述、造像等一样，能够在一定程度上体现当时佛教信仰发展的状况。

本书研究从建筑史的视角梳理 6~11 世纪敦煌莫高窟的石窟形制、以净土变相为主的经变壁画以及壁画与主尊塑像的组合情况（以下均简称为绘塑组合），及其在特定佛教义理理解下，所反映出的同时期佛寺空间布局特征，进而对当时佛寺院落的殿阁配置进行一定推测复原，并尝试进行史学解释。

---

① "净土三经"是弘传西方净土信仰的重要佛教经典，也是佛教净土宗所依据的主要佛经，包括《阿弥陀经》《无量寿经》和《观无量寿经》。
② "弥勒六经"是弘传弥勒净土信仰的主要佛教经典，分为上生经典和下生经典两类，包括《佛说观弥勒菩萨上生兜率天经》《佛说弥勒下生经》《佛说弥勒下生成佛经》《佛说弥勒下生成经》《佛说弥勒大成佛经》和《佛说弥勒来时经》。

图1-1 敦煌在中原向西的对外交流通道中所处的位置

（资料来源：根据《丝绸之路大辞典》中"丝绸之路"辞条[①]及其附图改绘。）

1.1 研究方向与本书选题

1.1.1 敦煌莫高窟的时空意义

1. 此地：佛教东渐路之枢纽

敦煌地处塔克拉玛干沙漠东部边缘，西扼阳关、玉门关，通西域，东接中原，是历史上著名的丝绸之路上的交通枢纽（图 1-1）。由于独特的地理位置，敦煌自汉武帝元鼎六年（公元前 111 年）建郡[②]以来，尤其是随着丝绸之路的稳定和巩固，在一定程度上，逐渐成为中国、印度、希腊、伊斯兰这世界四大文化的交汇点，以及儒教、佛教、道教、摩尼教、祆教、景教这古代世界六大宗教的汇合交流之地。这条在汉武帝时开辟的联系中西商贸、文化往来的陆路丝绸之路，尽管先后主要形成了北、中、南三条具体线路[③]，但是均在进入中原之前在敦煌会合。这样的地缘优势使得敦煌不仅成为中原与西域连接的枢纽，而且是中西文化融汇的区域，还是西北地区各少数民族交流碰撞的要冲，在人口构成、文化特质、经济结构等方面都呈现出一种多元融合的特征。更为重要的是，"历史上敦煌的盛衰，始终与丝路的顺畅与否及中原王朝对西域的经营状况密切相关。"[④]尽管敦煌地处偏远，但是其社会文化都长期处于中原政权的控制下，其繁荣兴盛所反映出的主导特征与中原文化也是一脉相承的。

---

① 周伟洲，丁景泰．丝绸之路大辞典．西安：陕西人民出版社，2006：1-4.
② 关于敦煌最早设郡的具体时间尚有争议，一般认为在后元元年和元鼎六年之间。
③ 结合有关学者对裴矩所著《西域图记》中所记由敦煌至西海（今地中海）的"三道"进行考证（余太山．裴矩《西域图记》所见敦煌至西海的"三道"．西域研究，2005（04）：16-24，如正文图 1-1 中所示，"北道"从西域进入敦煌之前途经路线上的主要地点自康居，经塔什干、碎叶、弓月城、庭州、哈密，至敦煌；"中道"自大宛贵山城，经疏勒、龟兹、焉耆、高昌，至敦煌；"南道"自大月氏蓝氏城，经葱岭、莎车、于阗、且末、鄯善，至敦煌。
④ 张宝玉．敦煌史话．北京：社会科学文献出版社，2011：23.

在佛教东传过程中，敦煌既是中国首先接纳佛教进入中原的地方，也是中原佛教与中亚、印度佛教交流史上的重要中转站。佛教各教派，各种信仰皆在这里留下了足迹，使敦煌成为佛教圣地。

"凡初期名僧，什九皆凉州、敦煌、高昌籍，可知两晋之世，陇西与关外，殆已别为一个混成的文化区域，而为中印灌注之枢。"[①]

例如，有关对印度佛教向中国传输的路径的研究表明，其中最重要的一条路线，即是从印度西北部的犍陀罗，向西穿过今阿富汗中心地带，先抵达大夏、康居和大宛，然后与丝绸之路重合，再折向东，途经龟兹（或于阗），先到达敦煌，再经河西走廊最终抵达长安、洛阳。[②] 作为丝绸之路枢纽的敦煌在佛教传播交流史与中国佛教史上的地位均非常重要。

莫高窟开凿于敦煌东南的鸣沙山东麓断崖之上，自公元 4 世纪十六国时期前秦僧人乐僔在此建造了第一座石窟以来，经历了隋唐时期的建造高峰，直到元代逐渐湮没，历时千年不绝。莫高窟分为南、北两区，共建有石窟 735 个，窟群南北长 1680m，至今保存有彩塑二千余尊，壁画 45000m²[②③]。以莫高窟为代表的敦煌佛教石窟艺术[④]，所反映的其实就是敦煌沟通中原和中亚多民族、汇聚欧亚多元文化的真实记录。以莫高窟的壁画遗存为例，一方面，石窟壁画中所描绘的图案纹样、器具和人物等，往往表现出对西方文明的吸收与借鉴。另一方面，莫高窟壁画无论其内容还是形式都较好地反映了当时汉地文化的取向和风貌。尤其是其中的经变，画中的建筑形象尽管经过了画师的艺术化加工，但均具有一定的历史性生活原型，"敦煌莫高窟、安西榆林窟中绘出规模较大的以佛寺为背景的图像，都不应是本地寺院的写真，其粉本大抵来自中原，甚至直接或间接源于两京"[⑤]。

① 梁启超.佛学研究十八篇.湖南：湘潭大学出版社，2011：63.

② 一般认为佛教东渐的路线主要有三条，其一起自印度南部，经过锡兰（现斯里兰卡），再经缅甸、泰国等中南半岛各国，然后经由海路而到达中国；其二发自印度的西北部，越过兴都库什及喀喇昆仑山脉，然后通过内陆亚细亚的土耳其斯坦而到达中国；其三起自印度中部，进入尼泊尔，越过喜马拉雅山脉到西藏，再由西藏到中国，不然就是由西藏迂回蒙古或中国东北而至中国。这三条途径中，对中国佛教（乃至佛教之传播至中国的历史）而言，有最大意义的是第二条途径。（[日]井ノ口泰淳等.丝路佛教（世界佛学名著译丛55）.余万居 译.北京：宗教文化出版社，1985，6：2）

③ 段文杰，樊锦诗.敦煌石窟全集1：再现敦煌.香港：商务印书馆（香港）有限公司，2005，4：5.

④ 敦煌石窟群除莫高窟外，还包括西千佛洞、安西的榆林窟、东千佛洞以及肃北县的五个庙石窟，其中以西千佛洞和榆林窟较为著名。西千佛洞位于莫高窟以西，现存的十九窟，开凿时间亦很早，段限始于北朝，终于元代。榆林窟位于安西县的南山山谷中，现存洞窟四十一个，始于唐代，终于元代，以中唐和西夏的洞窟最有名。两窟的洞窟形制、壁画内容及风格与莫高窟同期洞窟基本相同。（段文杰，樊锦诗.敦煌石窟全集1：再现敦煌.香港：商务印书馆（香港）有限公司，2005，4：91.）

⑤ 宿白.唐代长安以外佛教寺院的布局与等级初稿//宿白.魏晋南北朝唐宋考古文稿辑丛.北京：文物出版社，2011：283.

2. 此时：佛教完成中国化

敦煌莫高窟的营建历史绵延千年，而其建造和宗教实践最为活跃、所反映的佛教艺术成就也最高的时期，大致在公元 6~11 世纪（约公元 581~1036 年），基本相当于隋代至北宋初年，这一时期也正是佛教最终完成中国化的重要阶段，这也是本文选题以此历史时期作为主要研究维度的原因。具体可以从以下三条时间线索出发，来分析这一时期敦煌莫高窟与汉地佛教发展的关联。

第一，当时敦煌佛教艺术承载的主流佛教思潮是净土信仰[①]，并与当时汉地佛教发展的主要趋向相同。净土信仰源自印度，并在传入中国后得到了普遍而持久的弘扬，其中，三种最主要的净土信仰在敦煌的兴起皆不晚于隋代，但具体发展情况又各不相同。并且，伴随着净土信仰的发展，敦煌佛教与中原佛教的交流逐渐由主动输出转变为积极吸收。

（1）佛教活动方面。有关史料表明，西方净土、弥勒净土和药师净土三种主要净土信仰在隋代以前的敦煌均已出现，并有不同程度的发展。

一般认为，弥勒净土信仰的源起较早，具体时间应在西晋竺法护（公元 231~308 年）译出一卷本的《佛说弥勒下生经》前后，这可能与当时佛教传入中国的必经地区——中亚盛行弥勒信仰的现象有关。到了南北朝时期，弥勒信仰掀起高潮。至唐代，随着西方净土信仰的盛行，弥勒净土信仰才开始逐渐衰落。有学者研究表明，敦煌佛教不晚于北魏时期（公元 439~534 年）就已经开始流行弥勒净土信仰。[②]

而有关汉地佛教的西方净土信仰，其最早文献记载见于西晋的阙公则与卫士度的事迹，大约不晚于公元 3 世纪末到 4 世纪初的时候便在汉地佛教出现了。

> "晋阙公则，赵人也。恬放萧然，唯勤法事，晋武之世死于洛阳。道俗同志为设会于白马寺中，其夕转经，宵分闻空中有唱赞声，仰见一人，形器壮伟，仪服整丽，乃言曰：'我是阙公则，今生西方安乐世界，与诸菩萨共来听经。'……时复有汲郡卫士度，亦苦行居士也。师于公则，……。晋永昌中死，亦见灵异。有浩像者，作圣贤传，具载其事，云：度亦生西方。吴兴三该曰：烛日断忧登宵，卫度继轨，咸恬泊于无生，俱蜕骸以不死者也。"[③]

到东晋时期，有高僧慧远（公元 334~416 年）在庐山结社共期往生西方

---

① 有关净土信仰的主要理论参见附录 B 相关内容。

② 王惠民. 敦煌净土图像研究 // 佛光山文教基金会 编辑. 中国佛教学术论典 81. 高雄：佛光山文教基金会，2001.

③ 钦定四库全书，子部，释家类，法苑珠林，卷五十五.

净土，一般认为这必然是净土信仰已经有一定传播基础后才能够实现的，但是，在此时，"净土信仰的水平一般化"[1]，而且庐山之于敦煌相去甚远，相互间的直接影响可能微乎其微。北魏时，高僧昙鸾（公元 476~542 年）专弘净土，他的宣讲与著述使得西方净土信仰在思想义理和修行方法方面进一步拓展，为其成熟和普及奠定了坚实的理论基础，其活动范围主要在山西、洛阳以及南朝建康等地，可能与敦煌的关联更大。有学者对敦煌文献的相关研究也可证明，西方净土信仰在北朝时期已流行于敦煌。[2] 进入隋唐，西方净土信仰迎来了其发展的高峰，以道绰（公元 562~645 年）、善导（公元 613~681 年）为代表的高僧大德在昙鸾的基础上完善净土信仰的修行法门和礼忏仪轨，奠定了广泛的信众基础，同时提出明确的判教理论，最终促成了"净土宗"在此时期确立[3]。在宋代以后，"禅净合流"的趋势带动了佛教其他各宗同归净土，而明清以后汉地佛教更是呈现出"佛门即净土"的景象。

尽管药师净土信仰未见于印度佛教，但是最早的关于药师信仰的文献记载却已见于北周（公元 557~581 年）。

> "（张元）后读药师经，见'盲者得视之'言，遂请七僧，然七灯七日七夜，转药师经行道，每言天人师乎。元为孙不孝使祖丧明，今以灯光普施法界，愿祖目见明。"[4]

与之对应的还有南朝陈文帝撰《药师斋忏》，这也标志着当时药师信仰在中原的普及。同期敦煌文献中也出现了目前可知的最早的由东晋帛尸梨蜜多罗（约公元 4 世纪上半叶）译出的《药师经》译本。因此，有学者指出，"敦煌在北朝时期就流行《药师经》信仰"[5]。随着佛教中国化的进程，药师信仰也逐步加强，到中唐以后，与观音信仰等注重解救现世苦难、护佑现世利益的佛教思想一起得以流行，并进一步传播到西域和日本。

总体看来，敦煌最先兴起的净土信仰是在印度和中亚流行程度都很高的弥勒信仰，随后是西方净土信仰，而中亚鲜有记载但中国化程度最高，甚至可

---

[1] 陈扬炯 . 中国净土宗通史 . 南京：凤凰出版社，2008：2.

[2] 王惠民 . 敦煌净土图像研究 // 佛光山文教基金会 编辑 . 中国佛教学术论典 81. 高雄：佛光山文教基金会，2001：290.

[3] 由于净土宗一般被认为是"寓宗"，尽管其修行方法具有浓重的宗教色彩，但是其义理的阐发和传承更接近一个学派，它的列位祖师都是一个时期对于净土信仰的弘传作出巨大贡献的高僧大德，而与其他佛教宗派的衣钵相传不同。因此，汤用彤先生在其《隋唐佛教史稿》（南京：江苏教育出版社，2007）中曾经质疑道："至于净土，则只有志磐谓其'立教'，但中国各宗均有净土之说，且弥陀、弥勒崇拜实有不同，亦无统一之理论。又慧远结白莲社，只是唐以后之误传，日本僧人且有认净土初祖为昙鸾，并非慧远，而所谓净土七祖历史乃南宋四明石芝宗晓所撰，并无根据（见《佛祖统纪》卷二十六）。故净土是否为一教派实有问题。"（P223）

[4] 钦定四库全书，史部，正史类，周书，卷四十六.

[5] 王惠民 . 敦煌净土图像研究 // 佛光山文教基金会 编辑 . 中国佛教学术论典 81. 高雄：佛光山文教基金会，2001：183.

能符合中国源头特征的药师信仰则相对在敦煌最晚出现。按照敦煌在佛教传入中国路线上的历史地理位置，或许可以说明，由于印度佛教最初是经由中亚向中国传输的，所以，汉地佛教在其发展的早期受到中亚佛教的影响可能更大些，之后随着中原政权的推动与强化，中原汉地佛教的影响力得以逐渐加强，并转而影响敦煌佛教。已有研究认为，印度佛教和中国佛教之所以存在巨大差异，并不仅仅是语言和文化造成的，中亚在其中的桥梁作用不可等闲视之，脱胎于农耕文化和婆罗门教桎梏的佛教中的守备型特征受到了中亚移动文化中的攻击型影响，促成了佛教的混合化发展，成为更实际的宗教，也进一步具备了成为国际性宗教的特质[①]。

（2）佛教经典的汉译情况。主要净土类经典早有译出，且版本众多，具有净土思想的佛教典籍在佛教传至中国的早期就已经一同传入。东汉时，赞颂阿弥陀佛的佛教经典即已译出，至百多年后，西晋"弥勒六经"中《弥勒下生经》相继也出现汉译本，而《药师经》最早的译本在南朝刘宋时期（公元420~479 年）也已出现。

与敦煌佛教关系密切的高僧竺法护和鸠摩罗什（公元 344~413 年）均很早便译出过净土类经典，如竺法护所译一卷本的《佛说弥勒下生经》和《无量寿经》、鸠摩罗什所译的《佛说弥勒大成佛经》《佛说阿弥陀经》等，而且二人所译出的《法华经》也同时包含有西方净土和弥勒净土的思想，比如，其中对于西方阿弥陀佛国土的描绘，以及类似"弥勒三会"于娑婆世界说法超度众生之不退转天界的说法会等。由此或可认为，早在北朝之前的十六国时期，敦煌地区就已经接触到了大乘佛教中有关净土思想的内容。然而，在敦煌佛教史上，两次最为重要的高僧传译弘法活动所依托的主要佛教经典却都不是净土类经典，一次是西晋竺法护对般若、法华等经典的翻译，另一次是由北凉昙无谶（公元 385~433 年）译出《大般涅槃经》。这也可能在一定程度上反映出净土信仰成为敦煌佛教的主流可能不会早于北朝时期。

（3）首先从中原佛教与敦煌佛教的关系来看，净土思想伴随着汉地佛教的发端、成熟、传播、流行，相辅相成，关系密切。敦煌佛教亦是如此，但是，敦煌佛教在这一过程的前期和后期所扮演的角色并不相同。

敦煌文献中留存的大量北朝经疏，也反映出敦煌的佛教僧侣钻研佛学的风气十分浓厚，并且表明敦煌早已存在不亚于中原一带水准的佛学研究活动[②]。但

---

① ［日］井ノ口泰淳等 . 丝路佛教（世界佛学名著译丛 55）. 余万居 译 . 北京：宗教文化出版社，1985：11–15.

② ［日］井ノ口泰淳等 . 丝路佛教（世界佛学名著译丛 55）. 余万居 译 . 北京：宗教文化出版社，1985：156.

隋代以后，尽管表面上敦煌佛教的繁盛一如中原佛教中心长安等，但并没有延续此前注重学术的发展方向，这也是造成当时长安佛教对敦煌佛教输出的主要动因。隋及唐前期的中原佛教，高僧辈出、译经和注疏繁多，讲经说法活动也十分活跃，整体呈现出佛教学术的兴盛局面。与之形成鲜明对照的是，当时敦煌佛教处于佛教学术活动的凝滞期，反而是普通信众开展的以写经、造窟为主的佛教活动空前繁荣。同期的长安成为中原汉地佛教义理的发展中心，而敦煌佛教则以学习和吸收长安佛教义理为主要特征。这就使得研究敦煌佛教艺术遗存要先了解当时汉地佛教的主流思潮。

其次，就莫高窟的营建历史来看，按照现在学界公认的敦煌莫高窟艺术分期（表 1-1），隋代到归义军时期是莫高窟建造的高峰期，也就是本文研究的主要时期，在这 455 年间共开凿了 412 窟。此后，随着沙州回鹘、西夏、蒙元等少数民族对敦煌的实际统治，敦煌地区文化虽然没有遭到刻意的破坏，但是社会经济没有大的发展，甚至在明朝还一度成为游牧区，敦煌佛教也日趋衰微，已经难现隋唐时的辉煌。而莫高窟的开凿也相应沉寂，在归义军时期之后，即 1036 年以后，新建石窟总数仅有 25 窟（图 1-2）。

敦煌莫高窟艺术分期对照 [①]　　　　　　　表 1-1

时代		起止年代	对应敦煌艺术分期
十六国和北朝	北凉	401~439	
	北魏	439~535	
	西魏	535~556 前后	
	北周	557~581	
隋		581~618	
唐	初唐	618~704	
	盛唐	705~781	
	中唐	781~848	吐蕃统治时期
	晚唐	848~907	张氏归义军时期
五代		907~960	西汉金山城和曹氏归义军时期
宋		960~1036	
西夏		1036~1227	
元		1227~1368	

注：表中的中唐实际上是吐蕃统治敦煌的时期（下文简称为吐蕃时期），而晚唐至宋初期间则先后经历了张氏归义军、西汉金山城和曹氏归义军（下文统称归义军时期）的实际统治。

---

① 结合季羡林主编《敦煌学大辞典》（上海：上海辞书出版社，1998）和附录 C 整理而成。

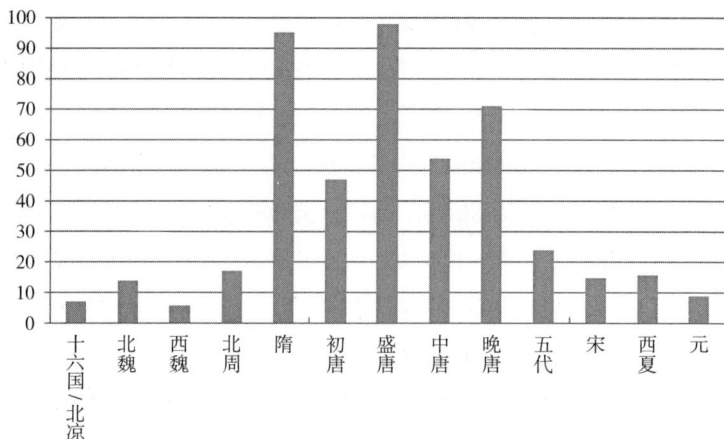

图1-2 莫高窟开窟数量
与年代关系图

无论是数量还是类型的丰富性，隋代至归义军时期的佛教艺术遗存都代表了莫高窟最为辉煌的成就。由于这一时间段中敦煌佛教对中原佛教以吸收和借鉴为主，也使得同期的石窟很可能反映出当时汉地佛寺的布局特征。

第三，从现存敦煌莫高窟有关净土信仰图像的时间分布考虑，莫高窟经变壁画的发展高潮是在净土变相产生并兴盛的隋代至归义军时期。

早在北朝时期，净土图像就已在敦煌出现。隋以前的莫高窟就有大量弥勒造像，并在最早的"北凉三窟"（第 268、第 272 和第 275 窟）已出现[①]。但真正意义的弥勒经变壁画直到隋代才产生，这也与目前可知最早见诸历史文献的弥勒经变画的时间相吻合[②]。敦煌的早期净土图像主要以弥勒造像为主，原因可能有两个：一是当时敦煌佛教受西域影响较大，而弥勒净土信仰源自印度；二是早期佛教中，弥勒信仰的性质是"禅观"和"决疑"，这与莫高窟早期石窟的主要功能相吻合。莫高窟中可以判定的最早的西方净土图像是西魏（公元 535~557 年）时第 285 窟的阿弥陀佛说法图，但称得上西方净土经变的壁画则是出现于隋代的洞窟中。

而莫高窟的药师图像在隋代主要以说法图和经变的形式出现，这也与文献记载中最早的大型药师斋忏活动出现的时间大致相同。一般认为，斋忏活动的出现和定型是宗教信仰广泛流行的标志之一，《广弘明集》中收录有多篇出自南朝陈文帝（公元 522~566 年）的佛教礼忏文，其中就有《药师斋忏文》[③]，足见药师净土信仰在汉地佛教中流行时间之久远，并可能影响到敦煌地区。

---

① 王惠民．敦煌净土图像研究 // 佛光山文教基金会 编辑．中国佛教学术论典 81．高雄：佛光山文教基金会，2001：10．

② "周明帝畋游图一卷，弥勒变相图一卷，杂台阁样一卷，隋文帝上厩马图一卷，农家田舍图一卷，右五卷董伯仁画，一卷是隋朝官本。"（钦定四库全书，子部，艺术类，书画之属，贞观公私画史）．

③ 钦定四库全书，子部，释家类，广弘明集，卷二十八下．

虽然，三种主要净土图像在隋代以前的莫高窟中都有遗存，并与其在中原的发展轨迹一致，但是，净土信仰并不是当时敦煌佛教的主流思潮。一方面，隋以前敦煌莫高窟的弥勒图像在三种主要净土图像中数量最多，但是其所反映的弥勒信仰并非侧重于"往生净土"这样的诉求，"弥勒为主尊，这大约与当时流行禅业，而佛经中称禅修遇到疑难时弥勒可决疑解惑有关。"[①] 而且也很可能是当时的少数民族统治者出于政治稳定的考虑，转向倚重弥勒经典中"转轮王护法的思想"[②]。另一方面，同时流行于敦煌的涅槃思想更注重内在修为，虽有提出了"涅槃"作为终极目标，但相对于后来"往生净土"的盛行，这还是显得有些虚幻和艰涩，直接反映在石窟实际建造仍然是以禅修和观想为主要功能。总体来看，隋代以前敦煌佛教的主流并不是净土信仰。

进入隋代后，莫高窟三种主要净土图像陆续出现了对应的典型变相表现方式，并在初唐和盛唐时期，三种主要净土变相均先后成熟，达到高潮。这一时期也是莫高窟遗存净土变相数量最多、艺术成就最高的时期。

综合上述三条时间线索可见，敦煌莫高窟的开凿建设与以净土变相为主的经变壁画发展盛行的主要时期，正好处于通常敦煌佛教艺术分期中的隋代至归义军时期，这对应着中原历史分期从隋代、唐代、五代至北宋共计 455 年的时间跨度。更重要的是，这一时间段也正是佛教中国化的关键阶段，并且几乎涵盖了净土信仰从兴起到繁盛的全过程，而同时期的敦煌佛教也反映出是以净土信仰为主的特点。因此，本文研究的主要时间范围就选定在 6~11 世纪（敦煌地区的隋代至归义军时期这 455 年）。

总体来看，敦煌莫高窟居于古代丝绸之路枢纽的特殊地理位置决定了其在佛教东渐路线上的重要性，而隋代至归义军时期莫高窟的丰富艺术遗存更为开展佛教及佛教中国化的相关研究提供了必要的实物资料，此中的时空意义也为本文研究提供了基本选题方向和可行性。

1.1.2　敦煌莫高窟的礼佛空间

1. 隋代至归义军时期的敦煌佛教

敦煌从来就是佛教东渐线路上最重要的枢纽，《魏书·释老志》提到："敦煌地接西域，道俗交得其旧式，村坞相属，多有塔寺。"[③] 早在西晋时，被后人尊称为"敦煌菩萨"的高僧竺法护就在此地翻译佛经；又如北凉高僧昙无谶在河西地区译出《大般涅槃经》，敦煌一度作为重要的佛经译场，佛教文化兴盛

---

① 张宝玉. 敦煌史话. 北京：社会科学文献出版社，2011：59.

② 杜斗城 等. 河西佛教史. 北京：社会科学出版社，2009：150-163.

③ 钦定四库全书，史部，正史类，魏书，卷一百一十四.

一时。至北魏灭北凉（442 年）之后，敦煌佛教一度萎顿，直到北魏明帝第四代孙东阳王元荣出任瓜州（即敦煌）刺史后才逐渐复苏。有研究认为，敦煌及中原有关地区的佛教经此时期后，发生了更为大规模的汉化改造，即东阳王所处的西魏最终促成"云冈模式"影响下的"中原风格"取代了之前的"西域风格"①。值得注意的是，当时东阳王曾经大量写《无量寿经》为亲人祈福，说明不晚于西魏时，《无量寿经》就已经广为流行，这或许可以认为是隋唐净土变相盛行之先声。而从东阳王写经经卷的题记中不难发现，其人"不只是一个简单的施主与佛教信仰者，而是一个发心护法的、具有政治眼光的人物。"② 因此，或者也可以认为，此时净土类经典与其说是给普通信众指明一个值得期许的"佛国净土"，倒不如说是为地方长官描绘一个理想的统治蓝图③。

这一时期的敦煌佛教也被认为更多是向中原文化输出的，在前凉至西凉的年代（公元 317~421 年）里，"敦煌佛教界所吸收的佛教还比长安更早一些，它积极地吸收了来自西方的佛教，形成了极为兴隆的盛况。"④

在隋代以后，不仅天下得以统一，佛教也呈现出交流频繁、互通有无的大一统局面。⑤ 而隋及唐前期（即初唐和盛唐）的敦煌，由于丝绸之路的通畅和中央以及地方政权对佛教的大力支持，佛教继续取得了长足发展。汉地佛教自隋代经隋文帝、炀帝的大力扶持之后，获得了极大发展，到初唐时期，逐渐渗透到社会生活中，"唐代最初的两百年间，佛教呈现出前所未有的兴盛。这几百年是中国佛教独立和创造的黄金时期。"⑥ 此外，佛教发展还在此时进入到一个"迷恋于消耗开支"的繁盛状态，作为一种趋势，"从 5 世纪初就表现出来了，在 6~7 世纪时达到了登峰造极的程度。这对艺术活动、手工业和贸易的发展来说，都是一种新的和持久的推动力。"⑦ 在同样的佛教发展大环境下，敦煌佛教自此也进入了前所未有的兴盛时期。

此时敦煌佛教的发展与中原其他地区基本一致，都是围绕大乘佛教经典展开的，"它接受来自东方中国的佛教，并将之传给西方。从这个角度来说，

---

① 杜斗城 等 . 河西佛教史 . 北京：中国社会科学出版社，2009：228–231.
② 杜斗城 等 . 河西佛教史 . 北京：中国社会科学出版社，2009：235–236.
③《无量寿经》讲述的是无量寿佛（即阿弥陀佛）的发愿及其所在的西方净土的盛况。经中述及阿弥陀佛前世为会法藏尊者，也作法藏比丘，出家前为妙喜国国王。因此，西方净土也被认为是这位出家国王治下的佛国，对于统治者而言，也可以成为其统治的最高目标，从而带动了这部经典的信仰热潮。
④ [日] 井ノ口泰淳 等 . 丝路佛教（世界佛学名著译丛 55）. 余万居 译 . 北京：宗教文化出版社，1985：159–160.
⑤ 王惠民 . 善喜、善藏与隋代敦煌佛教 . 兰州学刊，2009（5）：4–6.
⑥ [美] 芮沃寿 . 中国历史中的佛教 . 常蕾 译 . 北京：北京大学出版社，2009：53–54.
⑦ [法] 谢和耐 . 中国 5–10 世纪的寺院经济 . 耿昇 译 . 上海：上海古籍出版社，2004：2.

这个时代的敦煌正是最接近汉土中央，与中央的佛教发展并驾齐驱"[1]。

例如，现存的敦煌文献中有许多标示"开元寺"、"龙兴寺"等唐代常见官寺名的卷子[2]，可知此时中原的佛教政策在敦煌地区也已得到了全面推行。而且，这些大寺大多由来自长安的高僧驻锡，主要弘传大乘佛教[3]。在这样的宗教背景下，这一时期莫高窟也迎来了营建高潮。例如，有研究者指出，唐前期营建的莫高窟主要洞窟，"同中原地区的寺院一样，体现了大乘佛教思想，展示了佛教和佛教艺术全盛时期的面貌。"[4]

又如，敦煌文献中的经卷部分，还可见包含有 30 余卷由中央划拨给各地作为抄经范本的佛经官营写经机构所作的版本，"昙鸾的'赞阿弥陀佛偈'的七一一年抄本，可见广行长安净土宗的典籍，也来到了敦煌"[5]。这反映出当时敦煌佛教所依据的大乘经典与中原佛教中心长安通行的主流也基本一致。

佛教的进一步普及，使得整个社会崇佛风气浓厚，信徒遍布社会各阶层，也使得莫高窟开凿的目的从早期的僧侣禅修观像，逐步转变为普通信众做功德、礼拜斋忏的场所。"唐代以后的莫高窟更成了当地群众的一个重要活动场所"[6]，这一点从石窟形制的取舍就可以感受到，内部空间相对局促的塔院窟进一步萎缩，而礼拜（斋忏）空间相对完整和宽敞的佛殿窟成为了绝对多数。

此时的敦煌佛教不仅全面吸收汉地佛教的义理学说，还促成了多种世俗化的佛教艺术形式的产生，如变文、变相等，使得佛教义理更为贴近人民大众，"义理上的阐发无论在深度和广度上都超过了前代，而且佛教信仰深入民间"[7]。

隋代（尤其中后期）到唐前期，莫高窟壁画的内容以净土类经变为主，这从一个侧面反映出净土信仰在当时广泛传播，是符合艺术生成规律的，"一幅宗教画的产生，影响来源主要有两个方面，一是流行信仰的力量，一是出资人的要求"。[8]多数学者也认为，净土信仰到了初唐才成为敦煌佛教思想的主流，"净土信仰是当时民众佛教信仰的主要内容，且这种信仰在这一时期有逐渐加

① [日]井ノ口泰淳等. 丝路佛教（世界佛学名著译丛 55）. 余万居 译. 北京：宗教文化出版社，1985：160.

② 如法藏敦煌文献"法 Pel.chin.2250V0– 龙兴寺、乾元寺、开元寺、永安寺、金光明寺僦状"、俄藏敦煌文献"俄 Д x 00295V– 开元寺粮油入破历"等。

③ [日]井ノ口泰淳等. 丝路佛教（世界佛学名著译丛 55）. 余万居 译. 北京：宗教文化出版社，1985：158.

④ 段文杰. 唐代前期的敦煌莫高窟艺术 // 敦煌文物研究所. 中国石窟·敦煌莫高窟（三）. 北京：文物出版社，东京：平凡社，1984：162.

⑤ [日]井ノ口泰淳等. 丝路佛教（世界佛学名著译丛 55）. 余万居 译. 北京：宗教文化出版社，1985：159.

⑥ 张宝玉. 敦煌史话. 北京：社会科学文献出版社，2011：79.

⑦ 马德，王祥伟. 中古敦煌佛教社会化论略. 北京：中国社会科学出版社，2010：12.

⑧ 李翎. 佛画与功德 // 李翎. 佛教与图像论稿. 北京：文物出版社，2011：66.

强的趋势，在盛唐时期达到了顶峰"。[①] 一方面，同期敦煌文献中留存有不少与之相关的"净土寺"的写卷[②]，在一定程度上印证了净土信仰在敦煌佛教中的重要地位。另一方面，就敦煌莫高窟所反映的佛教艺术形式而言，初唐石窟的空间和装饰所体现出的大乘佛教思想大多与净土信仰相关。例如，初唐洞窟的内部空间和绘塑组合将整个洞窟营造成一个"净土世界"，与当时两京佛寺中所设的"净土院"、"菩提院"等具有等同的性质。[③] 这种趋向从莫高窟的经变画种类也可以看出，现存初唐经变画共计 39 铺，而净土变相（包括西方净土变、药师经变、弥勒经变及其他净土变）就有 23 铺[④]。

从整体来看，净土信仰对汉地佛教寺院的建筑配置和装饰主题也产生着深远的影响，其发端不会晚于一千多年前的初唐时期[⑤]。

进入中唐以后，尽管敦煌一度战乱频繁，并曾被吐蕃统治，与中原汉族政权的统治隔绝了 67 年，但是，一般研究认为，吐蕃时期及之后的归义军时期，敦煌佛教仍然是民众的信仰主流，并且不晚于此时最终完成了佛教世俗化。

> "8 至 11 世纪的敦煌世俗佛教，不仅仅流行于民间，同样流行于上层社会，上自敦煌王、达官贵人、都僧统、都僧政，中包各级官吏、军将，下至平民百姓、贩夫走卒以及儿童，无一不是这种佛教的信徒；敦煌境内所有的僧寺尼寺，无不尽属此种佛教。这种覆盖社会上下各阶层的全民性佛教，绝不只是流行于下层社会的'民间佛教'或'庶民佛教'，它既然涵盖了社会上上下下各个阶层，当然不能只以'民间'阶层命名为'民间佛教'或'庶民佛教'。"[⑥]

尽管公元 781 年后吐蕃统治者强制推行吐蕃化政策，使得敦煌地区的正常发展受到阻碍，并引起当地民众的不断反抗，但是敦煌佛教反而得到吐蕃统治者大力支持，"吐蕃统治期间，继续任用汉人世家大族以及高级僧侣，加之吐蕃人也信奉佛教，故敦煌佛教艺术一仍唐风"[⑦]。敦煌佛教不仅躲过了中原唐统治区的会昌法难，而且其僧侣地位还有所提高，寺院经济也比较发达，石窟

---

① 杜斗城 等 . 河西佛教史 . 北京：中国社会科学出版社，2009：322.

② 如法藏敦煌文献"法 Pel.chin.2049V0-1-净土寺直岁保护牒"、"法 Pel.chin.2032V0-2-净土寺食物等品入破历"等。

③ 段文杰 . 唐代前期的敦煌莫高窟艺术 // 敦煌文物研究所 . 中国石窟·敦煌莫高窟（三）. 北京：文物出版社，东京：平凡社，1984：163.

④ 施萍婷 . 敦煌经变画略论 // 敦煌研究院 . 敦煌石窟经变篇（敦煌研究文集）. 兰州：甘肃民族出版社，2000：7.

⑤ 萧默先生就借由始于隋代经变画中的"凹"形建筑平面布局，结合晚近的日本佛寺遗存，推测莫高窟反映出的佛寺布局与净土信仰有一定关系。（萧默 . 敦煌建筑研究 . 北京：机械工业出版社，2002：39-45.）

⑥ 李正宇 . 敦煌佛教研究的得失 . 南京师大学报（社会科学版），2008（5）：53.

⑦ 樊锦诗 主编 . 法华经故事 . 上海：华东师范大学出版社，2010：77.

开凿因此更是久盛不衰。不仅如此，政治上与中原汉族政权的隔绝也没有阻碍敦煌佛教与中原佛教之间的交流，诸如昙旷（约公元 8 世纪）等高僧大德对提升此时敦煌佛教的学术水平都做出了重要贡献。

公元 848 年，张议潮率众推翻吐蕃政权，敦煌重归汉族政权治下。这一阶段的敦煌佛教完成了社会化的过程，堪称为"全民佛教"，其显著特点是宗教活动色彩减弱，世俗化倾向愈发强烈，具体可以反映在僧侣参政议政和寺院经济空前发达两方面[①]。这也导致敦煌佛教在义理研究上的忽视，佛教的实用主义得到了极大的体现，写经、造窟的世俗功利性目的更加明确，在具体的信仰方面，则体现为以净土信仰为主流，观音信仰和药师信仰等以护佑现世利益为重的佛教思潮也逐渐兴盛起来。

综上所述，隋代至归义军时期的敦煌佛教可归纳出以下四个主要特点：

第一，接受者与延续性。敦煌是欧亚大陆交通与文明的交汇要点，自隋代以来与中央政权联系的再次加强，敦煌佛教与中原佛教的关系也随之改变，从接纳西域佛教向中原输出转为吸收中原佛教的输入为主，表现出与中原同步发展的汉地特征。但是从吐蕃占领时期到归义军时期，敦煌佛教处于一个相对封闭的发展环境中，并且，在延续盛唐及其以前的佛教状况的同时，逐步完成了佛教的世俗化。

第二，信仰主流的稳定性。这一时期无论敦煌的统治政权是汉民族还是少数民族，净土信仰基本上一直是这一阶段敦煌佛教的主流思想。这一方面与敦煌汉族文化的强势影响有关，另一方面也反映出净土信仰的魅力和强大生命力。

第三，佛教图像主题的变化在一定程度上反映了佛教思潮的发展特点。纵观敦煌莫高窟的营造史，若按佛教造像题材来分，与之对应，大致可分为以下三个时期，一为十六国北朝时期，佛教造像与盛行的禅观修行有关[②]；二为隋代，佛教造像与在隋代盛行的"双弘定慧"有密切关系[③]；三为唐及以后，佛教造像多与净土信仰的盛行有关[④]。

第四，佛教世俗化趋势。敦煌佛教的世俗化进程伴随着佛教中国化的逐步完成，也深刻反映在奉行"易行道"和"往生净土"的美好愿景，而在汉地佛教中具有重要影响力的净土信仰的实践活动中，且勿论经变画的产生就是源

① 张宝玉 . 敦煌史话 . 北京 : 社会科学文献出版社，2011 : 102.
② 贺世哲 . 敦煌莫高窟北朝石窟与禅观 // 敦煌研究院 . 敦煌研究文集 . 兰州 : 甘肃人民出版社，1982.
③ 贺世哲 . 敦煌莫高窟隋代石窟与"双弘定慧" //1983 年全国敦煌学术讨论会文集 · 石窟艺术编上 . 兰州 : 甘肃人民出版社，1985.8.
④ 汤用彤 . 隋唐佛教史稿 . 北京 : 中华书局，1982，8 : 193–194.

于佛教俗讲的流行，单就其中人物形象、故事情节以及背景装饰的选材与风格，以及石窟功能与斋忏行仪，都显示出佛教发展过程中逐渐社会化的痕迹和特点。

2. 石窟实践：空间艺术化的净土信仰

净土信仰在敦煌佛教艺术中最突出的体现就是以莫高窟为代表的佛教空间艺术。而石窟作为佛教信仰的重要实践活动，使信仰思潮得到了最为生动、活跃的体现。石窟有关实践活动既包含了高僧文人对佛教义理的思辨，也反映出普通信众真挚而朴素的宗教习俗，寄托了他们源于宗教信仰的热情和希望。在某种意义上，敦煌莫高窟有关诸石窟的整体构思，更能形象地反映出普通信众的信仰心理，相较于佛典的注疏和讲学，更忠实于当时佛教的真实状态和时代空间艺术的旨趣。

"石窟及其装饰必然取决于其出资者和观众所在的精英阶层的取向，这一事实毋庸置疑。"①……"但最后的成果还要大部分依赖于画家、雕塑家等匠人的手艺和对具体佛教主题的理解。"②

具体来说，石窟形制所反映的三维空间和以净土变相为主的有关经变壁画（以下简称为"有关经变壁画"）所表现的二维空间图像使理想中的佛国净土进一步形象化，对渲染净土的崇拜起到了至关重要的作用。一方面，这种描摹极可能结合了现实佛寺的如实写仿和佛经义理的具象解读；另一方面，这种空间艺术可以看作是从佛教义理到现实佛寺的物质化过程的中介，在其中，"生存世界与想象世界借助一套单一的符号体系混合起来，变成相同的世界，从而在人的真实感中制造出独特的转化"③。

首先，石窟形制反映的内部空间既满足石窟使用功能，又很可能是对现实中具体佛寺空间序列的体现。

下文会提到，有关佛寺布局的石窟形制分类主要是以主室的功能性质和空间形态为依据。在莫高窟石窟实例中，完整的单个石窟一般从外至内包括前室、甬道、主室三部分，其中，前两部分常常可能因最初建造的构思情况差异不存或者后代损毁，仅有主室部分是可开展一般考察的主体石窟空间。基于"石窟即寺院"的一般认识，就单独的石窟而言，其前室可以看作是佛寺的前导空间，主室则是佛寺的高潮部分，作为两者之间的联系，甬道既可能是一座通过式的门屋，兼作前导空间的正殿，也有可能代表一个过渡院落，

---

① Stanley Kenji Abe. Mogao Cave 254 : a case study in early Chinese Buddhist Art [dissertation]. United States – Berkeley : University of California, Berkeley, 1989 : 150.

② Stanley Kenji Abe. Mogao Cave 254 : a case study in early Chinese Buddhist Art [dissertation]. United States – Berkeley : University of California, Berkeley, 1989 : 156–157.

③ [美] 克利福德·格尔茨. 文化的解释. 韩莉 译. 南京：译林出版社，1999：138.

这需要结合前室的绘塑情况具体确定。

其中，佛殿型窟和塔院型窟有可能分别对应不同的佛寺院落空间，这两种石窟形制最容易理解为特定佛教义理逻辑的物质化体现，一方面可以反映汉地佛寺布局的一般发展规律，另一方面也折射出佛教礼忏的完善对佛寺布局的影响。

其次，有关经变壁画所描绘的大型建筑组群既是基于对相应佛教经典的理解，也是对现实佛寺有关建筑内容的写仿。

有关经变壁画是隋唐时期写实主义画风影响下的艺术珍品，其意义不仅是中国绘画探索运用透视技法表现三维空间的成果，而且还往往通过写仿现实寺院来把一个理想的佛国净土营造成一个可以感知的完美礼佛空间。

莫高窟经变壁画的定名依据在于其所体现的佛教信仰和所依据的佛教经典，然而其实际构思与创作的过程势必会在此基础上受到窟主的信仰偏好、主持僧侣的佛教造诣以及画师的绘画技巧等诸多因素的影响。这些因素可以认为是当时人对佛教经典的理解，这会赋予经变壁画许多个人化的意味，但是，画师还需要借助各种丰富而充足的绘画样例传递一些具有共识的图像特征，以便形成可解读的变相主题。"当时敦煌壁画主要依据粉本（即画稿）来绘制；其次才是创作。粉本的来源包括印度、西域和中原，高手画师的新风尚往往透过粉本传到各地，由各地的画匠依粉本绘画。"[1] 具体来说，就是以粉本为主要媒介，敦煌画师仍得以紧密追随中原的主流艺术，而且可能获取关于汉地佛寺布局和建筑形态的一手信息。"（隋唐及以前）虽然名画家未必去过偏远的敦煌，然而依托粉本，潮流风尚传播仍然传到这个地方，因此敦煌艺术是与时代大流同方向的。"[2]

3. 礼忏活动：空间行为化的石窟形态

佛教中的礼忏活动是凭借礼拜佛像，达到忏悔和禅修目的的一种仪式，"礼忏活动通常包含礼拜、供养、赞叹、忏悔、劝请、随喜、回向、发愿等项目。"[3] 礼忏活动在净土信仰中是独立于念佛修持法门以外的另一种重要的修行实践，"以偈赞为重心的行仪模式，可以说是净土教特有的礼忏法。"[4]

从南北朝以来，有关斋忏活动的记载屡见不鲜。隋唐以降，随着佛教各宗派的纷纷成立，各具特色的礼忏仪式也相应兴起。在高僧善导的有力推动下，

---

① 段文杰，樊锦诗 主编. 敦煌石窟全集 1：再现敦煌. 香港：商务印书馆（香港）有限公司，2005：177.
② 段文杰，樊锦诗 主编. 敦煌石窟全集 1：再现敦煌. 香港：商务印书馆（香港）有限公司，2005：203.
③ 杨明芬. 唐代西方净土礼忏法研究. 北京：民族出版社，2007：4.
④ 杨明芬. 唐代西方净土礼忏法研究. 北京：民族出版社，2007：16.

初唐时期净土信仰的修行方式进一步从传统的禅定观想转化为礼拜忏悔，并建立起一套完备的净土礼忏仪轨体系。在一个宗教发展的历程中，总是先经历原始经典的翻译、传布，进而是关于教理教义的专研和争论，然后才会将关注重点转向斋忏行仪，至此也标志着此宗教发展到成熟阶段，"到了中唐，经典之研究及有关净土之论议，几乎绝其踪迹，专规定实践修行之仪则，证明已正式进入实行期。"[①] 而隋代至归义军时期的敦煌莫高窟所反映出的宗教活动的重心，已经从此前相对静态的禅修逐渐转变为具有一定动线设计的斋忏行仪，石窟形态所体现出的空间行为化，也在某种程度上呼应着随着佛教世俗化的深入而日益完备的宗教仪轨建设。

参考对敦煌文献中礼忏文献的梳理，可以发现当时流行于敦煌的佛教礼忏活动大致有三种：其一是占大多数的以礼拜为主的日常六时行道活动，其中，与净土信仰有关的礼拜文有《礼无量寿佛求生彼国文》《西方阿弥陀佛礼文》《礼弥勒菩萨文》《上生礼文》《法华七礼文》等多种；其二是以忏悔为目的，结合简单礼拜和发愿的礼忏活动；其三是以禅修为目的，结合礼拜和忏悔的礼忏活动[②]。

与净土信仰有关的礼忏行仪以善导建立的《法事赞》最为完备和隆重，具体的仪轨顺序如下：法事大纲、请护法众、略请三宝、广请三宝、前行道、前忏悔、转读《阿弥陀经》、忏悔、行道、叹佛咒愿、唱七礼、随意[③]。行仪的场所如图 1-3 所示。

石窟空间在象征佛国净土的同时，还为实现石窟使用功能提供了仪式化的场所。这里的使用功能，具体来说就是适应特定的礼忏活动，满足使用者完成相应佛教仪轨行进的要求。比如，在僧院型石窟中序列式或首尾相继式的壁画是为迎合禅修的宗教观念和行为而设立的。石窟出资者的目的是"作功德"，而石窟设计和营建活动，"可能是为了佛教某种思想的传达，也可能是为了某种宗教活动的功能，来决定造像的题材"[④]。敦煌莫高窟的绘塑内容一般均以佛教义理为依据，其空间尺度和动线组织均适应特定的宗教活动，若其中以营建净土庄严作为依报，则可以辅助修行，达成"观想念佛"，还具有弘扬佛法的功德。比如，向心式构图的观无量寿经变画更适宜在中央说法图的统摄下顺次"观想"，这就取代了早期用于禅观的小画幅壁画，可以看作是对于修行方式转

① ［日］望月信亨 . 中国净土教理史（世界佛学名著译丛 51）. 释印海 译 . 台北：华宇出版社，1986：215.
② 汪娟 . 唐宋古逸佛教忏仪研究（文津佛学论丛）. 台北：文津出版社有限公司，2008：6-7.
③ 圣凯 . 晋唐弥陀净土的思想与信仰 . 北京：中国社会科学院出版社，2009：107-115.
④ 杨明芬 . 唐代西方净土礼忏法研究 . 北京：民族出版社，2007：1.

```
                   ┌─────────┐
                   │  佛像   │
        ┌──────────┴─────────┴──────────┐
        │ ┌──┐   ┌──────────┐            │
        │ │  │散花师 │花烛炉烛花 │            │
        │ └──┘   └──────────┘            │
        │          ┌──────┐              │
        │          │ 礼盘 │              │
        │          └──────┘              │
        │            高座                │
  行道线 │   呗师         维那呗师         │ 行道线
        │   ┌──┐         ┌──┐            │
        │   └──┘         └──┘            │
        │ 大众┌──┐       ┌──┐大众         │
        │    └──┘       └──┘            │
        │   ┌──┐         ┌──┐            │
        │   └──┘         └──┘            │
        └───────────────────────────────┘
```

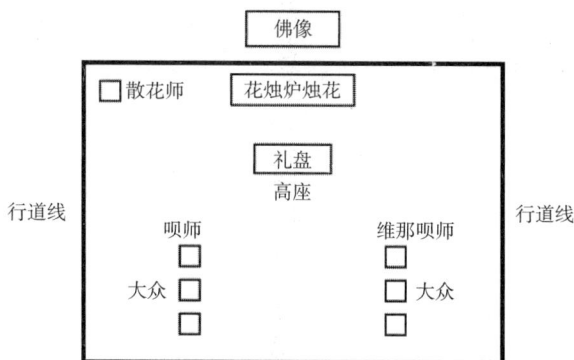

图1-3　《法事赞》行道图

（资料来源：圣凯.晋唐弥陀净土的思想与信仰.北京：中国社会科学院出版社，2009：115）

变的呼应。[①]

有关礼忏活动既可以作为石窟设计的思想背景，又可以成为探讨其他佛教活动（如寺院建造活动等）与石窟关系的研究基础，并且促进对石窟宗教功能的全面挖掘，"用一套单一的象征符号，引入一套心境和动机因素——一种气质——并定义一个宇宙的图像——一种世界观，仪式表演使宗教信仰方面的为了模型和属于模型仅仅是互相转换"[②]。这样便将佛教仪轨看作是一条整合空间与装饰的功能动线，使得在石窟中顺序礼拜、观想塑像和壁画的过程成为一种"礼仪性的行为"[③]，进而探讨其对石窟空间形态的影响，也是本文的主要研究出发点之一。

1.1.3　隋唐以前佛寺布局概要

（1）塔为中心

关于汉地佛寺的开端，公认最早的明确记载是东汉永平初年，汉明帝遣蔡愔等使往西域求法，并于永平十年（公元 67 年）迎回番僧摄摩腾和竺法兰至洛阳，先寄居于鸿胪寺，后于洛阳城西兴建白马寺。

"汉以来，九卿官府皆名曰寺。鸿胪共一也，本以待四裔宾客。明帝时，摄摩腾、竺法兰自西域以白马负经至，舍于鸿胪寺，既死尸不坏，因留寺中，后遂以为浮图之居，即洛中白马寺也，僧居称寺本此。"[④]

"后孝明帝夜梦金人，顶有白光，飞行殿庭，乃访群臣。傅毅始以佛对，帝遣郎中蔡愔、博士弟子秦景等使于天竺，写浮屠遗范。

---

① 王惠民.敦煌净土图像研究 // 佛光山文教基金会 编辑.中国佛教学术论典 81.高雄：佛光山文教基金会，2001：380.

② [美]克利福德·格尔茨.文化的解释.韩莉 译.南京：译林出版社，1999：145.

③ 巫鸿.何为变相？// 礼仪中的美术：巫鸿中国古代美术史文编.北京：三联书店，2005：352.

④ 钦定四库全书，史部，正史类，魏书，卷十九中考证.

憕仍与沙门摄摩腾、竺法兰东还洛阳,中国有沙门及跪拜之法自此始也。憕又得佛经四十二章及释迦立像。明帝令画工图佛像置清凉台及显节陵上,经缄于兰台石室。憕之还也以白马负经而至汉,因立白马寺于洛城雍关西。摩腾、法兰咸卒于此寺。浮屠正号曰佛陁。佛陁与浮图声相近,皆西方言,其来转为二音,华言译之则谓浮觉,言灭秽成明,道为圣悟。"①

可见,当时佛寺中的主要建筑应为浮图。其中值得一提的是,之所以将佛教僧侣聚居修行的场所称为"寺"可能就是由当时的"鸿胪寺"延续而来。而且,"浮图"一词在随佛教传入中国之初,也可能并不即指佛塔,至少并不仅有"佛塔"之意,但是,其功能可能的确与存放高僧舍利有关。

"魏明帝曾欲坏宫西佛图,外国沙门乃金盘盛水置于殿前,以佛舍利投之于水乃有五色光起。于是帝叹曰:自非灵异安德尔乎。遂徙于道,为作周阁百间,佛图故处凿为蒙氾池,种芙蓉于中。后有天竺沙门昙柯迦罗入洛,宣译诫律,中国诫律之始也。自洛中构白马寺,盛饰佛图,画迹甚妙,为四方式,凡宫塔制度犹依天竺旧状而重构之,从一级至三、五、七、九,世人相承谓之'浮图',或云'佛图'。晋世,洛中佛图有四十二所矣。"

"代宗引见于内殿,赐彩二百匣。初回纥至东京,以贼平恣行残忍,士女惧之,皆登圣善寺及白马二阁,以避之。回纥纵火焚二阁,伤死者万计,累旬火焰不止。"②

从有关记载可知,当时佛教寺院中,"佛图"这一建筑形式蔚然成风,成为洛阳很多佛教寺院的标志性建筑。另外,在东汉末年,南方地区也出现了大致类似的以佛图为中心的佛教寺院,例如,有个名叫笮融的人,在今南京以北,"大起浮屠寺,上累金盘,下为重楼,又堂阁周回,可容三千许人,作黄金涂像,衣以锦彩,每浴佛辄多设饮饭,布席于路,其有就食及观者且万余人。"③笮融兴建的这座多层楼阁式佛图,其内部还可以容纳许多人。这是目前关于佛寺内设置楼阁式佛塔的最早的明确记载,由此推测,不晚于东汉末年,汉地佛寺中的楼阁式佛图已经受到普遍认可,而且其建造方式和技术也比较完备。此外,在曹魏邺城的宫城以西也曾建有一座围绕其设置"周阁百间"的"佛图"。以多级楼阁式佛塔为中心并环绕"周阁",就构成了我们对于早期汉地佛寺布局的认识(图 1-4)。

① 钦定四库全书,史部,正史类,魏书,卷一百一十四,志第二十,释老十.
② 钦定四库全书,史部,正史类,魏书,卷一百一十四,志第二十,释老十.
③ 钦定四库全书,史部,正史类,后汉书,卷一百三.

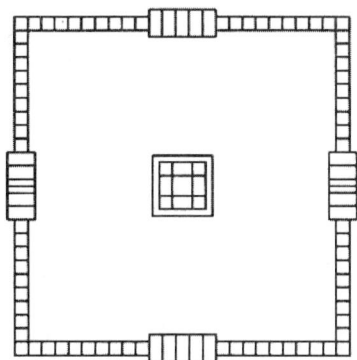

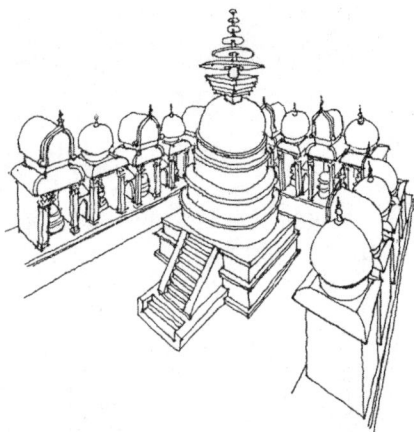

图1-4　早期佛寺的空间布局示意图（左）
（资料来源：王贵祥.中国古代建筑基址规模研究.北京：中国建筑工业出版社，2008：154）

图1-5　古佛寺布局 Taxila，Pakistan，2nd-3rd c. CE（右）
（资料来源：Seminar in Indian Temple Architecture presided by Prof. M. W. Meister at Penn.）

　　有关研究大多认为，这种佛寺院落的空间形态是适应当时顺时针绕塔的佛教仪式的，"塔周围建有宽阔的周阁（阁道、堂阁）。此周阁约即与左转礼拜道相应，其外垣则兼具围墙作用。"[①]佛寺的这种空间布局在公元 2、3 世纪的巴基斯坦地区也可以找到十分近似的遗迹，如图 1-5 所示，其中央为一座形制颇似桑奇大塔的高耸塔式建筑，周边有若干小室包围，小室都面向中央塔开口，小室内分别供奉有圣物。这种佛寺布局模式所对应的宗教活动很可能是一名主讲在中心塔台上宣说，信众围绕周边的环形空间依次礼拜圣物。从前述文献记载来看，以笮融所建可容纳三千人的楼阁式佛塔为代表的早期寺院佛塔，都有一个共同特点，就是宽敞的塔内空间，不仅可以绕塔礼忏，并且还可以逐级登临。也就是说，或许存在这样的可能，尽管这种以塔为中心的早期佛寺布局模式在汉地和中亚都可以找到对应的实例，但是其中所施行的具体宗教活动却很可能并不尽相同。

　　后来，多层楼阁式佛塔在汉地大行其道。北魏定都平城（今山西大同）之初，就曾兴建了一座以五层楼阁式佛塔为中心的佛教寺院，"是岁（天兴元年，公元 398 年），始作五级佛图，耆阇崛山及须弥山殿，加以缋饰，别构讲堂、禅堂及沙门座，莫不岩具焉"。[②]又如更大规模的平城永宁寺塔，"其岁（公元 467 年），高祖诞载。于时起永宁寺，构七级佛图，高三百余尺，基架博敞，为天下第一"。[③]这座七层佛塔的实际高度大约接近百米，可以想见，应该是一座非常恢弘壮丽的楼阁式塔。这样的多层楼阁式塔也可以在云冈石窟遗存中找到对应的形象（图 1-6）。近年在大同发掘的北魏时期方山思远佛寺遗址（图 1-7）

---

①　宿白.东汉魏晋南北朝佛寺布局初探//宿白.魏晋南北朝唐宋考古文稿辑丛.北京：文物出版社，2011：231.

②　钦定四库全书，史部，正史类，魏书，卷一百一十四.

③　钦定四库全书，史部，正史类，魏书，志第二十，释老十.

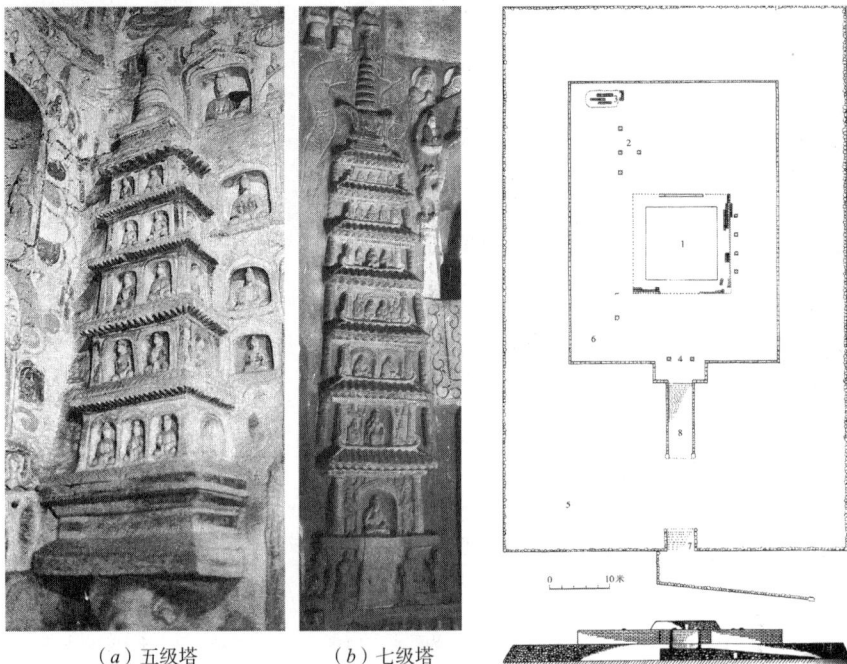

图1-6　大同云冈石窟所见的楼阁式佛塔（左）

（资料来源：（a）云冈石窟．北京：文物出版社，1995；（b）中国石窟：云冈石窟．北京：文物出版社，1994）

图1-7　大同北魏方山思远佛寺遗址（右）

（资料来源：大同北魏方山思远佛寺遗址发掘报告．文物，2007（04））

（a）五级塔　　　　（b）七级塔

亦可见这种以大型佛塔为中心的佛寺布局模式。还有大量文献和考古证据表明，大约公元 2~4 世纪时，在以塔为中心的汉地佛寺中，塔的功能很可能并不仅仅是最初的收藏和供奉圣物，还应该满足施行佛寺主要佛事活动的空间要求，其中，绕塔礼拜可能只是众多佛寺法事的一种，或者其中的一步，而多层楼阁式佛塔所提供的宽敞宏大的室内空间很可能包含有后来佛殿或者讲堂的功能。

至于中国佛塔为什么在早期就选择了楼阁的形式，常见的解释认为可能与当时统治者常在主院一侧偏置多层楼阁有关，且中国传统文化中早有"仙人好楼居"的观念。[1] 按照所谓"凡宫塔制度犹依天竺旧状而重构之"[2] 的思路，考察此前印度的类似佛教建（构）筑物遗迹实例，目前可知最早的相关实物可能是桑奇大塔（图 1-8），但是很明显，此大塔的建造逻辑却并不包括同一元素的叠置。反倒是公元前 1 世纪的一根印度石柱（图 1-9），约略可以看出存在类似的"重楼之制"。与之有别的是，尚存至今的印度佛教建筑遗迹大多都是公元 6 世纪及以后的砖石结构，这大概是公元 5 世纪左右就形成的主流建造体系[3]，但是在此之前的并不仅以砖石为材料的佛寺中，塔式建筑可

---

① 宿白．东汉魏晋南北朝佛寺布局初探 // 宿白．魏晋南北朝唐宋考古文稿辑丛．北京：文物出版社，2011：231.

② 钦定四库全书，史部，正史类，魏书，卷一百一十四，志第二十，释老十.

③ 印度北部石头寺庙现存的仅可追溯到公元五世纪早期，在形式上以较为原始的洞穴小室为主。即开凿于 Chandragupta II（380 - 413 CE）、Samudragupta（335 - 380 CE）和 Kumaragupta（415 - 455 CE）统治时期的 Udayagiri 石窟，在 Madhya Pradesh 的 Vidisha 附近（中部偏北）。

图1-8 桑奇大塔Sanchi,
India, 1st c. BCE/CE
（左）
（资料来源：ARTstore）

图1-9 石柱 Bodhgaya
（印度北部）1st c. BCE
（右）
（资料来源：Seminar in
Indian Temple Architecture
presided by Prof. M. W.
Meister at Penn.）

能就已经很普遍了。"早些时候那些并不局限于石材的寺院明显采用了来自城
市和民用建筑的形式以形成一种高耸的结构，但是只有在公元 6 或 7 世纪我
们才能够确定石塔的 Nāgara（典型的北印度人）形式已经产生。"[1] 不过，这
些即使是在印度佛教建筑研究领域已经明确的中世纪印度佛寺中的塔形建筑
（图 1-10）也与中国的楼阁式佛塔有一定差异，尤其是印度北部的石塔形式。
而且，即使抛开外形的因素，这些现存的印度佛塔也并不追求内部逐层的登临，
最多仅首层有室内的礼拜空间。因此，严格来说，早期洛阳白马寺中的楼阁式

图1-10 中世纪印度佛
寺的基本类型
（资料来源：M. W. Meister.
PRASADA AS PALACE：
KUTINA ORIGINS OF THE
NAGARA TEMPLE. Artibus
Asiae, Vol. 49, No. 3/4
（1988–1989））

（ a ）Madkheda, Madhya Pradesh. Strya
temple, south, c. A.D. 825

（ b ）Ellora, Maharashtra.Kaila–satemple,
southwest, c. A. D. 750–775

[1] Michael W. Meister. Prāsāda as Palace：Kūṭina Origins of the Nāgara Temple. Artibus Asiae, Vol.
49, No. 3/4（1988 – 1989）：254–280（笔者摘译）.

佛塔，更可能是将佛教初入中国时印度佛寺中高耸的标志物以当时汉地成熟的建筑建造样式重新构筑出来。由此，也在一定程度上可以表明，佛教从其传入之初就以一种积极的态度吸收和融合中国本土的文化。

总的来说，自东汉以后相当长的一段时间内，佛塔一直是佛寺中最为重要的标志性建筑，这从历史文献中对当时佛寺的名称记载可见一斑。例如，建元二十一年（公元 383 年）"（道安）是日斋毕，无疾而卒葬城（作者按：晋长安）内五级寺中。"[①] 此处"五级寺"应当就是以寺中五层佛塔命名。类似记载还有永熙三年（公元 534 年）"三月，并州三级寺南门灾。"[②] 又如，"时有通塞耳阳水东径，故七级寺禅房南水，北则长庑偏驾，回阁承阿林之际，则绳坐疏班，锡钵闲设，所谓修修释子，禅栖者也。"[③] 由上述这些记载可知，当时佛塔的层数基本为单数，最高的有如洛阳永宁寺九层塔，其他还见有并州三级寺的三层佛塔、徐州五级寺的五层佛塔等，而又以五层佛塔为常见，或许也可以推测，这些以寺中佛塔层数命名的佛寺应该就是以塔为中心展开的。

（2）舍宅为寺

随着佛教借清谈玄学之风深入士大夫阶层，魏晋南北朝时期还掀起了舍宅为寺的高潮。最早的记载可能是三国孙吴主孙权的夫人舍宅建通玄寺，"吴地记曰，华亭通玄寺，吴大帝孙权吴夫人舍宅置。"[④] 东晋也有舍宅为寺的记载，例如，"（朱明尼寺）明弟与妇愧而自缢，明乃舍宅为寺。"[⑤]

进入南北朝以后，类似的记载更逐渐增多。其中，有个人因崇佛而舍宅为寺的，例如，"何氏自晋司空充宋司空尚之，世奉佛法，并建立塔寺。至敬容，又舍宅东为伽蓝。趋势者因助财造构敬，容并不拒，故此寺堂宇校饰颇为宏丽。"[⑥] 也有显示舍宅为寺蔚然成风的，例如，"（南朝梁时期）未几丧乱，加以河阴之祸，朝士死者，其家多舍宅以施僧尼，京邑第舍略为寺矣。"[⑦] 而有更多的记载是目睹瑞像而后舍宅为寺的，例如，"（南朝）陈太建元年（公元 569 年），邑人严光之子恭，贾于维扬，舟次江浒，买龟五十头放之。光家居见有黑衣五十人，赍钱五千缗至，曰：'子所寄也。'及恭归，语放龟事，乃大异之，遂舍宅为寺。"[⑧]

从中我们还可以发现一些其他有关早期佛寺布局的情况。

---

① 钦定四库全书，子部，小说家类，异闻之属，太平广记，卷八十九．
② 钦定四库全书，史部，正史类，魏书，卷一百一十二上．
③ 钦定四库全书，史部，地理类，河渠之属，水经注，卷二十六．
④ 钦定四库全书，史部，正史类，三国志补注，卷六．
⑤ 钦定四库全书，史部，地理类，都会郡县之属，吴郡图经续记，卷中．
⑥ 钦定四库全书，史部，正史类，梁书，卷三十七．
⑦ 钦定四库全书，史部，编年类，大事记续编，卷四十一．
⑧ 钦定四库全书，史部，传记类，杂录之属，粤闽巡视纪略，卷五．

第一，所谓"舍宅为寺"不一定都是在已建成住宅的基础上改建成佛寺的，还有可能是施舍出宅基地作为寺址的情况。例如，"净土禅寺，嘉靖《浙江通志》：在县南二里南北乡，十国春秋吴越天宝四年，武肃王舍安国县宅基为寺。"[①] 又如前述何敬容所建"伽蓝"是舍其宅东，或许可以理解为捐出其自宅东面的土地。

第二，除了"舍宅为寺"用做佛寺外，不同历史时期，"舍宅为观"用做道观者也不少见。比如，建康永乐观的前身就是汉代有人舍宅而成，"永乐观，在城东北七十里，旧经云：汉刘谦光，舍宅为观。南唐升元中重修，国朝改为崇虚观。"[②] 又如，唐代崇道之风盛行，"舍宅为观"更成为臣子取悦圣心的一种手段，"时上尊道教慕长生，故所在争言符瑞，群臣表贺无虚月，李林甫等皆请舍宅为观，以祝圣寿上悦。"[③]

第三，在魏晋南北朝时期的佛寺建置中，已经出现了单独命名的"院"或是佛寺的别院，例如"半塘法华院，在长洲县西北七里，彩云桥西。"[④] 此院传为东晋义熙十一年（公元 415 年）初所建。

第四，这一时期兴建佛寺的活动很活跃，不仅佛寺的空间层次日渐丰富，而且寺中的建筑类型也逐渐增多，如设置般若台，"般若台在吴县西二里，晋穆侯何准舍宅置。"[⑤] 又如，《洛阳伽蓝记》中所记佛寺，大多都已设有"殿"或"堂"等建筑类型。

（3）塔的变迁

南北朝时期已出现了双塔分立的佛寺记载，例如建康湘宫寺同时新建双塔，"（南朝宋文）帝以故宅起湘宫寺，费极奢侈，以孝武庄严刹七层，帝欲起十层，不可立，分为两刹，各五层。"[⑥] 又如建康长干寺也曾有双塔。

> "先是三年八月（南朝梁）武帝改造阿育王佛塔出旧塔下舍利
> 及佛爪发，……，至简文咸安中，使沙门安法程造小塔，未及成而亡，
> 弟子僧显继而修立，至孝武太元九年上金相轮及承露，其后（僧
> 慧达）……，次至丹阳未知塔处及登越城四望见长千里有异气，
> 因就礼拜，果是先阿育王塔所屡放光明，……，即迁舍利，近北
> 对简文所造塔西造一层塔，十六年又使沙门僧尚加为三层，即是
> 武帝所开者也。……。至四年九月十五日，帝又至寺设无碍大会，

---

① 钦定四库全书，史部，地理类，都会郡县之属，浙江通志，卷二百二十七.
② 钦定四库全书，史部，地理类，都会郡县之属，景定建康志，卷四十五.
③ 钦定四库全书，史部，编年类，资治通鉴，卷二百十六.
④ 钦定四库全书，史部，地理类，都会郡县之属，吴郡志，卷三十四.
⑤ 钦定四库全书，史部，地理类，都会郡县之属，吴郡志，卷九.
⑥ 钦定四库全书，史部，正史类，南齐书，卷五十三.

竖二刹，各以金罂次玉罂，重盛舍利及爪发内七宝塔内，又以石函盛宝塔，分入两刹，刹下，及王侯妃主百姓富室所舍金银环钏等珍宝充积。"[1]

上文中言"阿育王塔"建于长干寺中[2]，由此记载可知，东晋时期的长干寺中先有一塔，内存三个舍利及发爪等圣物；后来，僧人慧达目睹瑞像后，从旧塔中取出部分圣物，在其西的对峙位置新起一座塔存放，这便是寺中双塔并立的原因。再以后，梁武帝开慧达所建之塔取圣物，继而大作法事，更新"竖二刹"存放圣物，这与更早前南朝宋文帝不得已而分立两塔于湘宫寺的建造动机不同，应可认为是更明确了双塔并峙的佛寺中的布局形式。

到了隋代，佛塔仍然是佛寺的主要建筑，而此时，佛殿的地位也逐渐提升。此外，前述所谓"别院"在隋代更加发展完备，每个"别院"仅是位置不同，但是建筑配置与主轴院落可能差别不大。

而唐代寺院佛殿的地位进一步提升，后来所见的"一正两厢"并以廊、桥相连或环绕的佛寺核心院落的空间格局已经确立。唐代道宣《关中创立戒坛图经》附图（图 1-11）所见的佛寺布局，尽管未必代表了唐代佛寺的典型模式，但至少应该具备了当时佛寺布局主要的形象特征。从中可以看出，在纵向主轴贯穿的"佛院"[3]部分，多层楼阁式的建筑和连廊比比皆是，但却不见有大型佛塔，而且，图中对多院落并列的寺院总体布局表现得十分详尽，佛寺气势颇为恢弘。

唐代仍然可见有关大型佛塔建造的记载，例如荐福寺十五级浮图，即今尚存十三级的密檐砖塔——西安小雁塔，"中宗即位，大加营饰，有浮图十五级，高三百余尺。"[4]但是塔的位置有可能偏离核心院落和主轴线。

图1-11 《关中创立戒坛图经》附图
（资料来源：宿白.试论唐代长安佛教寺院的等级问题 // 宿白.魏晋南北朝唐宋考古文稿辑丛.北京：文物出版社，2011）

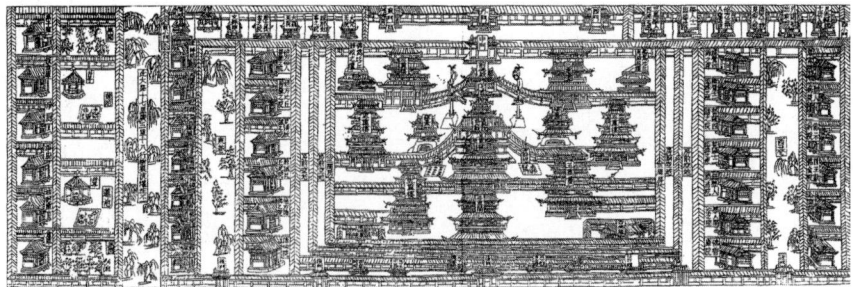

---

① 钦定四库全书，史部，正史类，南史，卷七十八.
② "上修长干寺阿育王塔出佛爪髪舍利辛卯上幸寺设无碍食"（钦定四库全书，史部，编年类，资治通鉴，卷一百五十七）的注释中即援引了前述《南齐书》中的记载，因此，可知，《南齐书》中所记长千里的阿育王塔就建于长干寺中。相似记载还可见于《御批历代通鉴辑览》《建康实录》等多处。
③ 根据道宣在《关中创立戒坛图经》所述，"佛院"应是只进行宗教活动的院落，其中的建筑供奉佛、菩萨、天王等礼拜对象，与满足僧众生活服务需求的"僧院"相对。
④ 钦定四库全书，史部，地理类，都会郡县之属，陕西通志，卷二十八.

1.2 研究基础与本书视角

1.2.1 对敦煌莫高窟的阐释层次

敦煌莫高窟是我国中古时期的重要佛教文化遗迹。对其展开的研究，随着 1900 年莫高窟藏经洞中大批写经写卷的发现，而形成了一个波及全世界的高潮，作为 20 世纪最大的文化发现之一，甚至还促成了以敦煌文献研究为基本点的国际性敦煌学学科的建立。莫高窟相关研究不论从种类、数量、形式以及文化内涵等方面，都为诸多领域的研究提供了丰富的学术营养。

本文选取莫高窟有关内容作为主要的具体研究对象，也是基于现有相关学术领域对其进行的阐释层次来考虑的。

1. 研究类型的综合

敦煌莫高窟佛教艺术遗存按照载体和表现形式的不同，主要可以分为石窟形制、壁画、塑像和写经四大类。尽管针对不同类材料开展的研究几乎涉及了人文社会科学的各个主要领域，但是，不同学术领域中对于同一类研究对象的切入点和视角往往不尽相同，这就使得对于上述四类遗存的阐释异常丰富。本文研究是以前三类遗存为主要直接研究对象，因为这些也恰恰是构成石窟空间的重要内容。

（1）有关石窟寺的专题研究，已有研究大多从佛教考古的角度展开。例如，马世明、丁明夷合著的《中国佛教石窟考古概要》（2009）和国家文物局教育处编《佛教石窟考古概要》（1993）属于概述性的研究，意在尽可能全面地描述出佛教石窟考古所涉及的内容；相较而言，宿白的《中国石窟寺研究》（1996）和《中国佛教石窟寺遗迹——3 至 8 世纪中国佛教考古学》（2010）更加深入，通过典型石窟寺的不同专题研究来探讨其中蕴含的规律性和流变特征及其背后的动因。又如，以李崇峰《中印佛教石窟寺比较研究：以塔庙窟为中心》（2003）为代表的对于中印石窟的比较研究，选取了塔院型窟作为研究样例，通过对其原型——西印度支提窟、过渡型——克孜尔石窟、汉化型——敦煌莫高窟中的相应形制的石窟进行详细的分类对比，进而探讨这种演变在宗教史、文化史、艺术史上的意义。但是，有关研究对于石窟形制与普通佛寺的空间格局之间的关联并未关注。而这恰恰是本文研究的重要切入点。

（2）关于敦煌莫高窟石窟形制分类的研究，目前主要有以下三种。

第一种是萧默先生的研究[①]，具体分为中心塔柱式（中心柱式塔庙窟）、毗诃罗式（僧房式禅窟）、覆斗式（覆斗式殿堂窟）、涅槃窟（横长方形圆券顶或

---

① 萧默 . 敦煌建筑研究 . 北京：机械工业出版社，2002.

盝顶涅槃窟）、大佛窟、背屏式（覆斗式中心佛坛背屏窟）以及其他形制（如盝顶纵长方形佛堂、单立像窟）等七种类型。这样的分类主要是依据洞窟主室相关要素的形制特征来进行区别，相对比较直观，容易与对应实例产生关联。但是，各分类提取的特征要素并不相同。

第二种是宿白先生在 1996 年和 2010 年的前后两种阐释。前说认为中国的石窟可分为七类，分别为塔庙窟（在内立中心塔柱）、佛殿窟（没有中心塔柱）、僧房窟（僧人生活起居和禅行用）、大像窟（雕塑大型佛像的塔庙窟或佛殿窟）、佛坛窟（设坛置像的佛殿窟）、小型禅窟（也称罗汉窟，即专为禅行的僧房窟）、禅窟群（成组的小型禅房窟）；后说则根据功能将石窟分为禅窟（即僧房窟）、塔庙窟（简称"塔窟"）、尊像窟或佛殿库、讲堂窟。可以看出，宿白先生的分类方法更侧重于对洞窟使用性质的区别，对于特定功能的洞窟有可能会存在若干种较为常见的石窟形制的组合模式。其中有与第一种分类方法近似的类别。

第三种是樊锦诗先生在《莫高窟唐前期石窟的石窟形制和题材布局》中以莫高窟的唐前期石窟为例，将石窟形制分为六型十五式：一型，四壁一龛窟；二型，佛坛窟；三型，中心柱窟；四型，大像窟；五型，四壁三龛窟；六型，佛坛双龛窟。[①] 这是较为纯粹的仅从石窟形制的要素特征角度进行的分类。但由于其表述形式仅为摘要，未见其详。

本文研究主要依据宿白先生的研究成果，为行文方便主要基于石窟的功能及其所开展的宗教活动方式，进一步将石窟形制简化成四种类型，即佛殿型、塔院型、僧院型、讲堂型。其中，佛殿型窟是指后壁开设佛龛或佛坛，包括了前述的覆斗式、涅槃窟、大佛窟；而塔院型窟是指主室中央设置中心柱或中心佛坛的石窟，包括了前述的背屏式、中心柱式塔庙窟。总体来看，本研究（即有关佛寺布局的研究）中实际主要涉及的莫高窟石窟形制主要为佛殿型和塔院型。

（3）对莫高窟壁画的研究，已经完成了全部壁画遗存的普查、登记和整理，及其艺术分期的判定、内容的考辨，并开展了针对不同壁画题材的考古学、图像学研究。在本文研究中，对莫高窟壁画关注的是以净土变相为主的有关经变壁画，相关的研究自 20 世纪中叶就已逐步展开。一般认为，日本学者松本荣一在此作出了开创性的贡献[②]。松本先生于 1932 和 1937 年先后发表论文《观

---

① 樊锦诗.莫高窟唐前期石窟的洞窟形制和题材布局 [J]. 敦煌研究，1988（2）：1.

② 大西磨西子对敦煌的西方净土变在松本荣一研究的基础上进一步推进，但与本文研究关系相对并不密切。主要关注观经变和弥陀三尊像的美术学（史），以及与宗教学的关系的研究，在观经变的研究中，作者将敦煌唐代的观经变壁画中的内容构成与道绰、善导的事迹及思想相对应，侧重于对于十六观的图像解读和分析，然后以当麻寺所存的丝绢制曼陀罗为研究素材，从相关佛教教理和仪轨方面加以对应。而对于弥陀三尊像的研究，作者将手中的几个相同主题的绘塑资料并置，将其中的图像元素进行特征分析，高野山莲华三昧院、元兴寺智光和尚所绘的曼陀罗各版本、清海曼陀罗、净土寺弥陀三尊像，以及与佛教思想的关系。（[日]大西磨西子.西方净土变の研究.东京：中央公论美术出版社，2007）。

无量寿经变相外缘の研究 :(上、下)》(国华，第 502 期、503 期，1932，9、10) 和《唐代净土变相の西渐》(国华，第 555 期，1937，2)，其 1937 年出版的《敦煌画の研究》在上述对于敦煌净土变相的研究基础上，还涉及了法华经变、华严经变、劳度叉斗圣变、维摩诘经、报恩经变等重要经变类型，根据斯坦因、华尔纳、伯希和、鄂登堡等窃去的敦煌画作残片以及伯希和早年在莫高窟拍摄的图像资料，对不同经变的内容进行分辨和描述，并从图像学的角度做了翔实考释。尽管由于缺乏实地考察和掌握资料有限，并没有涵盖全部经变，但却是敦煌经变画研究的先驱，为后世研究的进一步开展打下了良好的基础。随后，大约在 20 世纪中叶，有张大千、史苇湘、金维诺等名家为敦煌绝大多数经变画确定了名称。进入 20 世纪 80 年代以后，除了继续考证新的题材内容，还结合社会发展史、宗教史、艺术史，对经变的内容和特点进行深入或创新性研究，而与本文关系比较密切的主要有以下四个研究方向。

第一，从经变画出发的佛教史和宗教学研究开始崭露头角。比如对法华、维摩诘、涅槃、弥勒、观无量寿等历时长、数量多的大型经变的研究，不仅对照敦煌文献和历史资料明确了每铺的内容情节，而且探讨了每类经变不同时期内容、形式的传承演变特点。不但研究了经变产生的历史背景、反映的佛教思想，而且解释了敦煌经变产生、发展和演变的规律，其中以施萍婷、贺世哲、孙修身等学者的研究成果较为典型。同时，敦煌壁画中存在的显密混杂现象，也引发了基于所依据的佛典与图像表达的佛教内涵和义理之间的探究，有关研究不仅厘清了这些图像的佛教特征，更揭示了一些佛教信仰的流布和演变，有助于了解我国大乘思想的传播、弥勒信仰的发展、净土思想的兴衰等。

第二，以巫鸿为代表的美国一些学者的研究，对图像义理、功能分析等方法论层面的启示也非常大[①]。

第三，变相的佛教义理探究，例如宁强的《佛经与图像——敦煌第 220 窟北壁壁画新解》[②]、陈国宁的《敦煌壁画佛像图研究》[③]中《净土宗与敦煌壁画》一章。邓健吾的《敦煌莫高窟第 220 窟试论》[④]也引用了不同净土经典来解释画面；苏莹辉的《从净土变相在敦煌诸窟之分布谈净土思想之流传》[⑤]。还有一些基于具体佛教义理来对经变与石窟或雕塑的组合关系研究，如斋藤理惠子的《敦煌隋代弥勒经变与洞窟组合关系》[⑥]、百桥明穗的《敦煌的药师经变与日本

---

① 巫鸿 . 何为变相？// 礼仪中的美术 : 巫鸿中国古代美术史文编 . 北京 : 三联书店，2005.
② 宁强 . 佛经与图像——敦煌第 220 窟北壁壁画新解 . 故宫学术季刊，Vol15（3），1998，4.
③ 陈国宁 . 敦煌壁画佛像图研究 . 上海 : 上海古籍出版社，1996.
④ 邓健吾 . 敦煌莫高窟第 220 窟试论 . 佛教艺术（第 133 号），1980，1.
⑤ 苏莹辉 . 从净土变相在敦煌诸窟之分布谈净土思想之流传 . 佛教艺术，1987（3）.
⑥ 斋藤理惠子 . 敦煌隋代弥勒经变与洞窟组合关系 // 吉村怜博士古稀纪念会 . 东洋美术史论丛 . 东京 : 雄山阁，1999.

的药师如来像》①、赖鹏举的《敦煌石窟造像思想研究》②等。值得注意的是，王惠民的《敦煌净土图像研究》③从敦煌文献、信仰发展的详细考证入手，梳理出敦煌石窟净土图像的演变规律，是这方面目前较为完备的研究。

第四，对于同一石窟空间内的不同内容元素的整体研究也开始产生，主要针对不同组合要素与佛教义理、社会历史等方面的关系，试图探讨反映出的宗教含义和功能，在这种研究思路下所形成的较为系统的独立石窟样本研究，主要涉及莫高窟的以下洞窟：第9窟④、第14窟⑤、第148窟⑥、第158窟⑦、第220窟⑧、第231窟⑨、第249窟⑩、第254窟⑪和第454窟⑫等。

从建筑学的角度对敦煌莫高窟开展研究的时间并不晚，但是相对比较零散，还存在大量可以进一步深入探讨的方面。著名建筑学家梁思成先生曾经从建筑学的角度对敦煌石窟进行了初步的梳理和研究⑬，并对于敦煌壁画中建筑形象进行了一定探讨⑭，开我国建筑学界进行这方面研究之先河。萧默的《敦煌建筑研究》可以称得上建筑学界结合敦煌资料进行研究的最重要成果之一，但其主要关注于对于诸多建筑概念点的归纳和总结，并不涉及将石窟内部与空间结合的整体分析。其中也有一些关于佛寺布局的讨论，但只是梳理壁画图像中所反映的建筑布局的大概演变过程和典型图示，没有从佛教经典和仪轨的角度进行空间功能和组织模式的探究。这也是本文研究需特别着力的一点。

随着对莫高窟遗存研究的不断深入，学科间的借鉴与互动也日趋频繁，在现有的研究环境中，单一学科领域的研究已经很难产生更新的创见。本文研

---

① 百桥明穗. 敦煌的药师经变与日本的药师如来像 // 敦煌国际讨论会文集（石窟考古编）. 沈阳：辽宁美术出版社，1987：383–392.

② 赖鹏举. 敦煌石窟造像思想研究. 北京：文物出版社，2009.

③ 王惠民. 敦煌净土图像研究 // 佛光山文教基金会 编辑. 中国佛教学术论典 81. 高雄：佛光山文教基金会，2001.

④ Karen S. Hwang. Legitimacy, genealogy, and the icon：A study of Mogao Cave 9, Dunhuang, of the Guiyijun period, Harvard University, 2009：851–1002.

⑤ Michelle C. Wang. From Dharani to Mandala：A study of Mogao Cave 14 and esoteric Buddhist art of the Tang Dynasty, Harvard University, 2008：618–907.

⑥ 公维章. 涅槃、净土的殿堂——敦煌莫高窟第148窟研究. 北京：民族出版社，2004，11.

⑦ 刘永增. 敦煌莫高窟第158窟研究. 南京：江苏美术出版社，1998，2.

⑧ 1997年，美国哈佛大学宁强博士论文《艺术、宗教与政治：敦煌220窟》

⑨ 2009年，中央美术学院王中旭博士论文《阴嘉政窟》

⑩ 1985年，美国耶鲁大学何重华博士论文《敦煌第249窟——维摩诘经之再现》

⑪ 1989年，美国加州大学伯克利分校阿部贤次博士论文《莫高窟第254窟——中国早期佛教艺术实例剖析》

⑫ 2010年，兰州大学郭俊叶博士论文《敦煌莫高窟第454窟研究》

⑬ 即1932年先后发表于《中国营造学社汇刊》第三卷第一期和第三期的《我们所知道的唐代佛寺与宫殿》和《伯希和关于敦煌建筑的一封信》。

⑭ 指刊于1951年第五期《文物参考资料》的《敦煌壁画中所见的中国古代建筑》。

究正是基于上述相关学术领域对莫高窟各内容要素的思考，希望将石窟形制、壁画、塑像等内容要素综合起来，以建筑史为主。借鉴相关学术领域的研究视角和成果，展开针对石窟空间的整体研究。具体而言，又大致可以分为三个不同的层次，即基于主室内的绘塑组合和空间形态的整体研究、基于单个石窟由外至内的多个空间及其内容要素的整体研究，以及石窟组合的探讨。

2. 图像研究的实证作用

在形成宗教崇拜的过程中，图像在许多宗教中都发挥着至关重要的作用，"图像往往被用做教化的手段、崇拜的对象、唤起冥思的刺激物和争论的武器。"① 佛教除了在其早期相对短暂的阶段外，同样非常重视利用造像推进信仰的传播和普及，以至其在中国有"像教"之称。佛教借助艺术的形式开疆扩土，在进一步与汉地文化融合以及中国化的时期，大致相当于初唐时期，佛教图像艺术的世俗意味逐渐增强，出现世俗人借助宗教的特定图像特征，如姿态、饰物等，来表现宗教的神性尊严，"自中世纪以来，这一发展轨迹却发生了逆转，出现了'世俗化'的长期过程，也就是说，艺术借用宗教的形式为现实世界的目的服务。"②

巫鸿先生在其《何为"变相"》一文中，详细考证了有关敦煌变相与变文之"变"的含义，指出"变相"一词的含义一直都在发生变化，尤其是在盛唐。而变相的实质，"最为重要的是应将其看作是一作叙事性的艺术。通过文学的描写和对于绘画雕刻的第一手的观察，我们可以作这样的归纳：画变相的艺术家采用了各种手段和技术描绘有序的行为和事件，其主要的目的大致在于描述一个某种类型的故事。"③ 这也就是说，由变相与变文之间关系的观点转变可以看出，大多数学者不再强调变相的历时性，而更关注于其共时性，此时变相作为俗讲变文时的一种背景和佛教仪轨的一种意境的营造，主要不是叙事性的，而是场景式的。换言之，大部分隋代至归义军时期的敦煌莫高窟及其内部装饰反映出的宗教崇拜形式皆为"观像"，即修行形式，也代表了宗教发展的成熟度。

因此，石窟中的壁画，必须在原有洞窟的内部空间和绘塑组合中才有意义，才能真正还原当时的宗教仪轨和修行空间，也才可能真正找到当时的设计意图和宗教义理的空间意义与模式，以及如何设计和观看。如果脱离了原有的空间环境，对这些壁画的解释很可能是一厢情愿的误读。

---

① ［英］彼得·伯克（Peter Burke）. 图像证史. 杨豫 译. 北京：北京大学出版社，2008：60.
② ［英］彼得·伯克（Peter Burke）. 图像证史. 杨豫 译. 北京：北京大学出版社，2008：79.
③ Victor H. Mair，T'ang transformation texts：a study of the Buddhist contribution to the rise of vernacular fiction and drama in China，Harvard University Press，1989：43.

"所谓'壁画',所谓'彩塑',所谓'图案'等等,是现代人用展览会的一套概念,把它分割了。对于敦煌来说,它们是密不可分,是佛教建筑的一种完整的表现,是佛教艺术在人间所创造的说明天国的空间。"①

将石窟壁画与其中的空间要素、塑像类型整体研究的思路,虽然已经逐渐被认可,但是相关的研究还比较少见,而且,主要集中于历史学、文献学、美术学、图像学等领域。本文对于敦煌经变画的理解主要基于以上整合石窟空间的系统观念,这样在整理分析中,才更有可能还原石窟壁画以及绘塑组合作为内部装饰出现的真正意图和作用,由此得到的有关佛寺布局的情况才可能与佛教义理、信仰思潮之间建立对应的逻辑关系。

此外,以粉本研究为代表的关于敦煌壁画生成机制的研究也为我们了解莫高窟壁画图像的来源提供了较为有力的支持。例如向达的《莫高、榆林二窟杂考》②;饶宗颐的《敦煌白画》③;姜伯勤的《敦煌的"画师"、"绘画手"与"丹青上士"》④;美国学者胡素馨的《敦煌的粉本和壁画之间的关系》⑤;日本学者山崎淑子的《试论敦煌莫高窟第 217 窟》⑥以及秋山光和基于具体粉本的实例研究⑦;张惠明的《有关佛教绘画图像的画样与底本问题——以敦煌画迹为实例的研究》⑧等。首先,莫高窟中流传的粉本是通过敦煌与中原的佛教交流从中原汉地传入的,"敦煌地区的画稿主要来源于中原地区,晚唐以来中原地区经过武宗灭佛,佛教遭到很大打击……。但是敦煌与中原地区的僧事交往一直没有停止过,僧事交往的内容之一就是从中原地区得到好的画稿。"⑨而中原粉本传入敦煌并被用于石窟壁画中则可能不晚于初唐,"从敦煌莫高窟第 220 窟贞观十六年(642)的题记和所绘帝王图,看出唐朝初年长安的画样已经

① 张道一.敦煌赘语(序一)// 易存国.敦煌艺术美学:以壁画艺术为中心.上海:上海人民出版社,2005.

② 向达.唐代长安与西域文明.北京:生活·读书·新知三联书店,1957;河北教育出版社,2002:395–408.

③ 饶宗颐.敦煌白画.法国远东学院考古学刊,1978,巴黎版.

④ 姜伯勤.敦煌的"画师"、"绘画手"与"丹青上士"// 敦煌艺术宗教与礼乐文明.北京:中国社会科学出版社,1996;32–54;类似研究还见于姜伯勤.敦煌的写真邈真与肖像艺术 // 敦煌艺术宗教与礼乐文明.北京:中国社会科学出版社,1996:77–92.

⑤ 唐研究,Vol- 北京:北京大学出版社,1997:437–443。更为完整的研究见其著作:[美]胡素馨(Sarah E. Fraser.)Performing the visual:the practice of Buddhist wall painting in China and Central Asia, 618–960. Stanford, Calif.:Stanford University Press, 2004.

⑥ 2000 年敦煌学国际学术讨论会文集·石窟考古编.兰州:甘肃民族出版社,2003:215–224.

⑦ [日]秋山光和.弥勒下生经变白描粉本(S. 二五九 v)和敦煌壁画的制作 // 西域文化研究会.西域文化研究(六)·历史与美术的诸问题,1963;[日]秋山光和.劳度叉斗圣变白描粉本(P.tib.1293)与敦煌壁画.东京大学文学部文化交流研究设施研究纪要,第 2、3 号,1978.

⑧ 国家图书馆善本特藏部敦煌吐鲁番资料研究中心编.敦煌与丝路文化学术讲座.北京:北京图书馆出版社,2003:335–346.

⑨ 安毅.五代敦煌与中原间的画稿交往——读敦煌地理文书札记.敦煌学辑刊,2006(1):30.

传到敦煌。"[①] 其次，莫高窟的经变壁画正是依赖这些粉本绘制于石窟内壁之上的，"在中唐时期敦煌壁画的制作过程中，画工们已经广泛使用事先设计好的草稿和粉本。"[②]

这些研究成果表明，不论从壁画采用的粉本还是绘制壁画的人员都可以看出，隋唐以来，中原地区是敦煌莫高窟壁画的画稿——"粉本"的主要来源，而敦煌莫高窟所反映的佛教艺术在风格上深受中原佛教艺术发展的影响，即使晚至归义军时期，这种艺术交流仍然存在。这就使得本文主要探讨的莫高窟净土变相所反映的佛寺布局情况更有可能成为同期汉地佛寺的形象写照。

1.2.2 汉地佛寺布局的研究现状

汉地佛教在国际东方学、汉学以及敦煌学领域都是一个传统的研究对象。而作为人间佛国的佛寺，对于理解佛经教义和忏法仪轨也具有重要意义，因此，长期以来，汉地佛寺研究一直是学界的关注焦点。建筑学界关于汉地佛寺布局的研究多数是有所述及而未成系统，仍然缺乏较为完整和深入的专业研究。

近年来，随着王贵祥教授主持的国家自然科学基金项目"5~15 世纪古代汉地佛教寺院内的殿阁配置、空间格局与发展演变"的逐步开展，在汉地佛寺主要建筑类型的布局演变方面作出了有益的探索，是以建筑学的视角对于汉地佛寺布局进行的较为系统而深入的研究，目前已经取得了一些阶段性的成果。比如《东晋及南朝时期南方佛寺建筑概说》[③]一文，基于当时南方佛教的发展背景，通过大量历史文献的爬梳，对当时南方佛寺的建设情况进行了分析，并大致梳理了精舍、佛塔、佛殿、讲堂、法堂、禅堂等一些较为常见的佛寺建筑的设置情况。

1. 对佛寺院落形态的关注

院落是汉地佛寺中最早定型并且在空间组织和信仰特征两方面都最具代表性的建筑空间形态，因此，也是佛寺建筑研究中最重要的研究对象。其中，最为普遍且相关著述较多的研究方向就是对佛塔在佛寺布局中的位置变化来探讨佛寺核心院落的空间布局。总的来说，这类研究不太涉及佛教信仰或义理本身的因素，至多谈及佛教法事活动的道场布置与流线对建筑空间的影响。其他还有一些借助

---

① 荣新江. 盛唐长安与敦煌——从俄藏《开元廿九年（741）授戒牒》谈起. 浙江大学学报（人文社科版），2007，vol.37（3）：15.

② 沙武田. 金光明最胜王经变稿初探：27.

③ 王贵祥. 东晋及南朝时期南方佛寺建筑概说 // 王贵祥 主编. 中国建筑史论汇刊（第陆辑）. 北京：中国建筑工业出版社，2012：3-62.

具体单体遗存展开的考证和推测,比如观音阁 ①、文殊阁 ②、天王殿 ③ 等,其文更多的篇幅为就事论事地梳理研究样本的沿革和建造特征,更注重风格、样式、构造方法的讨论,对于其所代表的建筑类型在汉地佛寺中的发展变迁关注不够。

还有一种从院落表现出的建筑空间形态入手展开的佛寺布局研究值得我们借鉴。如王维仁、徐翥在《中国早期寺院配置的形态演变初探:塔·金堂·法堂·阁的建筑形制》④ 一文中对自西晋至五代时期的佛教寺院进行了空间形态演化的推测,由此得出的佛寺布局总体发展脉络,与目前关于佛寺布局演变的一般认识基本相符,并进一步扩展到与之相邻的横纵向延伸的院落空间中。

此外,围绕净土信仰所展开的佛寺建筑研究专题还不多见,但在佛寺建筑配置的演变过程中,确曾出现过一些明显与净土信仰相关的特定建筑类型,比如,在日本佛寺中常见的阿弥陀堂、前面提到的净土(忏)堂、九品观堂等。近年曾有学者以记有宋代明州延庆寺建设情况的有关宋人文献为线索,对寺中所建十六室——"十六观堂"进行了研究和复原 ⑤。这些研究的开展说明,净土信仰对于佛寺布局的影响不仅可能反映在佛寺院落的宗教主题上,还可能以特定的建筑类型更为明确而具体地体现出来。

2. 对空间序列构成的思考

汉地佛寺的空间序列,一般是在院落空间的基础上沿佛寺主轴由外至内依次铺陈展开的,这既可以看作是烘托和完善院落佛教主题的建筑手段,也可以认为是奠定佛寺空间布局的重要部分。有关研究目前以具体佛寺案例研究为主,一般比较关注将寺院神圣空间的塑造与特定的佛教义理或信仰进行关联,大多还涉及对佛寺变迁过程中社会、文化、宗教背景的探究。但由于研究对象的空间和时间局限性,这类研究很难对一般佛寺空间序列的整体发展流变形成较为广泛的印象。

国外学者也有相关研究,如 Tracy Gay Miller⑥ 以晋祠建筑群为样本考察早期建筑风格和当地宗教实践,一方面对圣母殿木构做法和《营造法

---

① 主要围绕蓟县独乐寺观音阁展开。

② 李若水.唐长安大兴善寺文殊阁营建工程复原研究 // 王贵祥 主编.中国建筑史论汇刊(第陆辑).北京:中国建筑工业出版社,2012:135–158.

③ 李哲阳.潮州开元寺天王殿与先秦门塾制度.海南地域建筑文化(博鳌)研讨会论文集,2008:2–7.聂金鹿.隆兴寺天王殿的建筑时代及复原设想.文物春秋,1999(03):57–60.
沈阳.简述法海寺天王殿复原设计.古建园林技术,1986(02):41–44,54.
李德熙.鄂州西山灵泉寺重建山门、钟鼓楼及天王殿设计.华中建筑,2000(04).

④ 王维仁,徐翥.中国早期寺院配置的形态演变初探:塔·金堂·法堂·阁的建筑形制.南方建筑,2011(04):38–49.

⑤ 谢鸿权.宋代天台宗的净土信仰建筑探微 // 王贵祥 主编.中国建筑史论汇刊(第伍辑).北京:中国建筑工业出版社,2012:36–60.

⑥ Tracy Gay Miller. Constructing religion:Song dynasty architecture and the Jinci temple complex. [Doctoral Dissertation]. University of Pennsylvania,2000.

式》对比，另一方面，探究晋祠对当地佛教信仰和所在街区形象的影响。类似研究还有 Hui MKM 的《从居所到寺院——拉卜楞寺的神圣空间性》[①]、Chen-shan Wang 的《泉州开元寺——建筑学、图像学和社会文脉》[②]、W Laurence Barnett 的《往生：一座台湾寺院中迷幻、转化和改变的仪式》[③] 等。

国内的相关研究大致在历史宗教和建筑学领域展开。

历史宗教领域的研究，有白化文 1983 年发表的《中国佛教寺院殿堂典型配置》[④] 和孙宗文 1985 年发表的《我国佛寺平面布局沿革考》[⑤]。考古学家宿白先生在 20 世纪 90 年代先后发表了《隋代佛寺布局》[⑥]《龙兴寺沿革——青州城与龙兴寺》[⑦]，2009 年他又从经济角度讨论了唐朝佛寺的等级问题[⑧]。而 1993 年张弓的《唐代佛寺群系的形成及其布局特点》[⑨]、1999 年张法的《佛寺：从印度到南亚和汉地的演变》[⑩]、2002 年李桂红的《中国汉传佛寺建筑与佛教传播初探》[⑪] 等也从宗教学和历史地理学等方面为建筑学相关研究开阔了思路。

以往建筑学者的大多数研究集中于对佛寺个例的沿革梳理和相关寺院的工程介绍，而戴俭有关禅宗寺院建筑布局的研究是有见地的有益尝试[⑫]。另外，从场所特征、地域特色、比例尺度等角度也有一些论文发表[⑬]。还有一些以重要佛教寺院的沿革为线索对佛寺布局模式进行探究的研究成果，比如徐雄的《唐宋时期汴州（东京）相国寺形制发展历程的研究》[⑭]、王雪莹的《正定开元寺形制初探》[⑮]、侯洪涛的《正定隆兴寺建筑及格局研究》[⑯] 等。

---

① Hui MKM. From house to monastery : The sacred spatiality in labrang architecture. [Doctoral Dissertation]. Hong Kong : The Chinese University of Hong Kong (Hong Kong), 2008.

② Chen-shan Wang. Quanzhou Kaiyuan Monastery : Architecture, iconography and social contexts. [Doctoral Dissertation]. University of Pennsylvania, 2008.

③ W Laurence Barnett. Dealing with the dead : Rituals of trance, transition and transformation in a Taiwan temple. [Doctoral Dissertation]. Cornell University, 2004.

④ 白化文 . 中国佛教寺院殿堂典型配置 // 文史知识编辑部 . 佛教与中国文化 . 北京 : 中华书局，2005 : 369–377.

⑤ 孙宗文 . 我国佛寺平面布局沿革考 . 法音，1985（02）: 12–14，20.

⑥ 宿白 . 隋代佛寺布局 . 考古与文物，1997（02）: 29–33.

⑦ 宿白 . 龙兴寺沿革——青州城与龙兴寺 . 文物，1999（08）.

⑧ 宿白 . 试论唐代长安佛教寺院的等级问题 . 文物，2009（01）.

⑨ 张弓 . 唐代佛寺群系的形成及其布局特点 . 文物，1993（10）.

⑩ 张法 . 佛寺 : 从印度到南亚和汉地的演变 . 长春市委党校学报，1999（02）.

⑪ 李桂红 . 中国汉传佛寺建筑与佛教传播初探 . 西南民族大学学报（人文社科版），2002（S4）.

⑫ 戴俭 . 禅与禅宗寺院建筑布局研究 . 华中建筑，1996（03）.

⑬ 王媛 路秉杰 . 中国古代佛教建筑的场所特征 . 华中建筑，2000（03）.
赵文斌 . 广东佛寺布局例析 . 古建园林技术，2001（01）.
韦克威 . 佛宫寺平面组合中的比例控制浅析 . 华中建筑，2001（05）（06）

⑭ 徐雄 . 唐宋时期汴州（东京）相国寺形制发展历程的研究 . 北京 : 清华大学建筑学院，2004.

⑮ 王雪莹 . 正定开元寺形制初探 . 北京 : 清华大学建筑学院，2008.

⑯ 侯洪涛 . 正定隆兴寺建筑及格局研究 . 北京 : 清华大学建筑学院，2008.

上述不仅为佛寺空间序列研究的深入开展提供了众多借鉴，也能够在一定程度上，揭示出不同佛寺实例布局演变和规模增减的内、外因素，从而可能进一步推测出汉地佛寺总体布局的形成机制和不同时期佛寺的布局特点。

3. 对整体布局规模的讨论

目前对于佛寺整体布局的学术研究大致有以下三种思路。

第一种是以佛寺生活将现存佛寺的院落空间串联起来，从佛寺正常功能运作的角度阐发行文。例如，1937 年，丹麦学者 Prip-Moller 出版了《中国佛寺》一书[①]，试图通过田野考察来认识佛寺在修行生活中的作用，更偏重于了解当时仍然具有丰富而生动的僧侣活动的佛教寺院，也为从功能入手探讨佛寺布局的有机性作出了有益的尝试。

第二种研究思路是以历史文献的考证为主，辅以同时期的佛寺遗址考古资料。具体来说，主要生发出三个研究主题。其一，将文本中的佛寺加以还原，如 Zhihui Ai-Choo Tan 通过道宣《关中创立戒坛图经》和《中天竺舍卫国祇洹寺图经》中对祇园精舍的复原来探讨初唐时期一座理想化佛寺的面貌。[②] 其二，别院（子院）的研究。如，徐雄在对唐宋时期东京相国寺的研究中从别院的考古发现入手，对其功能、意义以及与主轴线院落的布局关系进行了讨论，认为这种可能始于南朝的佛寺布局单元在唐代得到了广泛的认同和实践，其组合机制既可能是功能的互补关系也可能是多个僧团共存的并列关系[③]。又如，李德华关于唐代寺院子院的研究，以《酉阳杂俎》为主要研究文本探讨了唐代佛寺中子院名称的可能来源和功能、重要子院的基本布局及其所处的佛教发展背景[④]。其三，佛寺整体布局所反映出来的佛寺等级制度无疑也是这类研究的重要方面之一。如前面提及的宿白先生关于唐代长安佛寺等级的研究也是基于大量的文献考证，结合佛寺考古发掘个例而形成的。有关思考在成书于明代的《金陵梵刹志》中也有明确体现，文中以"大寺""次大寺""中寺"和"小寺"的分类勾勒出了明代佛寺等级规制的概貌，但据此文本展开的相关研究，比如何孝荣的研究[⑤] 和徐玫的研究[⑥]，并未从佛寺等级的角度给予足够的关注。

实际上，佛寺规模的形成是一个动态发展的过程，有关涉及特定时间段

① Prip-Moller, Johannes. Chinese Buddhist Monasteries: Their Plan and Its Function as a Setting for Buddhist Monastic Life (2nd ed.). London: The Oxford University Press, 1967.

② Zhihui Ai-Choo Tan. Daoxuan's vision of Jetavana: Imagining a utopian monastery in early Tang. [Doctoral Dissertation]. The University of Arizona, 2002.

③ 徐雄. 唐宋时期汴州（东京）相国寺形制发展历程的研究. 北京：清华大学建筑学院，2004.

④ 李德华. 唐代佛教寺院之子院浅析——以《酉阳杂俎》为例 // 王贵祥 主编. 中国建筑史论汇刊（第陆辑）. 北京：中国建筑工业出版社，2012：63-85.

⑤ 何孝荣. 明代南京寺院研究. 天津：南开大学，1998.

⑥ 徐玫.《金陵梵刹志》与明代南京寺院. 南京：东南大学，2006.

内佛教建筑的研究，对于相应的历史背景的探讨相对更为具体和倚重，因此，第三种研究思路大多采用多学科综合研究的方法或视角，并开始关注宗教对于建筑样式、功能组织的意义。比如 Susan L. Beningson 通过对敦煌等中国北方现存最早的石窟寺中佛教神圣空间的分析，探讨汉代对于死后世界的观念在墓室空间中的体现，进而通过这些石窟寺平面类型的演变来理解佛教传入中国后产生调适和同化的复杂过程[①]。又如 Andrew K. Y. Leung 从对中心柱石窟的类型学考察出发，着眼于从中反映出的建筑风格、理念和功能在佛教义理上的差异性，这是由于作者认为宗教建筑的风格、特征以及彼此之间关系的确定是理解中古中国和中亚复杂的宗教、社会、文化背景的首要环节[②]。类似研究还有 Wei-Cheng Lin 的《建造一座圣山——唐代五台山佛寺建筑》[③]、Chi Yee Cheung 的《南宋时期福建南部的佛寺及其对宗教发展的影响》[④]、Eugene Yuejin Wang 的《佛塔及其变型：中古中国视觉形象的建构》[⑤]等；此外，还有将佛寺扩张与土地经济关联考量的思路，如 Michael John Walsh. 对 13 世纪中国佛寺与土地的经济关系所做的探讨[⑥]等。

总体来看，就本文研究范围而言，关于佛寺整体布局的研究主要可能对应两方面的内容，其一是佛寺布局随着不断改建拓展所反映出来的阶段性特征，其二是佛寺规模与佛寺等级的关系。

1.2.3　有关佛教信仰的研究基点

1. 建筑史与宗教史之间的互补研究

建筑是一种受实用功能制约的特殊的物质载体，这就是说，建筑既不能脱离其建成后的使用功能，也不能超越其时、其地的物质发展水平，而其特殊之处又在于建筑还能在不同程度上反映出特定时期、特定地域的审美情趣、文化取向等意识形态层面的特点。因此，建筑史研究的意义不仅在于梳理对建筑本身的风格、技术、材料等发展，而且可以通过探讨建筑存在的艺术、文化，

---

① Susan L. Beningson. Shaping sacred space : Studies in the ritual architecture and artistic programs of early Buddhist cave temples and their relation to tombs in fifth century China. Columbia University, 2009.

② Andrew K. Y. Leung. The architecture of central-pillar cave in China and Central Asia : A typological study. University of Pennsylvania, 2007.

③ Wei-Cheng Lin. Building a sacred mountain : Buddhist monastic architecture in Mount Wutai during the Tang dynasty, 618–907 C.E. The University of Chicago, 2006.

④ Chi Yee Cheung. Buddhist monasteries in southern Fujian in the Southern Song period (1127–1279) and their impact on regional development. University of Hong Kong (Hong Kong), 2004.

⑤ Eugene Yuejin Wang. Pagoda and transformation : The making of medieval Chinese visuality. Harvard University, 1997.

⑥ Michael John Walsh. Profiting the treasure house : Monasteries and land in thirteenth-century China. University of California, Santa Barbara, 2000.

甚至宗教背景，有可能了解有关建筑的演变机制和所承载的意义。尤其是建筑的空间意向、组合逻辑、装饰主题很可能还原成环环相扣的意义体系，这一点在宗教建筑的研究中尤为明显。

汉地佛教之源头是一种外来宗教，从最早传入之时就开始了不断中国化的过程，直到隋唐时期被中国文化彻底吸纳，汉地佛寺的整体布局和殿阁配置在这种意识形态的冲突和融合中也产生了相应的变化。本文中以佛教中国化的关键时期——隋唐时期为时间线索，讨论对应的隋代至归义军时期敦煌莫高窟石窟形制和以佛寺建筑为主要背景的经变壁画所反映出的 6~11 世纪佛寺空间的可能特征，将其空间意象所依据的宗教信仰与同时期佛寺相关联，进而了解佛教信仰的发展对其建筑载体的影响。

2. 佛教义理与佛寺布局的内在逻辑

佛教在东汉传入中国时，已经完成了通常所说的两次佛言结集，绝大多数佛教经典已经在印度本土发展完备。而汉地佛教最初的译经并不系统，到隋唐以汉地僧侣为主体的大规模译经活动开始之时，通过有关经典的汉译本所展现出的汉地佛教是一个具有严谨的宇宙观和哲学观的宗教体系。因此，即使当时佛教宗派林立，但是，每个宗派所宣说的义理体系都可以看作是一个论证严谨且论点突出的富有哲学意味的学派。而对于佛教义理体系与佛寺空间布局的内在逻辑的探究，是出于一种将特定意义和功能通过建筑图像（符号）关联起来的考虑。

以石窟寺为例，一座佛教石窟（包括内部空间和绘塑组合等）应该对应一套适应其建造理念的设计思路，进而可以看作是将一个特定的佛教主题物质化的过程。普通佛寺的设计建造亦合此理。因此，本文从净土变相的图像学特征入手，结合所处石窟空间和塑像配伍等情况，尝试推测其可能对应佛寺布局的情况，并基于这种整体模型的建构，追溯其所代表（或适应）的佛教义理逻辑，从而探讨宗教意义在佛寺布局形制中的指导作用。

3. 图像范式与实际建造之间的差异

基于本研究对经变壁画在图像实证意义上的观点（见 1.2.1 部分的内容），经变壁画所体现出来的佛寺空间形态具有两种可能，其一是对当时佛教寺院的一般印象，其二是基于对佛教义理的理解而构思的佛寺的理想空间模式。那么，由此引发的佛寺空间布局的研究，还需要厘清图像范式与实际建造之间的差异及相互转换的方式。就本研究而言，至少存在这样两种情况，即经变壁画中的建筑图像对实际建造的佛寺形象的写实程度、佛寺的实际建造过程中如何落实经变壁画所表现出的理想空间模式。

由佛教主题能够很容易得出一种对应的佛教图像的组合范式，而实际的建造过程中并不一定完全反映出这种理想的图像范式，但是，经变这种特殊的佛教绘画类型最适合充当联系上述两种空间认识角度的过渡形式。也就是说，可能存在"佛教主题——经变画——佛寺布局"这样一种理想与现实之间的沟通链条。

在理想向现实转化的过程中，可能存在两种模式，其一为新建寺院，应该以由佛教主题产生的图像范式为出发点的情况居多，由此建成的佛寺在空间布局上更容易被经变直接汲取，其二是改建寺院，可能更多地体现在对应佛教主题，也就是所采用的佛教造像体系上。反之，理想范式与实际建造的转换还可以看作是原型与衍生体之间的关系。莫高窟遗存的经变壁画中存在大量相似、甚至完全相同的建筑场景。其原因之一或许就是经变画的建筑形象必然来源于现实佛寺中较为通行的空间布局形态，而不同类别经变画的主要区分并不在于建筑形象所反映出的空间形态上，同一分期的经变画中建筑背景所反映出的佛寺空间布局具有较多的相似特征，而不同分期之间又存在趋同的倾向。粉本的流传与使用也从一个方面说明这一点，来源于现实佛寺的空间原型反映到经变画中时必然经历了一个提炼和概括的过程，从而尽可能趋近于经变画要表达的佛教主题，这就是固化到粉本中的建筑图像。

也就是说，由佛教信仰主题产生的理想的空间范式可能更为稳定而纯粹，而落实到实际的佛寺建造中，更可能表现为供奉的造像体系，至多反映在楼阁与殿的不同，至于空间布局可能存在另外一条发展路线，即空间的由简至繁，由开放向围合。

本文研究试图借鉴佛教史、文化史、艺术史的相关研究，突破以往对于经变画的孤立的图像学研究，从建筑历史事实及对应解释的角度出发，并更进一步用建筑语言整合石窟的建筑空间和壁画的图像空间，结合相应佛经教义、忏法仪轨、现存同期的中国与日韩有关佛寺遗存以及历史文献进行多角度论证，推测这一时期佛寺布局最可能和最常见的形制。

1.3 研究方法与本书框架

1.3.1 研究方法

本文关注基于敦煌图像材料和佛教义理仪轨的佛寺布局研究，其根本落脚点还是建筑学问题，其中包括经变壁画本身与所处石窟空间、塑像等组成的观想空间，以及多铺净土变组合而成的忏仪序列与石窟空间的对应关系。前者可能会形成一个对于某种佛教信仰影响下的佛寺主要轴线序列的概念，结合对应佛经和信仰思潮的理解，对于现存的或文献记载的寺院格局中的一些配置特点给予解释和溯源；后者则可以尝试进一步探讨寺院院落布局的生发模式及其思想源流。因此，所采用的研究方法是以梳理图像、实物资料为线索，同时通过相关历史文献的考证，对关联的建筑图像要素进行整体阐释。

本文研究所关注的重点内容，是基于敦煌图像材料和佛教义理、仪轨的佛寺布局研究。立足建筑学本学科的深入研究，通过学习相关学科的概念和方法，拓展本专业的研究视角。借鉴历史学、考古学、地理学、民族学、人类学、社会学、文化学、宗教学、艺术学、经济学、政治学、测绘学等学科领域的成果，多角度印证和研究，使分析探讨更为深入、全面，并更具有说服力。

在这一点上，国外汉学家较早开始研究实践并已经取得了一些颇具启发性的研究成果，比如主张把一个洞窟作为一个整体，同时把整个洞窟作为佛教信仰和实践的一面镜子，例如，阿部贤次在其对莫高窟第 254 窟的研究中明确指出，洞窟的本质就是一个相互关联的建筑、绘画和雕塑的综合体[①]。本文研究的逻辑顺序也应该是掌握石窟开凿的意图（religious intent），重建为此而设计的装饰元素的关联（narrative representation）。而使用者的积极参与才能最终实现石窟所传达的信仰主题，具体而言，这种参与主要是指本文在洞窟整体研究中引入的忏仪活动，这是将洞窟想要表达的意义和实际表达出的意义联系在一起的必要环节。

1. 相关历史文献的查阅

可能依据的文献材料大致可以分为这样四类：

第一类是相关佛典，主要来源于《大正藏》《卐续藏经》，重点在于有关净土建设和描述的相关文本的检索与理解，这部分文献内容代表了最为理想化和最具宗教意味的佛国净土的印象，如《观无量寿经》《阿弥陀经》《无量寿经》《般舟三昧经》《悲华经》《大宝积经》以及相关的论著和注疏等。

第二类是与佛教有关的文献，包括《法苑珠林》《出三藏记集》《广弘明集》《高僧传》《比丘尼传》《佛祖统纪》等古籍以及大量文人笔记、集成性文献中有关记载，如《寺塔记》《洛阳伽蓝记》《建康实录》《两京新志》《古今图书集成》《全唐文》《全宋文》《金文编》以及诗词曲赋、小说等。例如，唐代佛教已经普及到社会的各个阶层，佛寺不仅是弘传佛教的场所，还是许多市井生活展开的舞台，这就使得上述那些笔记体和诗歌类的文学作品中包含的有关佛寺等的建筑描写在一定程度上反映了当时佛寺的普遍形象。同时，由于这些作者大多与佛教人士交往甚密，因此，往往对佛教的理解也比较深入，这也使得其笔下的描述可能更有代表性。

---

① Stanley Kenji Abe. Mogao Cave 254 : a case study in early Chinese Buddhist Art . United States - Berkeley : University of California, Berkeley, 1989 : 5.

第三类是敦煌史料，包括敦煌石窟资料和敦煌文献资料。前者主要是目前可以掌握有伯希和的《伯希和敦煌石窟笔记》、谢稚柳的《敦煌艺术叙录》[①]以及敦煌研究院的《敦煌石窟内容总录》《敦煌莫高窟供养人题记》《敦煌石窟艺术》《敦煌石窟全集》等。后者主要是探讨敦煌地区佛教思想重要资料的敦煌文书，尤其是一些通行佛典未能反映的当时的佛经写抄本和净土礼忏仪式写本，又如其中的土地买卖文书，历史诏书、帝王与大臣讨论佛教问题的论辩类文献等，也有可能会存在一些与某一时代佛教有关的记录，如地方捐资建寺、寺院占地等。

第四类是古代高僧的游历记录，有助于发现敦煌作为佛教传播重要地理节点的相关记录，以及理解敦煌其时所处的社会背景和风土人情，同时也是探讨净土信仰的源头和流布的重要依据，如东晋法显的《佛国记》、唐玄奘的《大唐西域记》、日本圆仁《入唐求法巡礼行记》和《圆仁日记》、韩国的《燕行录》。

第五类是历代正史中的"释老志"、地方志中的"寺观"，以及历代画论，如张彦远的《历代名画记》、郭若虚的《图画见闻志》《宣和画谱》《益州名画录》等。

在实际研究中，历史文献的可靠性还需要与莫高窟中相应的石窟形制和绘塑组合结合考量，尽量选取与后者同时期、同背景出现的文本资料来佐证同期的莫高窟所反映出来的佛教思潮、佛寺布局等现象。

2. 素材搜集与实地调研

参考国内外有关学科领域的研究成果，了解研究现状，并进行实地调研，获取更多第一手参考资料。

其中需要特别注意的有两方面，一是一些曾经的大寺以及历史久远的寺院，尤其是与净土宗、净土信仰发展有关的佛寺，对其寺史、基址沿革、宗派变迁、驻锡高僧等信息都要尽可能的掌握；二是敦煌壁画和石窟空间，应该在实地调研前根据石窟资料完成整个内容梳理和组合排布，从中选取重点石窟进行考察。

本文研究过程中有关莫高窟的石窟、壁画、写经等遗存资料的主要来源有如下三方面：

（1）敦煌壁画图像资料集成。如：

兰州大学敦煌学研究所，甘肃省古籍文献整理编译中心编；郑炳林，高国祥主编. 敦煌莫高窟百年图录：伯希和敦煌图录（两卷）. 北魏、唐、宋时期的佛教壁画和雕塑：敦编第 3-465 号窟及其他. 兰州：甘肃人民出版社，2008.

---

① 谢稚柳. 敦煌艺术叙录. 上海：上海古籍出版社，1996.

商务印书馆（香港）有限公司出版《敦煌石窟全集》（多卷），1999~2005

甘肃人民美术出版社出版段文杰主编《敦煌石窟鉴赏丛书》（多卷）

北京文物出版社与东京株式会社平凡社联合出版《中国石窟·敦煌莫高窟》（五卷），1984

中国石窟．北京：文物出版社、东京：平凡社，1989

江苏美术出版社出版《敦煌石窟艺术》（多卷），1996

日本文化出版局出版《敦煌石窟丛书》（多卷），2001

天津人民美术出版社《中国敦煌壁画全集》（多卷），1996

（2）敦煌莫高窟洞窟内容记录总成。如：

[法]伯希和等．伯希和敦煌石窟笔记．耿昇 译．兰州：甘肃人民出版社，2007.

张大千．张大千先生遗书漠高窟记．台北：国立故宫博物院，1985.

谢稚柳．敦煌艺术叙录．上海：上海古籍出版社，1997.

何正璜．敦煌莫高窟现存佛窟概况之调查（教育部艺术文物考察团（1942））// 陕西省博物馆 编．何正璜文集．西安：陕西人民出版社，2006，6：165−199.

敦煌研究院．敦煌莫高窟供养人题记．北京：文物出版社，1986.

敦煌研究院．敦煌石窟内容总录．北京：文物出版社，1996.

石璋如．莫高窟形．台北："中央研究院历史语言研究所"，1996.

（3）敦煌文献辑录。如：

施萍婷．敦煌遗书总目索引新编．中华书局，2000.

伦敦大学亚非学院，英国国家图书馆，中国敦煌吐鲁番学会敦煌古文献编辑委员会，中国社会科学院历史研究所 编．英藏敦煌文献（1−15）．成都：四川人民出版社，1990.

英国国家图书馆，上海师范大学编．英国国家图书馆藏敦煌遗书（1−10）．桂林：广西师范大学出版社，2011.

法国国家图书馆，上海古籍出版社 编．法藏敦煌西域文献（Vol.1−34）．上海：上海古籍出版社，1995.

俄罗斯科学院东方研究所圣彼得堡分所，俄罗斯科学出版社东

方文学部，上海古籍出版社 编 . 俄罗斯科学院东方研究所圣彼得堡

分所藏敦煌文献（1-17）. 上海：上海古籍出版社，1992.

任继愈 编 . 中国国家图书馆藏敦煌遗书（1-7）. 南京：江苏古

籍出版社，1999.

北京大学图书馆 编 . 北京大学藏敦煌文献（1-2）. 上海：上海

古籍出版社，1995.

天津艺术博物馆，上海古籍出版社编 . 天津艺术博物馆藏敦煌

文献（多卷）. 上海：上海古籍出版社，1996.

上海图书馆，上海古籍出版社编 . 上海图书馆藏敦煌吐鲁番文

献（1-4）. 上海：上海古籍出版社，1999.

上海博物馆，上海古籍出版社编 . 上海博物馆藏敦煌吐鲁番文

献（1-2）. 上海：上海古籍出版社，1993.

此外，本文研究时间范围内的日韩佛寺遗迹也是重要的旁证材料。梁思成先生曾经指出，在以敦煌壁画作为研究中国古代建筑图像资料的时候，"日本飞鸟、奈良及平安前期的仿隋唐建筑"，也可作为重要的参考之一。[1] 不仅如此，考虑到汉地佛教主要经由朝鲜半岛东传至日本的历史和当时中原王朝对日韩的强势文化输出，韩国统一新罗、高丽时期的一些佛寺遗迹也是重要的参照物（图 1-12）。

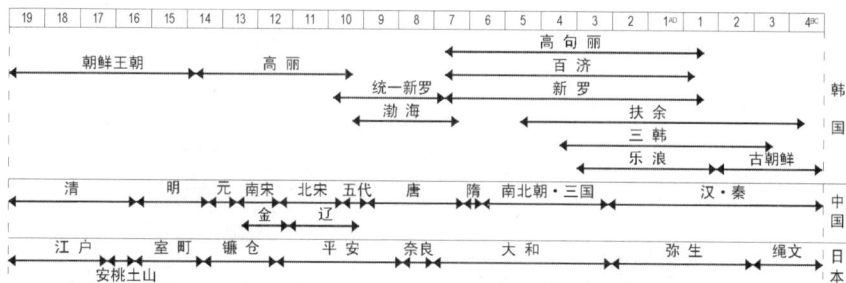

图 1-12　中、日、韩历史年代对照图
（资料来源：尹张燮，柳沢俊彦 . 韩国建筑史 . 东京：丸善株式会社，1997，9.）

3. 理论结合实例的方法

本文研究注意将抽象的理论与个案实际相结合。理论研究要以建立指导实践工作的系统方法为目的，而方法的建立又要充分注意其在历史解释中的可操作性。只有注重对研究成果的评价，才能得到完整可靠的理论体系。

具体而言，以巫鸿先生的研究最具代表性，也与本研究关系较为密切，他将"建筑和图像程序"（architectural and pictorial program）引入到佛教艺术研究领域，其研究前提为"以特定的宗教、礼仪建筑实体为研究单位，目

---

[1]　梁思成 . 敦煌壁画中所见的中国古代建筑 // 梁思成 . 梁思成全集 . 第一卷，北京：中国建筑工业出版社，2001：133.

的是解释这个建筑空间的构成以及所装饰的绘画和雕塑的内在逻辑"[①]。敦煌莫高窟内大多存在与某种佛教信仰密切相关的壁画和塑像，结合其具有明显宗教礼仪特征的内部空间，恰好是符合上述研究前提的具有典型性的研究对象。

本文研究首先就敦煌壁画中与佛寺空间布局有关的资料进行整理，归纳出各类相关经变壁画的布局规律，进而探讨其设置意图以及对应佛典、修行方法（仪轨），将壁画内所反映的空间延伸到石窟的建筑空间中，以期恢复寺院主要（理想）轴线序列上建筑布局的关系，进而探讨佛教信仰在其中的控制要素和方式。其次结合敦煌佛教主流信仰的发展以及佛教艺术、修行方式转变的历史，在时间的纵深方向，梳理佛寺院落的殿阁配置、空间布局与空间组合的演变轨迹。其中也选取典型个案，通过对其石窟形制、壁画、雕塑的整体研究，一方面探求净土变相与其他经变配伍的意图和实用性，另一方面拓展前述基于单面壁画的空间研究，发现伴随整个汉地佛教的义理、仪轨、戒律发展，由石窟整体研究所反映出的佛寺空间布局的某些共同而明确的特征。

1.3.2　本书框架

基于有关分析与思考，本书研究按照以下框架（图 1-13）围绕敦煌莫高窟的石窟形制、壁画和塑像来讨论公元 6~11 世纪佛寺院落空间的特征。

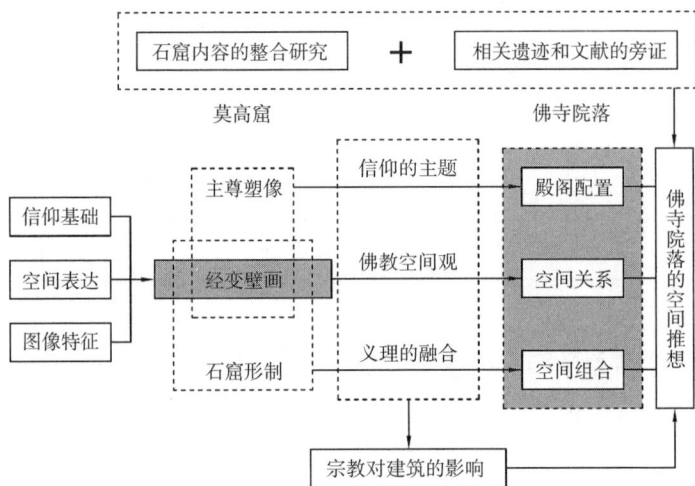

图1-13　本文的研究框架
（资料来源：自绘）

---

① 巫鸿．敦煌 323 窟与道宣 // 礼仪中的美术：巫鸿中国古代美术史文编．北京：三联书店，2005：418.

第2章 佛寺院落的信仰主题——以绘塑题材为核心的讨论

一般来说，佛寺院落的空间特征、殿阁配置皆与其自身宗教功能是对应的，也就是说，相对于其他建筑而言，佛教建筑的规划与设计不仅要受到其所处的社会、经济以及文化背景的影响，更为特殊而关键的则在于满足其所承载的特定的佛教义理与法事活动对于空间形态与建筑配置的要求。汉地佛教在隋唐便已开始分立宗派，逐渐形成各自不同的义理体系，"承汉魏以来数百年发展之结果，五花八门，演为宗派。且理解渐精，能融会印度之学说，自立门户"①。与之对应，汉地佛寺的院落空间与殿阁配置也会因不同宗派倾向确定其信仰主题。

有研究表明，早在公元4、5世纪，即不晚于初唐时，汉地佛教寺院所采用的院落式布局模式，就已经基本定型了。

> "总的来说，佛寺的布局，基本上是采取了中国传统世俗建筑的院落式布局方法。一般地说，从山门（即寺院外面的正门）起，在一根南北轴线上，每隔一定距离，就布置一座殿堂，周围用廊庑以及一些楼阁把它们围绕起来。这些殿堂的尺寸、规模，一般地是随同它们的重要性而逐步加强，往往到了第三或第四个殿堂才是庙宇的主要建筑——大雄宝殿。大雄宝殿的后面，在规模比较大的寺院里可能还有些建筑。这些殿堂和周围的廊庑楼阁等就把一座寺院划为层层深入，引人入胜的院落。"②

简而言之，汉地佛寺布局的一个重要特征就是多重院落空间的组织和组合（图2-1）。其中，以佛事礼仪活动为主要功能的院落大多会依据特定佛教宗派的基本义理，并由此确定其所表达的信仰主题，如"净土院"、"弥陀院"、"法华院"、"文殊院"等，进而可能据此主题进行相应的殿阁配置所适应的宗教活动。当然，对于这种信仰主题最直接的体现应当是院落中主要殿堂所供奉的主尊佛像，由于不同佛像所对应的建筑尺度、空间以及忏仪活动的要求，还可能反映出该院落的具体空间关系。

① 汤用彤.隋唐佛教史稿.北京：北京大学出版社，2010：2.
② 梁思成.中国的佛教建筑.清华大学学报，1961，12（2）：53-54.

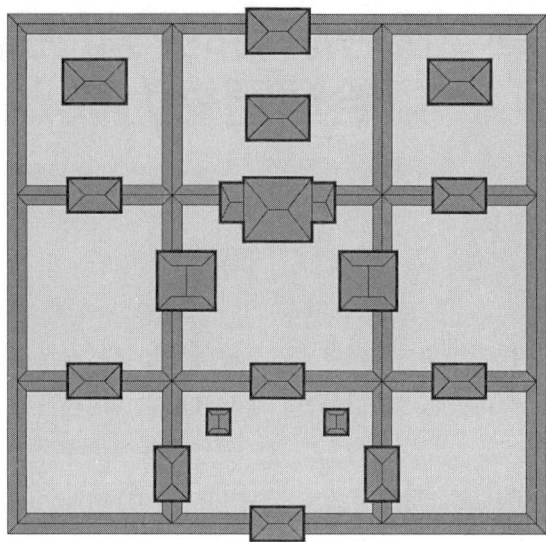

图2-1 佛教寺院的院落
组织示意
（资料来源：自绘）

　　敦煌莫高窟一般的石窟空间主要由三部分构成，由外至内依次为前室、
甬道和主室，尤以诸窟主室遗存者最多，并且其内部保存往往也较为完整。

　　石窟主室主要内容大致包括三个方面，即石窟形制、主尊塑像和四壁壁画。

　　第一，石窟形制主要按照主室的空间特征作为分类依据，根据所进行宗
教活动方式的不同，大致可以分为佛殿型、塔院型、僧院型和讲堂型。

　　第二，石窟的主尊一般指在佛殿型窟主室后壁（以及塔院型窟中心柱前）
供奉的主尊塑像。

　　第三，四壁壁画，尤其是具有大量建筑背景的净土变相，不仅作为石窟内
部空间的装饰元素，也很可能是对当时普通佛寺的形象反映，而且与主尊塑像
基于一定的义理逻辑而形成相对固定的组合，还可能反映特定信仰主题影响下
佛寺院落的空间关系，甚至可能会是一种空间扩展的手段，其中暗示了佛寺多
院落组合的可能。

　　莫高窟中，一般被认定为隋代至归义军时期的石窟共计 412 处[①]，其中有
404 处能够明确归入具体分期的石窟，另有 8 处不能断定具体分期的唐代石
窟，分别为第 76、第 81、第 97、第 110、第 131、第 169、第 344 和第
466 窟。下面根据前述三方面石窟主室内容分别进行梳理，分析其中所见的
流变特征，并逐步选定可深入研究的石窟样本，从石窟形制出发，以绘塑题
材为核心来探讨其所反映出的佛寺院落空间的信仰主题与相关佛寺院落的殿
阁配置。

_____

① 根据九六版《敦煌石窟内容总录》，此处主要指南区，因北区经后续的发掘整理，认为基本为
　 生活用窟，故不作为本文研究涉及样本。

2.1　从石窟形制对应的佛寺院落说起

按照本文采用的石窟形制分类，敦煌莫高窟可明确归入隋代至归义军时期各分期的石窟主要涉及佛殿型、塔院型、僧院型三种类型。按照石窟内部的具体构造，佛殿型可以进一步分为四种，其一为仅后壁设置一佛龛，其二为后壁及两侧壁各设置一佛龛，其三为仅在后壁前砌筑佛坛（台或床），其四为大像窟，详见表 2-1。

敦煌莫高窟隋代至归义军时期石窟形制统计　　　表 2-1
（资料来源：自绘）

年代	佛殿型				塔院型	僧院型	不详	合计
	后壁设龛	三壁设龛	后壁设坛	大像窟				
隋代	74	6	7	0	5	3	0	95
初唐	36	0	6	1	3	1	0	47
盛唐	78	7	7	1	2	3	0	98
吐蕃时期	47	1	4	0	1	1	0	54
归义军时期	67	0	20	0	16	5	2	110
合计	302	14	44	2	27	13	2	404

由上表可知，莫高窟中不同的石窟形制在时间分布上呈现出不同分期发展特点。

第一，塔院型窟（图 2-2）共有 27 处，从年代分布来看，这种石窟形制在隋代以后一度十分罕见，但在归义军时期剧增。不过，总体看来，在隋代至归义军时期，塔院型窟并不算流行。

第二，僧院型窟（图 2-3）共仅 13 处，这可能受石窟功能总体分区的影响，本文所关注的莫高窟，确切来说是指莫高窟南区石窟群，根据非常晚近的对莫高窟北区的发掘可知，北区石窟可能大多为生活用洞窟，包括较多僧院型窟，很可能在莫高窟营建过程中逐渐形成了宗教与生活两大功能分区，从而导致不同分区内具体石窟形制配比的差异。

第三，佛殿型窟（图 2-4）占绝大多数，共计 362 处。其中，以仅主壁（主尊）开一龛的形制居多，达 302 处；主壁（主尊）设置佛坛（佛台或佛床）或主壁及两侧壁均设龛的形制次之，分别有 44 处、14 处；而仅第 96 和 130 窟为大像窟。数量最多的仅主壁（主尊）开一龛的佛殿型窟其反映的佛寺院落空间关系很可能就是通常所见的"一正两厢"式的佛寺院落空间。

另外，值得一提的是，三壁设龛的佛殿型窟尽管在隋代的莫高窟中已经

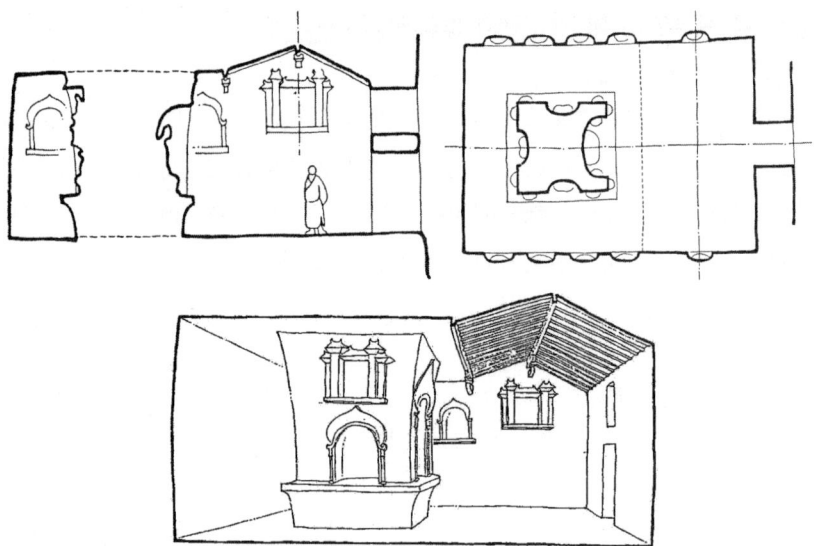

图2-2 塔院型石窟
（资料来源：萧默.敦煌建筑研究.北京：机械工业出版社，2002：297-298）

图2-3 僧院型石窟 第285窟 西魏时期
（资料来源：敦煌研究院.敦煌石窟 2. 东京：文化学园·文化出版局，2001）

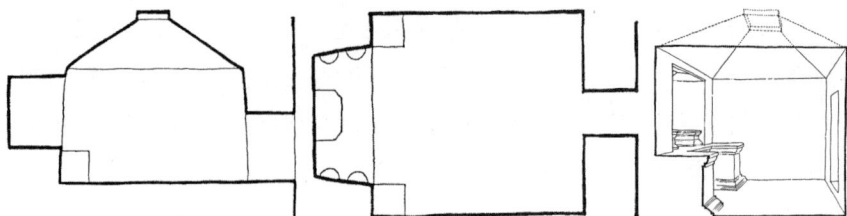

图2-4 佛殿型石窟
（资料来源：萧默.敦煌建筑研究.北京：机械工业出版社，2002：297、309）

出现，但初唐石窟中未见，至盛唐又是昙花一现，到后来基本无兴建。主室分设三龛的佛殿型窟所反映的佛寺院落空间可能存在两种情况。其一，为同一院落内的主殿与两侧配殿，与仅主壁（主尊）开一龛所反映出的院落布局可能一样，如第 225 和第 384 窟。已有研究认为，三壁龛内的佛像为延续隋代、初唐的

三世佛造像体系 [①]。其二，为并列三个主殿，有可能暗示三路并列轴线的院落组合，也可能是三座品字形同向并置的佛殿，这种情况尚待进一步开展研究。

2.1.1　壁龛与边坛

壁龛是莫高窟中十分活跃的形制要素，相较而言，对于佛殿型窟的空间形态影响非常重要。在佛殿型窟中，与壁龛作用相似的还有那些主要设置于后壁或侧壁前部的佛床、佛台等边坛（图 2-5），具体设置情况见表 2-2。

由表 2-2 可见，莫高窟中的佛殿型洞窟绝大多数都采用后壁单独设置佛

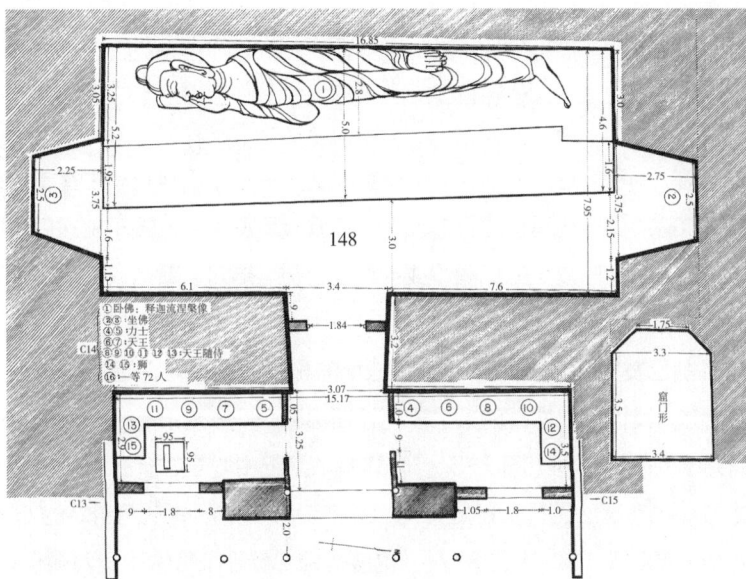

（a）平面图

（b）剖面图

图2-5　西壁设佛床（台）的佛殿型窟 第148窟 盛唐时期

（资料来源：石璋如 . 莫高窟形 . 台北："中央研究院历史语言研究所"，1996：30、31）

[①]　贺世哲 . 关于敦煌莫高窟的三世佛和三佛造像 . 敦煌研究，1994（2）：81.

敦煌莫高窟佛殿型窟中壁龛和边坛的设置情况简表　　　　表 2-2
（资料来源：自绘）

		十六国/北凉	北魏	西魏	北周	隋	初唐	盛唐	吐蕃时期	归义军时期	西夏	元	合计
壁龛	仅后壁	1	1	2	11	66	37	77	46	58	11	2	312
	多壁	0	1	0	0	5	0	7	1	0	0	0	14
	其他	1	0	1	0	0	0	0	0	0	0	0	2
边坛	仅后壁	0	0	0	0	4	5	3	1	10	0	0	23
	多壁	0	0	0	0	1	0	0	0	0	1	0	2
龛坛混合		1	0	0	0	0	0	0	0	0	0	0	1
合计		3	2	3	11	76	42	87	48	68	12	2	354

龛（或佛坛）的布局形式，而且，以壁龛形式居多。如果将石窟主室看作是对普通佛寺院落的提炼与写仿的话，那么，在佛殿型窟中，设置于主室后壁的佛龛（或佛坛）与两侧壁上的壁画（或佛龛）分别可能对应着佛寺院落中的正殿和两配殿（或两侧廊）。

从目前已发掘并公布的唐代佛寺遗址的布局情况来看，始建于 7 世纪中叶的西明寺，其遗址已发掘的部分表明正面佛殿两侧分别设东廊和西廊，共同围合成完整的院落空间（图 2-6）；同样是 7 世纪中叶左右，在隋代废寺基础上兴建的青龙寺遗址也是从正殿两侧山墙向前方包抄形成东西对峙的 U 型连廊，而非设置配殿（阁）（图 2-7）。也就是说，佛寺院落中正殿两侧仅设东、西廊的建筑配置在一定时期内很可能确实存在过。那么，处于这样一个过渡时期的东、西廊的作用仅仅是协助正殿围合院落空间吗？

在唐代段成式（公元 803~863 年）所著的《酉阳杂俎》的续集《寺塔记》中详细记述了当时长安佛寺的情况，其中多次提到了"东廊""西廊"，择要记录如下：

"（靖善坊大兴善寺）东廊之南素和尚院，庭有青桐四株，素之手植。"[①]

"（道政坊宝应寺）东廊北面，杨岫之画鬼神。齐公嫌其笔迹不工，故止一堵。"

"（安邑坊玄法寺）曼殊院东廊，大历中，画人陈子昂画廷下象马人物，一时之妙也。及檐前额上有相观法，法似韩混同。西廊壁

---

① 钦定四库全书，子部，小说家类，琐记之属，酉阳杂俎，续集卷五、六

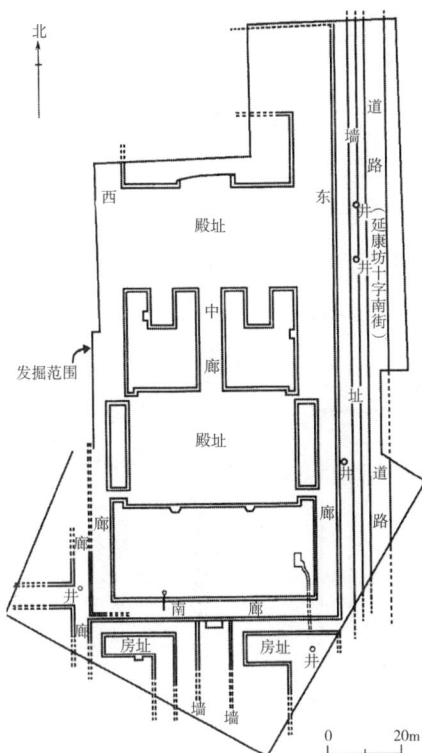

图2-6　西明寺遗址已发掘部分

（资料来源：宿白.试论唐代长安佛教寺院的等级问题//宿白.魏晋南北朝唐宋考古文稿辑丛.北京：文物出版社，2011：261）

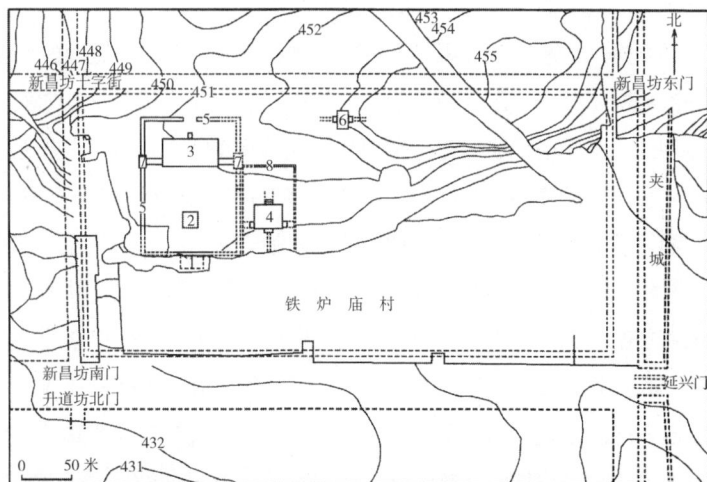

图2-7　青龙寺遗址

（资料来源：宿白.试论唐代长安佛教寺院的等级问题//宿白.魏晋南北朝唐宋考古文稿辑丛.北京：文物出版社，2011：263）

有刘整画双松，亦不循常辙。”

“（长乐坊安国寺）东禅院，亦曰水塔院，院门北西廊五壁，吴道玄弟子释思道画释梵八部，不施彩色，尚有典刑。”

“（常乐坊赵景公寺）三阶院西廊下，范长寿画西方变及十六对事，宝池尤妙绝，谛视之，觉水入浮壁。”

"（大同坊灵华寺）佛殿西廊，立高僧一十六身，天宝初自南内移来，画迹拙俗。"[1]

在《寺塔记》的相关行文中，"东廊"、"西廊"是作为一个约定俗成的名称直接使用，可见在公元 9 世纪左右的长安佛寺中，东、西廊的建筑形式应该还比较普遍。而从上述记载还可以进一步了解有关东西廊的使用情况，其一，东、西廊大多仅沿围合院落的外侧设置墙壁，并在其内壁上绘制壁画，其中不乏经变，例如，常乐坊赵景公寺三阶院的西廊即绘制观无量寿经变，也有在

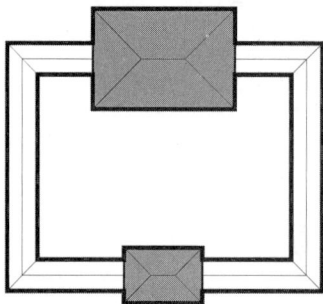

图2-8 东、西廊式佛寺院落示意
（资料来源：自绘）

其前部增设塑像的布置方式；其二，文献中常见"廊南"或"廊北"的描述，也许可以推测东西廊的具体形式有可能为 U 型；其三，在一定程度上反映出当时长安以院落为单位设置佛寺。由此看来，莫高窟佛殿型窟中仅后壁设龛的布局形式很可能最初是直接对当时一类汉地佛寺院落布局的直接模仿，即以后壁佛龛（坛）代表正殿，两侧壁画分别代表东、西廊下所绘制壁画的情况（图 2-8）。

在某种程度上，东、西廊式的院落布局也可以看作是一般所说"一正两厢"式殿阁布局模式（见图 2-1 中的中央院落）的简化，这是因为不论是由正殿与东廊、西廊构成，还是由正殿与两侧殿构成，所形成的佛寺院落的主要空间特征均基本相同。首先，就所塑造的空间形态而言，正殿和两侧廊（殿）分别面向院落中心，从而形成了具有一定向心性的围合空间，院落中心是无形存在的；其次，在空间的使用方式上，围合的院落空间适宜进行具有一定规模的佛教礼拜、斋忏活动。可能随着寺院功能的发展和丰富，东、西侧殿才逐渐取代东西廊，并将这种"一正两厢"式的殿阁布局模式发展成后来汉地佛寺的主流模式。也就是说，这种以仅后壁设置佛龛（或佛坛）为主的石窟空间至少可以表明，在佛寺主要轴线上以正殿为中心形成的院落空间从隋代开始逐渐成为汉地佛寺院落布局的主流，而两侧同正殿一起构成围合院落空间的建筑类型则可能存在一个演化过程，即由两侧围廊到两厢配殿的发展。

2.1.2　中心柱与中心坛

如前所述，尽管塔院型窟在隋代至归义军时期莫高窟中并不多见，但作为曾经在隋代以前兴盛一时的石窟形制，其所对应的佛寺院落空间很可能具有

---

[1]　钦定四库全书，子部，小说家类，琐记之属，酉阳杂俎，续集卷五、六

一定的历史意义。

与佛殿型窟不同，以中心柱式为代表的塔院型窟所反映的院落中心是实体存在的佛塔，而主室四壁可能对应着围合形成佛寺塔院型院落的四面院墙（连廊），也可能是由连廊包围或连接起来的塔后正殿与塔前两侧的配殿。就塔院型窟所形成的空间来看，开展宗教活动的方式可能是在中心柱前空间进行简短且相对静态的仪式，而忏仪的主要部分则需要通过围绕中心柱行进来实施，也就是说，塔院型窟的主室空间具有一定线路引导性，呈现出一条围绕中心实体的环状动线。另外，中心柱之后的主室后壁通常会开设佛龛或者设立佛坛，那么，塔院型窟的主室空间就不再是以中心柱为中心的匀质空间，而且会存在一定轴向上的空间序列，这种空间形态在后期发展起来的中心坛式塔院型窟（图2-9）中表现得更为明显。

从表 2-1 我们已经知道，塔院型窟尽管一直存在，但与同时期的佛殿型窟相比，在隋代至归义军时期的莫高窟中都处于次要地位。另外，按照本文对塔院型窟的界定，进一步研究各分期内塔院型窟的具体类型情况（表2-3）还可以发现，北魏时塔院型窟占有绝对优势，但是自西魏就开始逐渐退居次要，至隋代开始出现中心坛式，而可以看作是中心坛式一种变形的背屏式塔院型窟（图2-10）仅见于归义军时期。

由上表所见塔院型窟的变化趋势可以推测，隋以前佛寺盛行的以塔为中心的布局模式，在隋以后受到了以佛殿为主的一正两厢式布局模式的强烈冲击而不再流行，相应地，院落的实体中心以佛殿代替了佛塔，从原来较为重视围绕佛塔进行佛事活动的环形空间，转变为以中央佛殿为主的轴向序列空间（图2-11）。这种佛寺院落的布局模式，在归义军时期的净土变相中十分常见。

图2-9 中心坛式塔院型窟 第61窟 归义军后期
（资料来源：段文杰.敦煌石窟鉴赏丛书（第一辑·第三分册）.兰州：甘肃人民美术出版社，1990）

莫高窟塔院型窟分期统计表（资料来源：自绘）　　　　表 2-3

		十六国 / 北凉	北魏	西魏	北周	隋代	初唐	盛唐	吐蕃时期	归义军时期	西夏	元	合计
中心柱式		0	11	2	4	4	1	2	0	3	0	0	27
中心坛式	非背屏	0	0	0	0	1	1	0	1	7	0	2	12
	背屏式	0	0	0	0	0	0	0	0	10	0	0	10
合计		0	11	2	4	5	2	2	1	20	0	2	49

图2-10　背屏式塔院型窟 第61窟 归义军后期

（资料来源：敦煌研究院. 敦煌石窟 10. 东京：文化学园·文化出版局，2001）

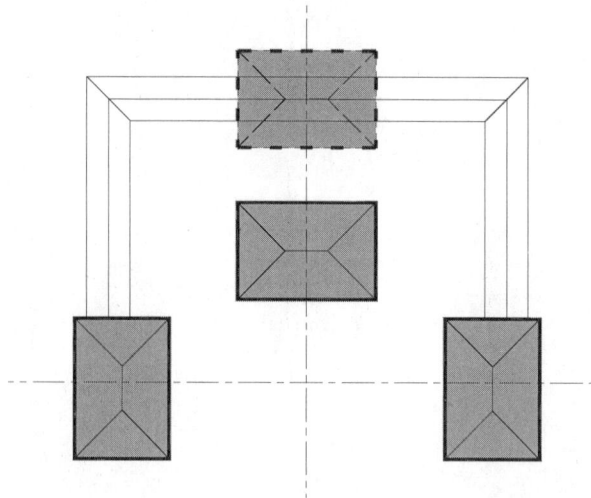

图2-11　据莫高窟塔院型窟后期发展的形制所做的佛寺核心院落平面推测

（资料来源：自绘）

2.2　主尊主导石窟的绘塑题材

鉴于以上关于石窟形制分类的特点分析，或许可以认为，隋代至归义军时期的莫高窟石窟形制所反映的佛寺院落空间关系以"一正两厢"式的佛寺院落空间为主，其中，"两厢"可能是东、西廊，也可能是东、西殿（或阁）。在此基础上，下面通过佛殿型窟的主尊入手来探讨佛寺院落空间的信仰主题就更具代表性。

2.2.1　主尊塑像的类型区分

在能够明确归入具体分期阶段的 404 处石窟（详见附录 D）中，排除相关图像记录较少（或洞窟内部保存情况较差）的石窟后，可以将其余空间较为完整（没有损毁或坍塌）的各分期阶段石窟分别根据主尊情况进一步分为"主尊尚存"与"主尊不存（含主尊为后代重塑的情况）"两组（图 2-12），并进一步加以分析。

第一，可用样本总数占石窟总数的比例，从隋代至归义军时期罗列各分期依次为 88.4%、91.5%、81.6%、81.5% 和 71.8%，也就是说，石窟总数多的分期内，石窟主室的保存情况并不一定是最理想的。就现存石窟主室内容的完整性来看，初唐石窟最佳，反而越是晚近的石窟，其完整性相对越差。

第二，就石窟主室主尊情况而言，初唐时期的主尊塑像保存最好，而隋代次之，但都达到同期石窟总数的 60% 以上，然而，盛唐时期以后，主尊塑像的保存情况均不佳，除去佚失的，还存在大量后代重塑的情况，这一现象在吐蕃时期石窟中尤为明显。归义军时期以后，敦煌一地长期脱离中央政权统治，人口锐减，敦煌佛教也基本停滞，尽管社会经济衰败，但是，作为一个传统的佛教圣地，信众的宗教信仰仍然需要借助修造石窟这一形式进行表达，限于困

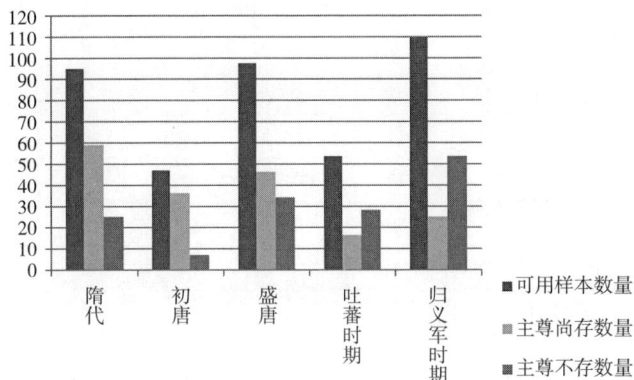

图 2-12　敦煌莫高窟隋代至归义军时期石窟总数与本研究可用石窟数量示意图
（资料来源：自绘）

顿的财力物力人力，重塑佛像、重绘壁画显然比重新开一个新窟更为可行，这或许可以看作是此一时期石窟主尊重塑现象较多的原因之一。

第三，相对于有关主尊塑像的可用样本逐渐减少，主室壁画的遗存情况则相对较好，盛唐及以后的大型经变画已经发展完备，并且遗存情况较好，主尊情况不明但四壁绘画保存较好的可用石窟样本到了盛唐以后，所占比重逐渐加大。而对于佛寺院落信仰主题的研究，就不必仅局限于主尊塑像的分析上，还可更多地倚重于四壁壁画。

接下来从主尊塑像的姿态入手来辨析不同姿态的主尊可能对应的具体佛号，以便通过由主尊主导的石窟绘塑组合进一步探讨有关佛寺院落空间的信仰主题。

1. 主尊姿态的分类

对附录 D 所列的"主尊尚存"的石窟样本，从主尊姿态与胁侍组合两方面进行主室主尊造像的情况统计，得出表 2-4。由此表可知：

第一，隋代至归义军时期，莫高窟的主尊姿态以跌坐佛与倚坐佛为主（图 2-13），而前者数量更多。

第二，除了单尊佛像以外，盛唐以后的莫高窟还出现了二佛、三佛、七佛等多佛组合的主尊情况，但较罕见，应不是当时的主流。

第三，就主尊胁侍种类来看，比较常见的胁侍造像为佛弟子、菩萨和天王，相对而言，力士像在组合中较少出现，如第 45 窟（图 2-14）。

莫高窟隋代至归义军时期石窟的主尊造像情况简表（资料来源：自绘）　　　表 2-4

			隋代	初唐	盛唐	吐蕃时期	归义军时期
主尊姿态	单佛	跌坐式	34	24	22	4	11
		倚坐式	11	3	11	4	2
		站立式	3	2	0	0	0
		涅槃式	0	0	1	1	0
		不明	12	6	11	7	11
	多佛	二佛	0	0	1	0	0
		三佛	0	0	0	0	1
		七佛	0	0	0	1	0
胁侍配置	无		11	3+1	5+1	4	7
	弟子或菩萨		17	17+2	5+1	5	4
	弟子 + 菩萨		30	2	3+2	3	8
	弟子 + 菩萨 + 天王（力士）		0	3	9+5	2	6
	弟子 + 菩萨 + 天王 + 力士		0	0	1	0	0
	其他		1	1	0	2	0

（a）跏坐佛 初唐 第 57 窟 西壁　　　（b）倚坐佛 隋代 第 304 窟 西壁

图2-13　敦煌莫高窟的跏坐式主尊佛与倚坐式主尊佛

（资料来源：（a）敦煌石窟·莫高窟 5. 东京：文化出版局，2001
（b）敦煌石窟艺术：莫高窟第 303、304、305 窟. 南京：江苏美术出版社，1996）

图2-14　常见胁侍组合 —— 主尊佛胁侍弟子、菩萨与力士 第45窟 盛唐 西壁

（资料来源：敦煌石窟鉴赏丛书：第45窟（二辑八分册）. 兰州：甘肃人民美术出版社，1992）

　　第四，总体看来胁侍的组合种类并不少，而且各个阶段的常见胁侍组合不尽相同。大致来说，在隋窟中，主尊的胁侍组合以佛同时胁侍弟子和菩萨者为多；到初唐石窟中，在此基础上出现了佛同时胁侍弟子、菩萨和天王的造像组合，但以分别胁侍弟子或者菩萨为主；进入盛唐时期，天王像的出现实例越来越多，这可能与当时逐渐兴起的天王信仰有关，而主尊同时胁侍弟子、菩萨和天王的情况也大为增多，而且还出现了加塑力士的造像组合，胁侍组合更加丰富，胁侍规模逐渐壮大，这也许可能对当时佛寺中主要殿阁的建筑形制和院落中的建筑布局产生一定影响；由于吐蕃时期和归义军时期石窟内现存的佛像

与胁侍组合大多为清代增塑后的结果，所以，当时的原貌情况相对模糊，但从同时期净土变相和石窟形制的发展特点来看，这两个时期的胁侍组合模式很有可能是对盛唐时期的延续，即使从上表中也可以看出，主尊胁侍组合呈现出日渐丰富的趋向。

2. 主尊佛号的判定

综合分析已有的对部分洞窟主尊佛像判定的研究[①]，莫高窟中不同姿态的主尊分别有以下几种定名情况。

（1）趺坐佛最为常见，大致存在三种可能。

第一种，大多数情况下，趺坐佛为释迦佛。原因有二，其一是造像特点决定的，释迦佛一般采用结跏趺坐的姿态，双手分别施无畏印和与愿印，在这种情况下胁侍弟子多为阿难和迦叶；其二是一般主尊佛像与胁侍的关系已根据有关佛教经典形成了固定组合模式，"以佛经中的上手菩萨来彰显主尊佛像的特点是佛教石窟造像自古以来的手法"[②]。例如，根据《维摩诘经》的有关内容，以文殊和维摩诘来引出主尊释迦佛，见第 322 窟。又如，根据《华严经》的内容，主尊释迦佛与胁侍文殊、普贤菩萨，一同构成了"释迦三尊"模式[③]，通常也称为"华严三圣"。具体来说，假如一尊趺坐佛胁侍有阿难和迦叶二弟子，同时龛外两侧壁画又分别为文殊变和普贤变，那么，基本可以断定主尊应为释迦佛。

第二种，趺坐佛为阿弥陀佛。根据《阿弥陀经》内容，主尊阿弥陀佛都胁侍观音和大势至菩萨，合称"西方三圣"，如第 335 窟，其主壁龛外两侧的壁画为观音和大势至菩萨，龛内的主尊趺坐佛当为阿弥陀佛。

第三种，趺坐佛还有可能是释迦佛的法身卢舍那佛。[④] 上述选定为研究样本的石窟中，根据现有研究可判定的仅有 1 例。

（2）倚坐佛大多应为弥勒佛。有研究表明，敦煌地区所见弥勒图像大多采用倚坐式和交脚式，偶有思惟式。[⑤] 而且多数现有研究已经将倚坐式主尊基本认为是判定其为弥勒图像的主要依据，如第 96、第 338 窟。

（3）立佛以单尊像的形式作为石窟主尊的情况比较少见，主要集中在隋代和初唐时期的石窟中，根据其手印特征，其定名至少有两种可能。

第一种，立佛为药师佛，双手分别托药钵、执锡杖。

第二种，立佛为释迦佛。

---

① 如贺世哲的《关于敦煌莫高窟的三世佛和三佛造像》、王惠民的《敦煌净土图像研究》、赖鹏举的《敦煌石窟造像思想研究》等。

② 赖鹏举. 敦煌石窟造像思想研究. 北京：文物出版社，2009：171.

③ 殷光明. 从释迦三尊到华严三圣的图像转变看大乘菩萨思想的发展. 敦煌研究，2010（3）：1-10.

④ 赖鹏举. 敦煌石窟造像思想研究. 北京：文物出版社，2009：171.

⑤ 王惠民 主编. 敦煌石窟全集 6：弥勒经画卷. 香港：商务印书馆（香港）有限公司，2002：17.

（4）涅槃像均为释迦佛。

综上所述，隋代至归义军时期莫高窟中主尊塑像的姿态与佛号的大致对应关系如下：跏坐式（释迦佛、阿弥陀佛）、倚坐式（弥勒佛）、站立式（药师佛、释迦佛）、涅槃式（释迦佛）。

同时，结合表 2-4 的分布特征，主尊佛号也反映出隋代至归义军时期敦煌佛教的信仰情况。其一，莫高窟的大量释迦佛造像反映了大乘佛教在敦煌佛教中的绝对统治地位。其二，西方净土教主阿弥陀（弥陀）佛对应的西方净土信仰不晚于初唐已经趋向高峰，"整个唐代是弥陀净土信仰最为隆盛的时代，而此隆盛的局面在唐代前期即已揭开其序幕。这不仅表现于弥陀净土教的教理在唐代前期即已趋近于完备，有了大体的定型，而且不论是在世俗社会中还是在佛教界内部，都受到了人们空前的信奉和扶持"。[①] 至盛唐时期，敦煌佛教的性质更加明确为是以净土信仰为主的大乘佛教，阿弥陀佛与弥勒佛出现在主尊位置上的情况较初唐时期又有不同程度的增加，也更加说明净土信仰的广泛流行和深入人心。其三，弥勒信仰在南北朝时期就已经历过一个高潮，到初唐时期，尽管中原地区的弥勒信仰已经渐趋衰落，但是，在敦煌地区仍较为兴盛，直到归义军初期才开始显露颓势，此时的弥勒佛主尊数量大幅减少，弥勒经变也先于其他两种净土类经变不见于莫高窟遗存中，这与弥勒信仰日渐衰落的宗教背景相吻合。其四，尽管药师佛作为主尊的情况比较少见，但是，单就石窟主尊的情况并不能真实反映药师信仰在敦煌佛教中的发展，只能说明初唐时期以后敦煌地区的药师信仰开始不再以药师单尊像为主要载体，正如有关研究指出的，"药师单尊像是唐前期敦煌药师信仰的一个显著特点"[②]，这也与表 2-4 中，立式主尊集中出现的时间基本吻合。

另外，还需要注意以多佛为主尊的情况，比如盛唐时期第 44 窟的二佛主尊，吐蕃时期第 365 窟的禅定七佛主尊，以及归义军时期第 55 窟以弥勒三会为主尊。以第 365 窟的七佛为例，在吐蕃时期之前，七佛图像也在石窟中时有出现，但大多与其他图像一起绘于前壁，偶有与千佛图或说法图一起绘于某一侧壁的情况，而在第 365 窟中，七佛造像一跃成为主尊，这有可能暗示着七佛造像地位的提升，但囿于实例太少，尚不足以展开相关研究。

2.2.2　石窟壁画的题材差异

1. 壁画题材分期概述

隋代至归义军时期，莫高窟主室中的壁画几乎涉及了莫高窟现存壁画的所有种类，如本生、因缘、佛传等佛教故事画，以佛、菩萨、弟子的单尊像或

① 刘长东 . 晋唐弥陀净土信仰研究（中国古典文献学研究丛书）. 成都：巴蜀书社，2000：310.
② 王惠民 . 敦煌石窟全集 6：弥勒经画卷 . 香港：商务印书馆（香港）有限公司，2002：169.

群像为主题的尊像画，供养人画像等 ①，但又以千佛图、说法图和经变画三类为主。其中，所涉及经变画的主要种类有阿弥陀经变、观无量寿经变、弥勒经变、药师经变、净土变、法华经变、天请问经变、报恩经变、涅槃经变、密教观音像及经变（例如，如意轮观音、不空绢索观音、千手眼观音等）、维摩诘经变、普贤变、文殊变等。这近五百年间也见证了莫高窟经变画从产生、成熟到高潮的所有重要阶段。

　　隋代（公元 581~618 年）石窟，不论是石窟形制，还是绘塑题材和表现手法，都具有鲜明的过渡时期的特点。隋代的统治时间仅三十余年，但是当时新建石窟的数量却多达 95 窟，不仅反映了隋代敦煌佛教在义理和实践两方面的蓬勃发展，而且也为我们研究当时的佛寺布局积累了宝贵的实物资料。在 95 处隋窟中，第 63、第 64、第 281、第 289、第 316、第 317、第 424、第 451、第 453、第 455 和第 457 窟，这 11 窟的相关图像记录较少（或洞窟内部保存情况较差），其余 84 处石窟的空间较为完整（没有损毁或坍塌），可作为研究样本。罗列此 84 处初唐石窟主室内容如附录 E 表 E-1。

　　初唐（公元 619~704 年）石窟在整个莫高窟的佛教艺术中具有承前启后的意义。例如，在隋末唐初，经变画遗存由简单的说法图发展为形式内容更为宏大、主题更为鲜明的变相，同时，壁画的绘画类型也出现了较为重要的变革，净土各类经变至此都已经出现，并且均留存有通壁大画，西方净土变的形式在这一时期也已经成熟。在 47 处初唐窟中，除第 51、第 67、第 242 和第 448 窟，这 4 窟相关图像记录较少（或洞窟内部保存情况较差）外，其余 43 处石窟的空间较为完整（没有损毁或坍塌），可作为研究样本。罗列此 43 处初唐石窟主室内容如附录 E 表 E-2。

　　盛唐（公元 705~781 年）石窟毫无争议地代表着敦煌佛教艺术的最高成就。此时，各类主要经变均已出现，尤其是弥勒经变和药师经变，在构图方式和图像特征等方面相继发展成熟，画面情节生动，内容丰富，各具特色，表现出强大的艺术感染力。在 98 处盛唐窟中，第 28、第 42、第 43、第 48、第50、第 52、第 74、第 101、第 109、第 115、第 223、第 300、第 353、第 482、第 483、第 484、第 490 和第 492 窟，这 18 窟的相关图像记录较少（或洞窟内部保存情况较差），其余 80 处石窟的空间较为完整（没有损毁或坍塌），可作为研究样本。罗列此 80 处盛唐石窟主室内容如附录 E 表 E-3。

---

① 段文杰、樊锦诗主编的《敦煌石窟全集 1：再现敦煌》中，将敦煌壁画按照内容分为七类，即"一、与塑像题材相近的尊像画；二、佛教故事画，包括有关佛祖生平的佛传故事、佛的前生及本生故事、因缘故事，佛教传播和显示神迹的史迹故事、瑞像；三、中国传统神怪像；四、图绘某一部经的经变画；五、佛教东传故事画；六、供养人画像；七、满饰于洞窟中，起分隔和装饰作用的图案"。（香港：商务印书馆（香港）有限公司，2005：178）

在敦煌石窟艺术分期中，一般所说的中唐时期，实指与中原唐代政权并立的吐蕃政权统治敦煌的时期。吐蕃时期（公元 781~848 年）石窟相较于盛唐石窟而言，并未取得较大艺术进展，但是，由于吐蕃统治者对敦煌的经营策略稳定，使得在动荡不定的社会环境下，敦煌佛教依然得以作为主流宗教存续和发展，当时对莫高窟的营建尽管不如盛唐时期活跃，但也没有停滞。在 54 处吐蕃时期石窟中，除第 21、第 53、第 157、第 357、第 447、第 469、第 474、第 475、第 478 和第 479 窟，这 10 窟相关图像记录较少（或洞窟内部保存情况较差）外，其余 44 处石窟的空间较为完整（没有损毁或坍塌），可作为研究样本。罗列此 44 处吐蕃时期石窟主室内容如附录 E 表 E-4。

莫高窟分期中，归义军时期（公元 848~1036 年）又可以进一步分为张氏归义军时期、西汉金山国和曹氏归义军时期，时间跨度上大致对应着一般中国历史年代的晚唐、五代及宋代。这一时期的敦煌又重归汉族政权的统治，但是与中原政权相比，尽管大多数时间在名义上仍受中原政权统辖，但实际上却拥有相当大的独立性。因此，在建造石窟时，对于石窟形制和绘塑内容的选择与实施，往往可以看出受到上述政治氛围的影响。一方面是以劳度叉斗圣变流行为标志的地方文化（包括佛教思潮）的民族属性转变；另一方面是由地方统治集团主导的家窟兴建最终促成了佛教社会化的完成。在共 110 处归义军时期石窟中，有 31 处石窟相关图像记录较少（或洞窟内部保存情况较差），其余 79 处石窟的空间较为完整（没有损毁或坍塌），可作为研究样本。罗列此 79 处归义军时期石窟主室内容如附录 E 表 E-5。

综合表 E-1、表 E-2、表 E-3、表 E-4 和表 E-5 可以看出，从隋代至归义军时期，莫高窟主室壁画在位置和题材方面表现出的发展特征如下。

2. 千佛图的发展特点

作为隋以前就十分盛行的佛教艺术题材，千佛图在隋代至归义军时期的莫高窟中都有或多或少的遗存。而且毋庸置疑的是，千佛图是隋代石窟主室中最重要的壁画类型，本文选定的 84 个隋窟中，四壁全部并且仅仅绘制千佛图的就有 24 窟，加上两壁以上绘有独立的千佛图或与说法图、经变画组合的千佛图的情况，共计达 56 窟之多。进入初唐时期，千佛图在石窟的内部装饰中仍然占据了相当大的比重。例如，初唐石窟的窟顶壁画几乎全部为千佛图，而且同时出现在两侧壁的情况也有 15 窟，其中，还有 10 窟是将千佛图与"说法图"形成固定组合，一同绘于两侧壁。另外，在隋窟中就见有千佛图与经变画组合来装饰某一侧壁或两侧壁的情况，在初唐石窟中也可见实例，且数量上有所增加，这或许反映了石窟艺术受宗教信仰发展的影响，正处于题材过渡的时期。

随着经变画的兴起，自盛唐开始，千佛图的出现频率有所减少，绘制位置也多为窟顶等相对次要的部分，但依旧是莫高窟主室壁画的保留题材。而至吐蕃时期，千佛图已几乎不见新绘。但进入归义军时期后，千佛图又在一定程度上有所复兴，全部以千佛图装饰的石窟尚存 10 处，不过已难现往昔辉煌。就千佛图实际绘制位置和形式来说，在主室的四壁和窟顶均可能出现，既可以通壁独立成图，又常与说法图组合装饰一壁。

一般认为，千佛图所承载的佛教信仰在早期主要是对涅槃思想的展现，至初唐以后，随着净土信仰的日益兴盛，千佛图逐渐随着《佛名经》的流行成为修行称名念佛之净土法门的辅助手段，具体宗教图像形式根据所处时期主流信仰的不同而被赋予了不同的宗教意义。

3. 说法图的发展特点

与千佛图一样，说法图也是隋代和初唐石窟主室壁画的主要题材，其绘制位置和形式也大体相似，至盛唐时期仍活跃于石窟主室的四壁和窟顶，或独立或组合出现。相较于千佛图，说法图受到经变画发展的冲击更加显著，其中很重要的一个原因就是，经变画大多以描绘所依据佛经中的说法场景为中心而展开，这就使得说法图失去了与经变画同时存在的意义。从经变画成熟的盛唐时期开始，在隋代和初唐常见的两侧壁通绘说法图或说法图和千佛图的模式大大减少，虽然有 3 处盛唐石窟是说法图与观无量寿经变分绘两侧壁的情况，但并未在后代石窟中继续发展，想必这只是在经变组合的发展过程中的过渡性产物。到吐蕃时期，说法图虽然并未完全消失，但已经比较少见了。

4. 主要经变画的题材类型与绘制位置

经变画早在隋代石窟就已经出现，到初唐时期，莫高窟一些主要的经变类型都分别留存有通壁大画，但直到盛唐时期，经变画才真正迎来了其发展最辉煌的时期。到了吐蕃时期和归义军时期，虽然未能延续盛唐时经变画的艺术成就，但从数量上和种类上仍然可以看出经变画在莫高窟壁画中的绝对主导地位。

其一，本文所关注的重点——净土变相（主要包括阿弥陀经变、观无量寿经变、弥勒经变、药师经变、简略净土变），在隋代和初唐还多与千佛图、说法图这两类壁画组合出现在两侧壁上，而进入盛唐以后，便是以通壁大画为主了，其中又以观无量寿经变的数量为多。到吐蕃时期，两侧壁画开始采用多铺经变共同绘于一侧壁的方式，但是将单一主题的通壁大画分绘两侧壁的布局模式仍然是主流，后来的归义军时期也延续了前代的主室内部壁画的分布特点。

其二，文殊变与普贤变并不是从一开始就成对出现的。本文选定的可研究隋窟的样本中，文殊变有 3 铺，普贤变有 2 铺，其中，文殊变与普贤变成对出现在 2 处石窟，位置却分别为后壁和前壁。在初唐时期，文殊变和普贤变就开始主要以成对方式出现于后壁佛龛外的两侧壁上了，之后，文殊变与普贤变成对绘制于同壁对称位置逐渐发展成为定式并广泛流行，但绘制在后壁两侧还是前壁两侧并不一定。具体而言，盛唐时期绘于前、后壁的可能性大致相同，吐蕃时期和归义军时期则以绘于后壁的情况为主。

　　其三，佛教密宗的相关图像，如密教类观音像及其对应经变，在隋代的第 243 窟就已见出现，初唐可用石窟样本中仅有 3 铺。但是，进入盛唐以来，密教类经变在种类和数量上都有所增多，反映出盛唐时期中央统治者对密宗的推崇以及与西藏佛教的交流也影响到了敦煌佛教的信仰构成，而且密宗大师不空也曾在敦煌地区短暂停留 [①]，有可能产生一定影响。但此时密教类经变绘制位置仍显随意，在四壁均可能出现。吐蕃时期密教类经变在数量持续增加的同时，绘制位置逐渐呈现出一定的规律性，即多绘于前壁，偶有独立出现于某一侧壁的情况。这说明随着吐蕃对敦煌的统治，敦煌佛教与西藏佛教的关系，包括学术交流日渐密切，昙旷的《大乘二十二问本》就是解答吐蕃赞普赤松德赞的佛教渐顿之争的疑难问题而作的，而自公元 833 年起，西藏高僧法成在敦煌居留的二十多年更是敦煌佛教学术发展史上的最后黄金时期，佛教密宗在敦煌的影响持续加深。

　　其四，其他几种经变，无论从在位置上还是数量上，相对而言，都没有前几种经变盛行，值得注意的是，盛唐时期的法华经变在主室装饰中的重要性有所提升，除第 217 窟同初唐的第 331 窟一样均在前壁外，在第 103 窟还独立出现于主室的南壁，第 23 窟两侧壁和前壁更全部是法华经变。另外，吐蕃时期金刚经变和华严经变陆续出现，根据对敦煌文献的研究可以发现，不晚于唐前期，《金刚经》和《华严经》就已经常被写经者选用，尤其《金刚经》在数量上更多，并且还呈现逐渐增多的趋势；而当时《华严经》的流行不仅是因为敦煌地区具有研究华严部佛经的传统，也与中原佛教华严宗的最终确立有关。

5. 主要经变画的搭配组合

　　由于莫高窟主室遗存中的绝大多数两侧壁，较之后壁和前壁更为完整，而且本文所涉及的净土变相及其他一些主要经变的代表性遗存也基本上都出现于两侧壁，因此，对于莫高窟主室的壁画分布规律的讨论可以依据两侧壁的情况，大致分为两大类。其一为两侧壁分绘单铺壁画；其二为不同题材的多铺壁画组合分别绘于两侧壁。就前述莫高窟主室内容的统计情况来看，后一类的组合中，实际上是由 2~5 种两两对应的前一类搭配组合分绘于两侧壁排列形成的，也就是说，两侧壁上的两大类壁画分布模式都可以还原为单铺壁画分绘于

---

① 杜斗城 等 . 河西佛教史 . 北京：中国社会科学出版社，2009：323.

两侧壁的配伍关系。并且，如前所述，前一类壁画分布模式在数量上也一直居多。因此，下面仅就隋代至归义军时期莫高窟主室单铺壁画分绘于两侧壁的主要组合可能分别进行讨论。

第一类，单一壁画题材装饰主室的两侧壁，甚至三壁以上，以盛唐石窟为例，这一类约占本文选定的盛唐可用石窟样本总数的 34%，其中进一步可以细分为四种具体情况，基本上也涵盖了隋代到归义军时期莫高窟中此类壁画题材搭配组合的全部可能性。

其一，为"千佛图"，计 13 例，即第 39、第 75、第 79、第 80、第 89、第 162、第 182、第 216、第 219、第 264、第 319、第 345 和第 347 窟；

其二，为"说法图"，计 6 例，即第 121、第 125、第 179、第 374、第 450 和第 460 窟；

其三，为"净土变"，计 7 例，即第 27、第 34、第 38、第 65、第 83、第 84 和第 87 窟；

其四，为"西方净土变"（以观无量寿经变居多），计 4 例，即第 126、第 171、第 172 和第 188 窟。值得注意的是，两侧壁均绘制阿弥陀经变的情况仅盛唐石窟不见，其他时期的石窟中均有出现。

其他还有法华经变（第 23 窟）、密教类观音变（第 47 和第 384 窟）。而盛唐石窟中净土变相独饰一窟的情况较初唐石窟中的 1 例而言，也有了大幅增加，这也说明净土信仰的进一步兴盛。

第二类，"千佛图"与"说法图"组合同时出现于两侧壁。千佛图反映出敦煌佛教的实践活动中对各种佛名经的热衷，以及通过称念千佛号、抄写佛名经、绘制千佛像来达到忏悔、积福、祈愿目的的礼佛现象。另一方面，这类壁画题材搭配组合存在较为紧密的义理逻辑，说法图可以看作是为千佛图寻找的主尊，这就使得千佛图更容易为表现一个特定的佛教主题而服务，同时，千佛图也逐渐变为壁画的背景。就隋代至归义军时期莫高窟主室内容的统计来看，这类壁画组合在隋代石窟中有 17 处（20.2%），在初唐石窟中有 11 处（25.6%），在盛唐石窟中仅见 4 处，自吐蕃时期起则基本不见。由此或许可以推测，随着佛教在义理和实践两方面的深入发展，内容泛泛的说法图与千佛图的组合不能明确而生动地阐发特定信仰倾向，因此，经变画逐渐产生并取而代之。

第三类，净土变相分绘于两侧壁，具体配伍还可细分为观无量寿经变与药师经变组合、观无量寿经变与弥勒经变组合、阿弥陀经变与药师经变组合、阿弥陀经变与弥勒经变组合、弥勒经变与药师经变组合（表 2-5），并且可以看出以下趋向。其一，观无量寿经变与药师经变虽然在盛唐石窟中才首次出现，但遗存样本数最多，如果考虑到观无量寿经变与其他两种西方净土变（无量寿

隋代至归义军时期莫高窟主室两侧壁净土变相配伍组合关系　　表 2-5
（资料来源：自绘）

	隋代	初唐	盛唐	吐蕃时期	归义军时期
观无量寿经变与药师经	0	0	2	3	8
观无量寿经变与弥勒经变	0	0	9	2	0
阿弥陀经变与药师经变	2	1	2	0	3
阿弥陀经变和弥勒经变	0	5	2	0	0
弥勒经变与药师经变	0	0	0	1	0

经变和阿弥陀经变）都是依据围绕阿弥陀佛及相关的净土建设、所发本愿以及修行法门展开的"净土三经"绘制的，那么，就可以看出，西方净土变与药师经变组合的发端早在隋代即已出现，最早是阿弥陀经变与药师经变的配伍组合，这可能与阿弥陀经变与观无量寿经变产生的先后关系，以及观无量寿经变后来居上成为西方净土变的主导经变都有关系。但总的来看，西方净土变与药师经变分绘两侧壁的壁画组合类型，从隋代到归义军时期均有遗存，数量相对并不少，且发展相对平稳，又以归义军时期最多。其二，按照上面对于阿弥陀经变和观无量寿经变关系的理解，西方净土变与弥勒经变的配伍组合几率也较高，但是仅集中于初唐至吐蕃时期，并曾在盛唐时期达到高峰，也远远多于当时西方净土变与药师经变的组合。其三，弥勒经变和药师经变仅吐蕃时期的第 222 窟中有遗存，然而，在多铺经变组合绘于一壁的主室壁画分布模式中，这两种净土变相经常同时出现，或者同绘于一壁，或者分绘于两壁，但是，基本上都同时对应绘有西方净土变，因此，其中仅可看出时人对于净土变相的偏好和净土信仰的强势，并不能获得更为细节的推测。

　　第四类，其他经变间的搭配组合，主要涉及这样几种配伍组合情况：法华经变与华严经变组合，文殊变与普贤变组合，观无量寿经变与报恩经变、法华经变、密教类观音变等组合，劳度叉斗圣变与维摩诘经变组合，但相较于净土变相间的搭配组合，其数量都很少，尚不足以说明其反映的实际佛寺院落中主要殿阁配置的某种模式。

　　总之，就主室壁画题材而言，隋代以千佛和说法图为主，各类净土变相悉数登场，而且以简略净土变为主的石窟也并非个例。初唐时期在延续隋代传统的基础上，经变的应用逐渐增多，在处于上升期的经变画与前代主流的千佛和说法图之间呈现出彼长此消之势，但从数量来看仍以后者为主。进入盛唐以后，经变画终于取代了千佛和说法图成为主室的主要壁画类型，但后者仍然时有出现。经历了前代的积累与尝试，各类主要经变画在盛唐先后达到了发展的高峰，严谨的构图形式和生动的绘画技巧宣告了敦煌佛教艺术最高成就之一在此时的成熟，而壁画分布模式基本都为通壁大画。吐蕃时期，经变几乎是莫高窟主室壁画的惟一类型，其中，在盛唐时期就已经初显锋芒的密教类经变开始频频出现于前壁上，千佛与说法图基本不见，两铺或三铺经变组合绘于一壁的壁画分布模式开始增多。至归义军时期，经变画尽管整体反映出来的艺术造诣已经远不如前代，但仍然是主流题材，同时千佛和说法图再次出现于主室装饰中，多铺经变组合绘于一壁的壁画分布模式继续发展，出现了多处四铺、甚至五铺经变绘于一侧壁的情况，但是壁画分布模式仍然以通壁大画为主。

2.2.3　绘塑组合的信仰主题

有一种常见观点认为，佛寺院落中正殿的主尊塑像决定了所在院落的信仰主题，进而可以明确主要殿阁配置关系。但就隋代至归义军时期莫高窟主室内容所反映出来的情况而言，实际上并不能这样简单判定。

毋庸置疑，佛教中不同的佛（或菩萨、天王等）之间存在一定的组合规则，而且，处于搭配组合关系中的各尊佛（或菩萨、天王等）的地位总是存在相对主次的差别，如果确定了其中居于主要地位的主尊佛（或菩萨、天王等），则其余相对次要的地位也就明确了。但实际情况是，首先，与某一特定主尊组合出现的其他佛（或菩萨、天王等）可能并非仅有一种配伍类型；其次，汉地佛教在中国的传布是一个不断融合、吸收、转化的过程，尤其在宋代以前，对大乘佛教本身的义理阐释已经促成了佛教各宗派林立的局面。佛教在中国化的过程中，就是与中国传统儒、道等文化同步发展并相互影响的，某一佛（或菩萨、天王等）组合也可能随着佛教信仰的变迁而发生改变。因此，严格来讲，正殿主尊对于所在佛寺院落的殿阁配置虽然具有一定的限定作用，但是，两侧殿的尊像情况，还需要结合该院落的主题定位才能最终确定。

如果可以将石窟主室所塑造的空间看作是一个佛寺院落，那么，其主尊与两侧壁画构成的绘塑组合就可以相应视作围合成该佛寺院落内一正两厢的三座主要佛殿的组合。因此，石窟有关绘塑组合所体现的信仰主题，很可能就直接对应着佛寺院落空间中这三座主要佛殿所确定的信仰主题。

以主尊塑像保存情况最佳的初唐石窟为例，根据表 D-2 所录，莫高窟初唐石窟主尊塑像按照佛像的姿态主要有三类：

第一类为趺坐佛，共有 24 例。而主尊与胁侍的组合关系又存在 4 种情况，其一，为一趺坐佛胁侍弟子或菩萨的组合，计 17 例；其二，为在此组合基础上又增塑有天王或力士，计 3 例；其三，为仅有一趺坐佛无胁侍（或胁侍弟子和菩萨均为后代增塑），计 3 例；其四，为一趺坐佛仅胁侍力士的组合，计 1 例。

第二类为倚坐佛，共 3 例。其中，第 96 窟为武周时期兴建的南大像窟可视为特例。其余 2 例倚坐佛均同时胁侍弟子和菩萨。

第三类为立佛，共 2 例，均为仅有胁侍菩萨的塑像组合。

另有 6 例佛像姿态不明，但其主尊与胁侍的组合关系也分别可归入上述各类情况，也近似以一跌坐佛胁侍弟子和菩萨的组合为多。

依据前面关于莫高窟主尊佛号判定的分析，初唐石窟的主尊塑像主要有释迦佛（跌坐佛）、阿弥陀佛（跌坐佛）和弥勒佛（倚坐佛）三种可能。

按照前述之"常见观点"，如果正殿主尊已经明确，那么，两侧殿的主尊也就应该可以相应明确，但是，对应到有关石窟主室内容之上，两侧壁的壁画主尊其实是不确定的。这也不难从表 E-2 中有关石窟的两侧壁壁画题材的记录中看出，同为跌坐佛的情况下，两侧壁的壁画布置存在多种情况，更多情况下需要结合两侧壁的壁画主尊才能反推出石窟主室的主尊佛号。因此，我们或许可以推测，在佛寺院落中，同一正殿主尊可能对应不同的侧殿主尊，即使是相对固定的主尊搭配组合，也有可能随着佛教义理的发展，依据一定的义理逻辑进行调整，甚至出现全新的组合类型。

具体到基于莫高窟主室内容讨论佛寺院落空间关系，则应该将石窟形制、主尊塑像和四壁绘画看作一个有机的整体进行分析，这样，我们不仅可能发现殿阁配置的具体方式，而且还可以逐渐接近佛寺院落所涵的信仰主题。

2.3 跌坐佛为主尊的绘塑组合

如前所述，莫高窟中隋代至归义军时期石窟的主尊以跌坐佛居多，则类似院落中此时正面主尊主要对应着释迦佛和阿弥陀佛。结合附录 E 所列这一时间段莫高窟主室四壁壁画题材的情况可知，以跌坐佛为主尊的绘塑组合主要体现了以下三种佛教信仰主题，其所反映的具体佛寺院落空间关系也各不相同。

2.3.1 涅槃思想反映的殿阁配置

凭借千佛图的盛行，涅槃思想统摄的绘塑组合无疑是隋代至初唐莫高窟主室的重要装饰主题。具体而言，这种两侧壁画皆出现千佛图的绘塑组合大致有三种情况。

第一种是主尊为跌坐佛，两侧壁为"千佛图"或"千佛图 + 佛教史迹画"，如第 57 窟（图 2-15），类似情况在隋代至归义军时期的莫高窟中时有出现。在其所反映的佛寺院落中，涅槃思想是居于主导地位的信仰主题，此时主殿供奉释迦佛，两配殿（廊）则为千佛造像（图 2-16）。

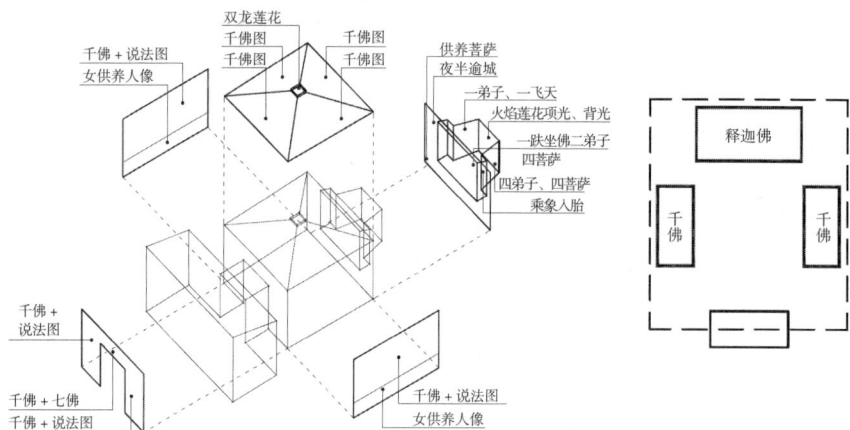

图2-15 莫高窟第57窟绘塑组合示意图（左）
（资料来源：自绘）

图2-16 涅槃信仰所对应的佛寺院落空间关系示意之一（右）
（资料来源：自绘）

第二种是主尊为跌坐佛，两侧壁均为"千佛图 + 经变画"，如第334、第386窟（图2-17）。其中，经变壁画以净土变相为主，包括净土变、阿弥陀经变、弥勒经变、药师经变以及天请问经变等，这种两侧壁画的组合在盛唐仅存1例（第44窟），至中晚唐则已完全不见，应当视为初唐石窟的重要特点之一。同时，这也与初唐时期净土信仰日渐兴盛的宗教背景相吻合，或许可以认为这是敦煌佛教由涅槃思想为主向净土信仰全盛过渡的阶段性表现。其所对应的佛寺院落空间关系可能在图2-16所示的基础上，两侧殿（廊）的供奉内容由明确的主尊取代原有的千佛造像（图2-18）。根据文献记载，晚唐时广教寺的核心院落布局采用的就是类似的殿阁配置模式，"广教寺，在府北敬亭山之南，唐刺史裴休（791-864）建，殿前有千佛阁、慈氏宝阁"。[①]

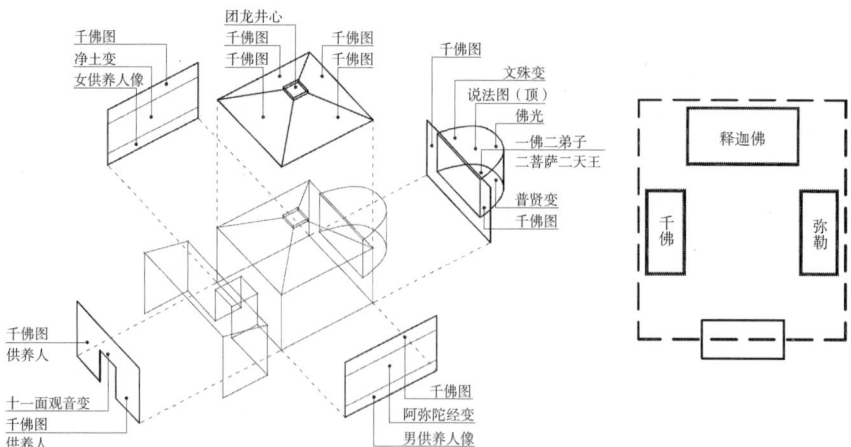

图2-17 莫高窟第334窟绘塑组合示意图（左）
（资料来源：自绘）

图2-18 涅槃信仰所对应的佛寺院落空间关系示意之二（右）
（资料来源：自绘）

---

① 钦定四库全书，史部，地理类，都会郡县之属，江南通志，卷四十七.

随着经变画的成熟，这种绘塑组合逐渐演变为趺坐佛主尊与两侧壁经变画的组合方式，即正面主尊塑像与两侧壁经变画中的主尊佛共同形成三佛造像体系，以表达某种信仰主题，见后文专述。

第三种是主尊为趺坐佛，两侧壁均有"千佛图 + 说法图"，此亦主要见于初唐石窟，如第 203、第 204 窟，而在后代鲜有出现。其中的千佛图居次要地位，而以说法图为主导要素。尽管目前对于相关各铺说法图中主尊辨别的研究并未全部完成，但是可以认定其中大多属于三佛造像体系[①]，即院落中正面佛殿内供奉主尊，两侧佛殿（廊）均供奉单佛。这种绘塑组合所传达的信仰主题同上一种类似，都不以涅槃思想为主，至少不仅是涅槃思想，因此也将其归入下面的讨论之中。

尽管在隋以前借助千佛图表现的涅槃思想伴随着净土信仰的繁盛而日渐衰微，但是，千佛图却可能由于净土法门对称名念佛的重视而随着佛名经的流行继续流传下来。从相关历史文献的记载来看，在唐及以后的汉地佛寺中，"千佛殿"或者"千佛阁"之名也时有出现。例如，"景德灵隐寺在武林山，东晋咸和元年梵僧慧理建，旧名灵隐，景德四年改景德灵隐禅寺，灵隐、天竺两山由一门而入。陆羽（755—804）记云：南天竺，北灵隐，有百尺弥勒阁、莲峰堂、白云庵、千佛殿、巢云亭、延宾水阁、望海阁。"[②] 又如，宋代张公亮在《重修灵岩寺记》中记有："（1034—1038）寺有石三门、千佛殿与释迦殿，辟支佛塔皆古制塔。"[③]

2.3.2　净土信仰影响的殿阁配置

根据现存历史文献记载来看，一座较为大型的佛寺可能会同时包含多个佛教流派的义理特征，它们可能相对独立分成不同的院落，甚至形成彼此平行的多路轴线，也可能由于较高的相容性而共处一个院落中。从前述对隋代至归义军时期莫高窟主室内容的整理分析可见，后一种情况可能为数不少。最好的对应例证就是唐代随着净土信仰势力壮大而相应出现的净土类三佛共居一室，具体组合主要有两种。

其一，以释迦佛为主尊的"释迦、阿弥陀、弥勒"三佛体系。通过净土变相在主室两侧壁上的组合关系为线索可知，相对而言，西方净土变在唐前期更多的是与弥勒经变搭配组合。更为有趣的是，初唐时期以两侧壁分绘阿弥陀经变和弥勒经变居多，对应主尊塑像的姿态，除缺失和不明的情况以外，

① 贺世哲. 关于敦煌莫高窟的三世佛和三佛造像. 敦煌研究，1994（2）：67–86.
② 钦定四库全书，史部，地理类，都会郡县之属，咸淳临安志，卷八十.
③ 钦定四库全书，史部，地理类，都会郡县之属，山东通志，卷三十五之十九上.

均为趺坐式；而盛唐时期则以两侧壁分绘观无量寿经变和弥勒经变为主，其对应主尊塑像的姿态可能为趺坐式，也可能为倚坐式。前者恰恰反映了入唐以来三佛造像体系构成的一个转变，即由过去某佛、释迦佛和未来佛弥勒组成的纵三世佛体系向由释迦佛、阿弥陀佛和弥勒佛组成的净土类三佛体系转变，在一般佛寺院落中可能表现为正殿供奉释迦佛，两侧殿（廊）分别供奉阿弥陀佛和弥勒佛。这种净土类三佛体系在莫高窟中的实例较多，即以释迦佛为主尊，对应两侧壁的壁画题材分别为阿弥陀经变与弥勒经变，如第 203、第 329、第 331 窟均是如此（图 2-19）。在一般沿南北向轴线布置的佛寺院落中，三座佛殿依据所供奉主尊的不同最可能按照各佛属性所对应的特定方位加以布置，即阿弥陀堂在西侧，弥勒殿在东侧（图 2-20），已有一些研究对此有进一步证实[①]。

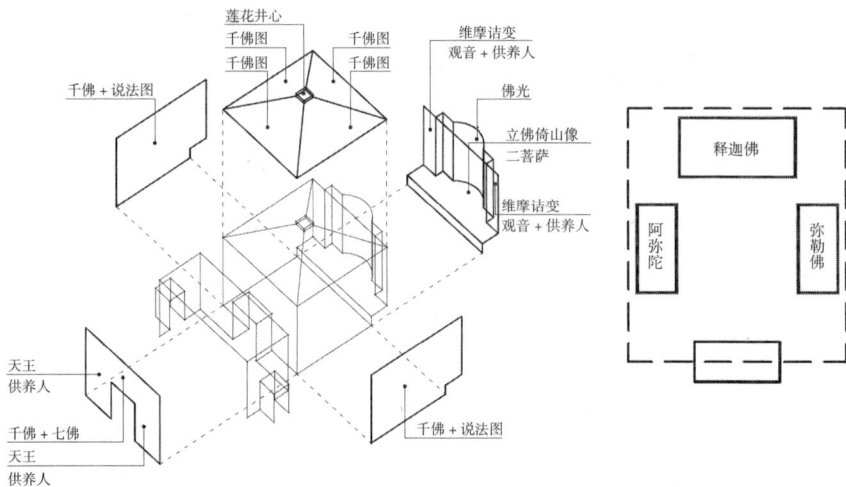

图2-19　莫高窟第203窟绘塑组合示意图（左）
（资料来源：自绘）

图2-20　净土信仰所对应的佛寺院落殿阁配置示意之一（右）
（资料来源：自绘）

其二，由释迦佛、阿弥陀佛和药师佛组成的横三世佛体系也与净土信仰相关，此亦是进入唐代后三佛造像出现的一种重大改变，如第 88、第 108、第 220、第 332 窟等。就莫高窟的有关实例而言，在两侧壁画分别为西方净土变和药师经变的情况下，主尊塑像除姿态不明或缺失者外，绝大多数为趺坐佛，仅盛唐时期第 180 窟为倚坐佛，这可能反映了由释迦佛、阿弥陀佛和药师佛组成的三佛造像体系在佛寺院落布局中的普遍应用（图 2-21（c））。相对来说，释迦佛、弥勒佛与药师佛的三佛组合则极为少见，这可能与此组合缺乏一定的佛教义理依据有关。若真如此，则更加说明，佛寺院落的空间及殿阁配置关系基本都遵循一定的佛教义理逻辑。

① 李静杰. 唐宋时期三佛图像类型分析——以四川、陕北石窟三佛组合雕刻为中心 // 故宫博物院. 故宫学刊（vol.4）. 北京：紫禁城出版社，2008：308—341.

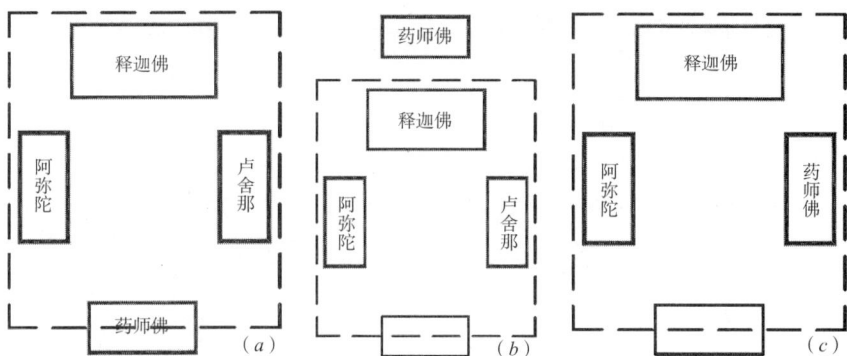

图2-21　净土信仰所对应的佛寺院落殿阁配置示意之二
（资料来源：自绘）

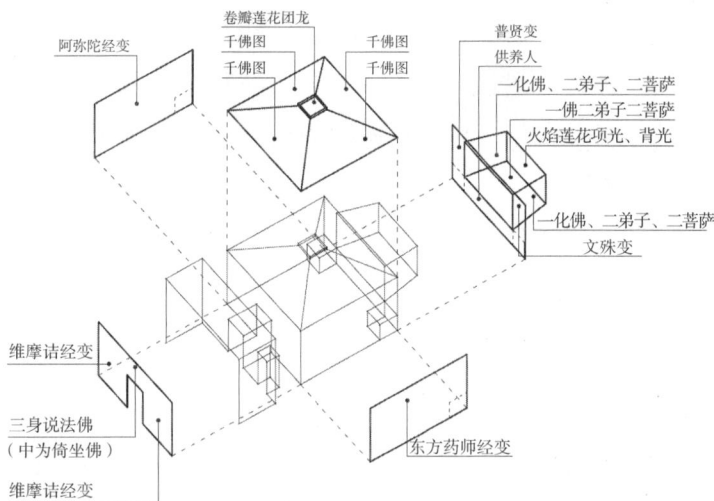

图2-22　莫高窟第220窟绘塑组合示意图
（资料来源：自绘）

以初唐第 220 窟为例（图 2-22），主尊为释迦佛[1]，南壁为阿弥陀经变，北壁为药师经变，正好构成"横三世佛"组合，如果认为主尊为坐北朝南的话，与其对应的佛寺院落中的三座主要殿阁的位置也就与横三世佛的方位属性一致。日本形成于 11 世纪的法成寺布局就是类似的佛寺院落实例（图 2-23）。法成寺相关的院落布局是在 11 世纪初由仅设阿弥陀堂的无量寿院的空间关系为基础逐渐改建、扩建而成的，被视作为日本净土宗寺院的代表，位于金堂前面偏西的阿弥陀堂更是被认为是"极乐净土在现实的再现"[2]。另外，建成于 1053 年的平等院凤凰堂也深受法成寺的前身无量寿院的影响，并开创了 11 世纪末起佛寺兴建阿弥陀堂的先河。法成寺主要殿阁的空间关系不仅反映出当时日本佛教中净土信仰的盛行，还清楚地印记着在平安时代（公元

---

① 王惠民 . 敦煌净土图像研究 // 佛光山文教基金会 编辑 . 中国佛教学术论典 81. 高雄：佛光山文教基金会，2001：101.

② 工藤圭章，西川新次 . 阿弥陀堂と藤原彫刻 . 东京：小学馆，1980：155.

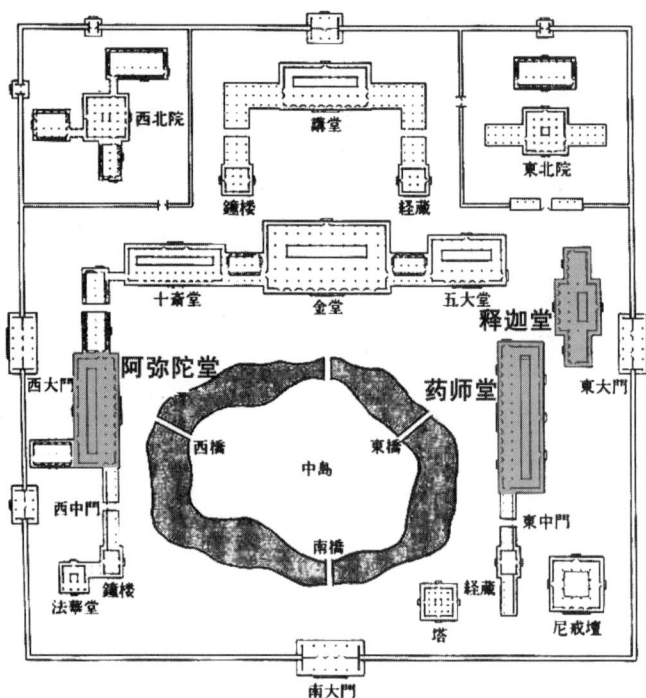

图2-23　日本法成寺复
原平面图
（资料来源：藤井惠介 玉
井哲雄. 建筑の历史. 東京：
中央公论社，1995：90）

794~1192 年）中后期日益流行的密宗的一些影响。首先，正面金堂的主尊
是佛教密宗所宣称的"统摄全宇宙的最高阶层的佛"——大日如来（即毗卢遮
那佛），这与平等院凤凰堂以及下面提到的法胜寺金堂的主尊设置一脉相承，
后者只是在两侧又增加了释迦佛和药师佛。其次，法成寺中的阿弥陀堂、释迦
堂、法华堂等供奉显教诸尊的佛殿与颇具密教意味的药师堂、五大堂等同时出
现于金堂正面及两侧，表现出一种集显、密教之大成的佛寺空间意象。

　　净土信仰影响下的"释迦佛、阿弥陀佛和药师佛"横三世佛体系在佛寺
院落空间中的体现还可见于同时期有关佛寺的文献记载中，如在《日下旧闻考》
中有下面一段北京云居寺核心院落大殿匾额的记载：

　　毗卢殿，额曰："慧海智珠"，联曰："林外钟声开宿霭，阶前
幡影漾晴晖。"释迦殿，额曰："耆窟香林"，联曰："石洞别开清净地，
经函常护吉祥云。"药师殿，额曰："香云常住"。弥陀殿，额曰："金
轮正觉"。大悲殿，额曰："莲台净"。小西天，额曰："见春亭"。①

　　位于今北京房山区白带山下的云居寺始建于隋代，兴盛于唐代，至辽代
形成基本院落格局，尽管后代屡有修缮，但建筑布局变化不大。由上面这段文
献可知，当时云居寺的主要大殿有毗卢殿、释迦殿、药师殿、弥陀殿等，其中，

① 钦定四库全书，史部，地理类，都会郡县之属，钦定日下旧闻考，卷一百三十一.

后三座佛殿的主尊佛像应该分别为释迦佛、药师佛和阿弥陀佛，恰与前述净土信仰影响下出现的"释迦佛、阿弥陀佛和药师佛"横三世佛体系相吻合。结合日本法成寺的实例与第 220 窟的主室绘塑组合，或可认为，在由横三世佛体系主导的佛寺院落中，"释迦佛、阿弥陀佛和药师佛"分别为三大佛殿的主尊，而佛殿的具体配置可能在方位上与各佛的方位属性一致，共同营造一个层次丰富的佛国净土。巧合的是，上述所引"云居寺"文献中也提到了"毗卢殿"，应该可以推想其中所供奉的主尊应为毗卢遮那佛，这就与法成寺金堂的主尊一致，这一方面也反映出其显密融合的发展背景，另一方面也可能说明由于毗卢遮那佛的介入使得横三世佛体系固有的空间关系发生某种变化，也在一定程度上印证了上节中对于所谓"常见观点"的反思，即实际上佛寺院落的殿阁配置是随着佛教义理的发展而改变的。

有研究认为[1]，初唐第 332 窟（图 2-24）的中心柱东向面为释迦佛，南向面为其报身卢舍那佛，北向面为阿弥陀佛，西向面为药师佛，而可能对应的核心院落布局有两种可能（图 2-21（a）和 2-21（b））。由于卢舍那佛的加入，药师佛在此图示中的位置就不再与其所代表的东方净琉璃世界的方位相吻合，在这种情况下，讨论有关供奉药师佛的佛殿在佛寺院落空间中的

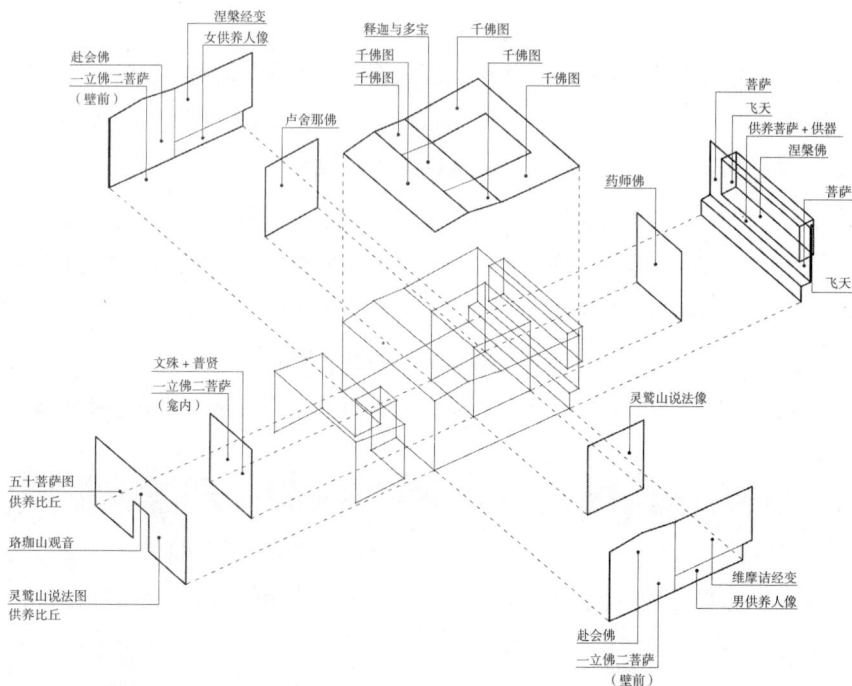

图2-24　莫高窟第332窟绘塑组合示意图
（资料来源：自绘）

---

① 贺世哲. 关于敦煌莫高窟的三世佛和三佛造像. 敦煌研究, 1994（2）: 82.

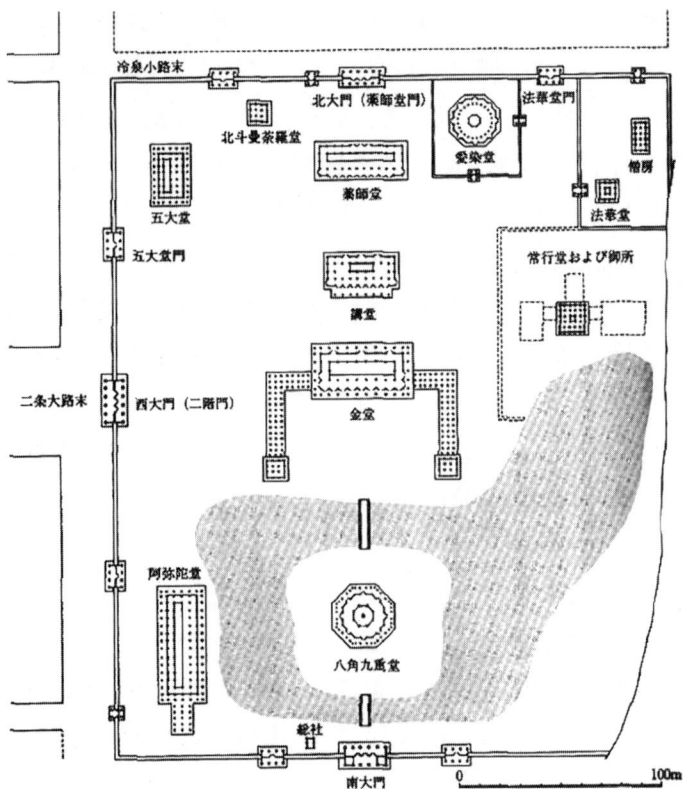

图2-25　日本法胜寺复原平面图

（资料来源：富岛义幸.平等院凤凰堂.东京：吉川弘文馆，2010：21）

位置，还可以从同时期的日本佛寺遗迹入手。作为白河天皇御用佛寺的日本法胜寺（图 2-25）建于 11 世纪下半叶，其总体布局意象深受法成寺的影响，例如正面主要佛殿——金堂前围绕中岛展开的水面、偏西一侧设置阿弥陀堂等，并且，金堂所供奉的主尊亦是密教佛大日如来。但是，其院落的具体空间关系又不尽相同，法胜寺的药师殿位于金堂之后，并且之间还隔着讲堂。正是这种空间关系的差异性，也使得法胜寺与上述如莫高窟第 332 窟实例的绘塑组合所反映出的在净土信仰影响下的佛寺院落空间十分相似，而法胜寺以大日如来为金堂主尊也可能反映出盛唐以后汉地佛教深受密宗影响的情况。

又由于卢舍那佛是释迦佛的报身佛，一般认为华藏世界是诸佛"报身"所居的"净土"[1]，因此，如果认为 332 窟中的卢舍那佛造像只是用以强调华严思想对横三世佛体系的含摄，并不一定指代具体的佛殿，那么，类似信仰主题的佛寺院落也可以按照横三世佛实际所代表的方位进行布置（图 2-21（c））。

---

① 白化文.汉化佛教与佛寺.北京：北京出版社，2009：74.

2.3.3　竖三世佛主导的殿阁配置

隋代及以前就已出现过的竖三世佛体系，也代表了一种常见的佛教时空观，这个体系是由过去某佛、释迦佛和未来佛弥勒佛组成的（图 2-26），莫高窟类似实例如第 204、第 373 窟等。

下面举一个典型实例来说明，盛唐第 46 窟是一座佛殿型窟（图 2-27），其后壁佛龛中是以跏坐佛为主尊的一铺塑像，两侧壁分别为涅槃佛和七立佛各一铺（图 2-28）。如果认为涅槃佛代表佛的身后，那么七佛或许对应着释迦佛之前的过去七佛，加上正面的释迦佛，也可以看作是一种基于"过去、现在、未来"的塑像组合。另外，窟内四壁以千佛图为主的壁画题材，也更加

图2-26　竖三世佛主导下佛寺院落的殿阁配置示意图
（资料来源：自绘）

（a）窟室内西南角

（b）窟室北壁

图2-27　莫高窟盛唐第46窟可能反映的殿阁配置
（资料来源：莫高窟第四五窟附第四六窟（盛唐）.南京：江苏美术出版社，1993）

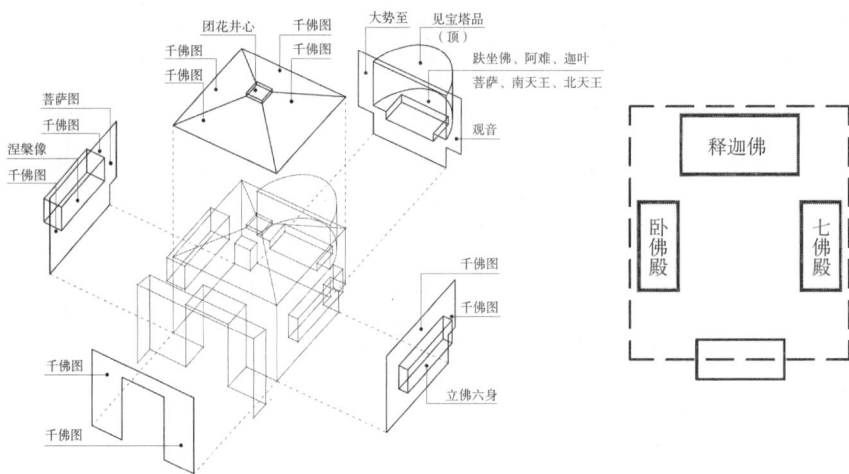

图2-28 莫高窟第46窟
绘塑组合示意图（左）
（资料来源：自绘）

图2-29 第46窟主室反
映的竖三世佛主导下佛
寺院落的殿阁配置示意
图（右）
（资料来源：自绘）

强化了这种佛教时间观。在此基础上，也可能带来另一种用以表现佛教时间观念的殿阁配置模式，即正殿为释迦佛，两配殿（廊）分别为涅槃佛和过去七佛。从具体佛寺院落的空间关系来看，如果供奉涅槃佛和过去七佛的为佛殿，其面宽应该比一般佛殿宽，在这样的殿阁配置中，将涅槃佛与七佛对峙，其建筑体量关系也非常协调，即使采用东、西廊式也有足够长的壁面用以描绘涅槃佛和七佛的相关内容（图 2-29）。

2.4 倚坐佛为主尊的绘塑组合

按照之前的论述，莫高窟的倚坐佛一般判定为弥勒佛，因此，相对于上一节围绕跌坐佛为主尊的绘塑组合可能所展开的讨论，下面关于倚坐佛的讨论的指向性更为明确，也可以简化成以弥勒佛为主尊的绘塑组合对应的信仰主题。

2.4.1 涅槃思想反映的殿阁配置

如前所述，千佛图是隋代及其以前莫高窟主室最重要的装饰主题，进入初唐，虽然经变壁画逐渐发展壮大，但是千佛图仍然是主室四壁壁画的主要题材之一，直到盛唐以后才明显有所减少。这种现象与涅槃思想在敦煌佛教史上的发展情况也基本吻合，实际上，千佛题材为主的绘塑组合在隋代及其以前的莫高窟中正是以表现涅槃思想为主的。这其中，主尊为倚坐佛且两侧壁画皆出现千佛图的绘塑组合大致有两种情况。

第一种是两侧壁为"千佛图"或"千佛图＋佛教史迹画"，如第 323 窟等，在隋代与初唐莫高窟中时有出现，但是在数量上却远远少于上一节所述主尊为跌坐佛的情况。另外，在盛唐及以后的莫高窟中，这种两侧壁画题材组合所对应的正面主尊已几乎不见倚坐佛。

前面提到，弥勒佛作为未来佛，其所对应的弥勒净土，在汉地佛教的历史上也是一些高僧大德的往生目标。但是在汉地佛教发展的较早阶段，这种弥勒信仰更为重要的是祈愿面见弥勒得以决疑。而相对于后来广泛流行、长盛不衰的净土信仰，涅槃思想所追求的"常乐我净"的境界，其实是出离三界的永久安宁，应该说是高于净土信仰往生目标的最终归宿，因此，其修行法门自然属于难行道一类，那么，涅槃思想借助弥勒的觉悟（智慧）来解除修行中的疑难以便早日得度涅槃界也就很容易理解了。与之对应，我们前面也提到过，莫高窟有关石窟的建造目的在隋代和初唐时期经历了从修禅到礼拜的转变，因此，在这个过渡时期的诸绘塑题材中，弥勒佛作为主尊与两侧壁遍布的千佛图共同营造出的石窟空间，可能正是为了满足以谋求涅槃为终极目标的禅修观想的需求，其反映的信仰主题仍然是以涅槃思想为主，而对应的佛寺院落的殿阁配置可能就是主殿供奉弥勒佛，两配殿（廊）分别都以千佛造像为主尊（图 2-30）。

图2-30　涅槃信仰所对应的佛寺院落殿阁配置示意之三（资料来源：自绘）

第二种是主尊为倚坐佛，两侧壁均为"千佛图 + 说法图"或仅绘说法图，亦主要见于隋代石窟，如第 405、第 423 窟等，在后代鲜有出现。

2.4.2　净土信仰影响的殿阁配置

以倚坐佛为主尊的绘塑组合对净土信仰的体现可能存在两种具体情况。

其一是上一节中已经详述过的净土类三佛，即"释迦、阿弥陀、弥勒"三佛体系。其共居一石窟主室的情况是入唐以后莫高窟三佛造像体系的重大改变，能够较为明确地显示出随着净土信仰的不断发展兴盛，敦煌佛教的主流信仰也相应发生了改变，在莫高窟的绘塑题材上有清晰的体现。

通过本文研究对隋代至归义军时期莫高窟现存绘塑题材的考察还可以发现，净土类三佛体系也可能存在以弥勒为主尊的情况，尤其是盛唐时期两侧壁分绘观无量寿经变与弥勒经变的绘塑组合中，对应主尊塑像的姿态以倚坐式稍多，如第 338 窟（图 2-31）等，但其总体数量还是大大少于以释迦佛为主尊的情况。这种以弥勒佛为主尊的绘塑组合所反映的佛寺院落主要殿阁的配置情况，可能为正殿供奉弥勒佛，两侧殿（廊）分别供奉（绘制）释迦佛与阿弥陀佛（图 2-32）。

图2-31　莫高窟第338
窟绘塑组合示意图（左）
（资料来源：自绘）

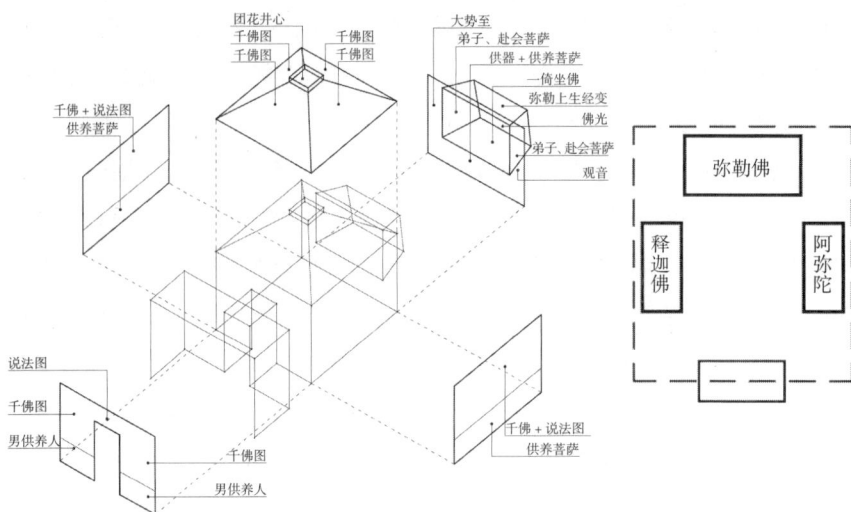

图2-32　净土信仰所对
应的佛寺院落殿阁配置
示意之三（右）
（资料来源：自绘）

其二，在这一时期的莫高窟主室中，以倚坐佛为主尊的绘塑组合还反映出另一种净土类三佛组合的可能，即以弥勒佛为主尊的"弥勒佛、药师佛、阿弥陀佛"的三佛体系，如第 180 窟（图 2-33）等，对应佛寺院落的主要殿阁配置情况可能为正殿供奉弥勒佛，西侧殿（廊）供奉阿弥陀佛，而东侧殿（廊）供奉药师佛（图 2-34）。在前面对同期莫高窟主要经变画的搭配组合的分析中，我们已经看到，两侧壁分绘药师经变和西方净土变的组合从隋代至归义军时期都有相应的石窟遗存实例，尤其是在主尊塑像保存情况不太理想的后期莫高窟中，数量也非常众多，因此，或许这种以弥勒佛为主尊的"弥勒佛、药师佛、阿弥陀佛"的净土类三佛体系确实曾经存在过。但是，如果将"弥勒佛、药师

图2-33　莫高窟第180
窟绘塑组合示意图（左）
（资料来源：自绘）

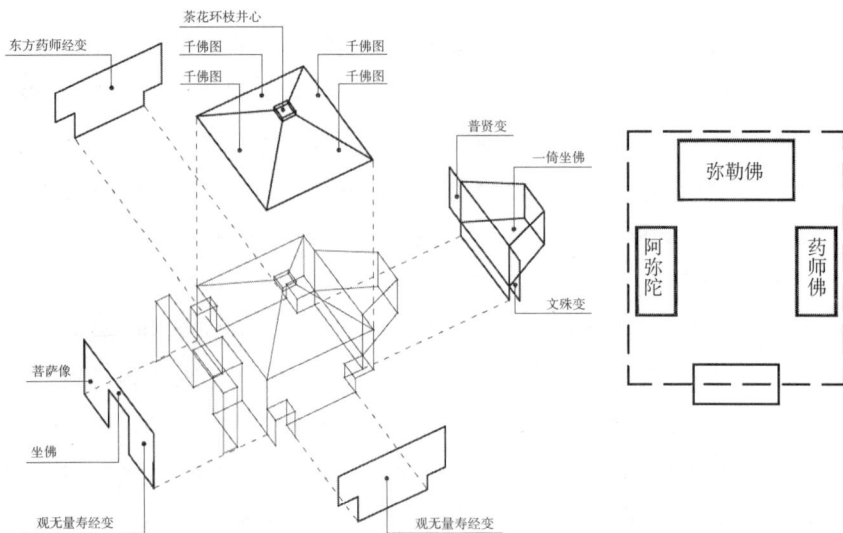

图2-34　净土信仰所对
应的佛寺院落殿阁配置
示意之四（右）
（资料来源：自绘）

佛、阿弥陀佛"三佛组合模式看作是一种相对固定的造像体系，那么，在这一时期的莫高窟诸石窟中，两壁分绘药师经变和弥勒经变的情况则十分罕见。

　　尽管这种三佛造像体系的佛教义理依据还有待相关领域的研究来进一步加以明确，但是，这种将净土信仰所秉持的最主要的三种往生净土同绘（塑）于一个主室空间，至少可以说明这三种净土不仅最为僧众推崇，而且，其彼此之间并不存在互相抵触的特性，甚至可能伴随其净土优劣的争论还代表了不同的往生层次。不过，在隋代至归义军时期的莫高窟主室两壁同绘净土变的绘塑组合中，弥勒佛既然时常作为主尊塑像出现，或许可以看出弥勒佛在受净土信仰影响的莫高窟主室绘塑组合中所具有的重要地位。

2.5　其他姿态佛为主尊的绘塑组合

　　相对于跏坐式和倚坐式，现存其他姿态主尊塑像，如站立式、涅槃式，在隋代至归义军时期的莫高窟遗存中并不多见，尤其在后期莫高窟中基本不存。因此，很难据此展开较为系统的研究，下面仅通过典型的相关石窟样本来探讨一些研究的可能方向。

　　第一，涅槃式佛为主尊的绘塑组合主要存于盛唐第 148 窟和吐蕃时期第 158 窟中。第 148 窟是本文研究重点关注的莫高窟三种主要净土变相同时绘制于一窟内的最早实例，加之其后壁的释迦涅槃像和通壁的涅槃经变，很容易看出其受涅槃思想和净土思想影响的迹象，已有学者对此进行过专题研究，其中明确指出，148 窟作为"宗教建筑"，"引起信仰者崇拜、向往"的各种图像在窟内的位置分布，一方面体现了对大乘涅槃境界的向往，另一方面也体现往生净土的愿望（图 2-35）。[①]

　　稍晚的第 158 窟尽管尚未见有专门的整体性研究，但是，从其主室的绘塑组合情况还是可以看出一些端倪。第 158 窟后壁佛坛下部和窟顶共同绘制十方净土，而两侧壁分别塑有站立迦叶一尊和倚坐弥勒佛一尊，从佛教义理逻辑来看，这种绘塑组合的关系较为清晰，即迦叶代表相对于弥勒佛的过去，而涅槃是实现佛法传继的机缘和时间节点，同样表达出一种佛教的时间观念以及佛法代代传承的脉络；同时，十方净土的壁画又清晰地反映了佛教中诸佛净土的空间结构，还描绘出作为涅槃后终极归宿的美妙殊胜的净土世界（图 2-36）。

　　基于上述两处石窟中涅槃式佛为主尊的绘塑组合的讨论，或许可以看出涅槃思想和净土信仰的密切关系反映在具体绘塑题材的构成上。而对于此类主

---

① 公维章 . 涅槃、净土的殿堂——敦煌莫高窟第 148 窟研究 . 北京：民族出版社，2004：223.

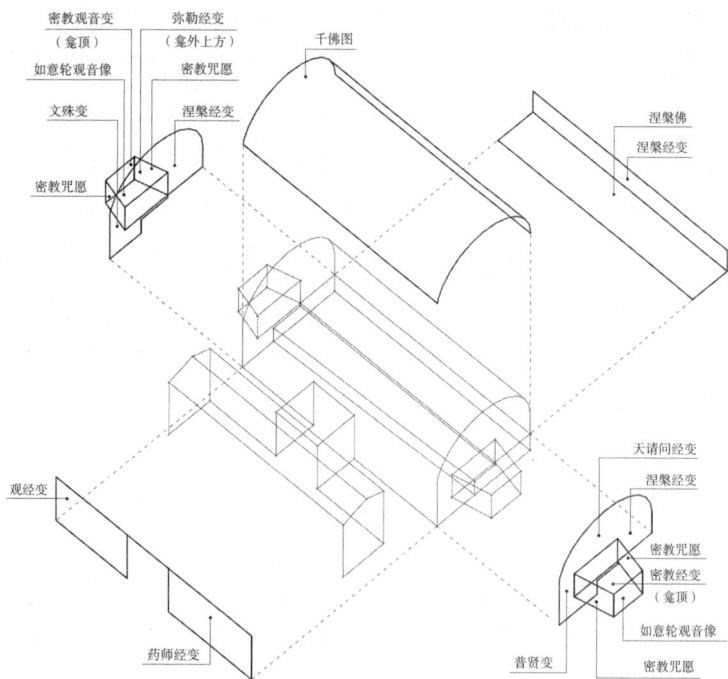

图2-35　莫高窟第148
窟绘塑组合示意图
（资料来源：自绘）

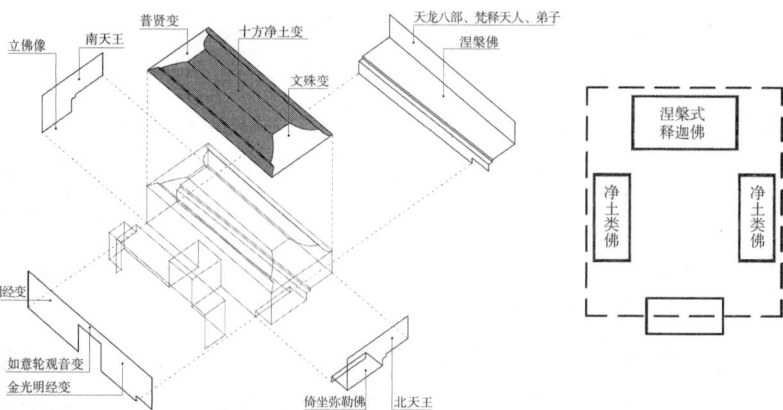

图2-36　莫高窟第158
窟绘塑组合示意图（左）
（资料来源：自绘）

图2-37　涅槃式佛为主
尊的绘塑组合所反映的
佛寺院落殿阁配置示意
图（右）
（资料来源：自绘）

题统摄下的佛寺院落，其殿阁配置情况有一种可能是正面主殿供奉涅槃佛，而
两侧殿（廊）分别以阿弥陀佛、药师佛、弥勒佛等代表净土信仰的佛为主尊
（图 2-37）。

　　第二，站立式佛为主尊的绘塑组合基本都出现在隋代与初唐石窟中，与之
搭配的两侧壁画几乎都为"千佛图 + 说法图"，如第 427、第 203 窟等。有研
究认为，第 292 窟主室的绘塑组合中，主尊塑像为立佛，而两侧壁均为以立佛
为主尊的千佛图，这可能反映了三世佛或弥勒三会（弥勒成佛后在人间的龙华
树下开设三会广度众生）的主题（图 2-38）。而第 427 窟是一处塔院型窟，主尊

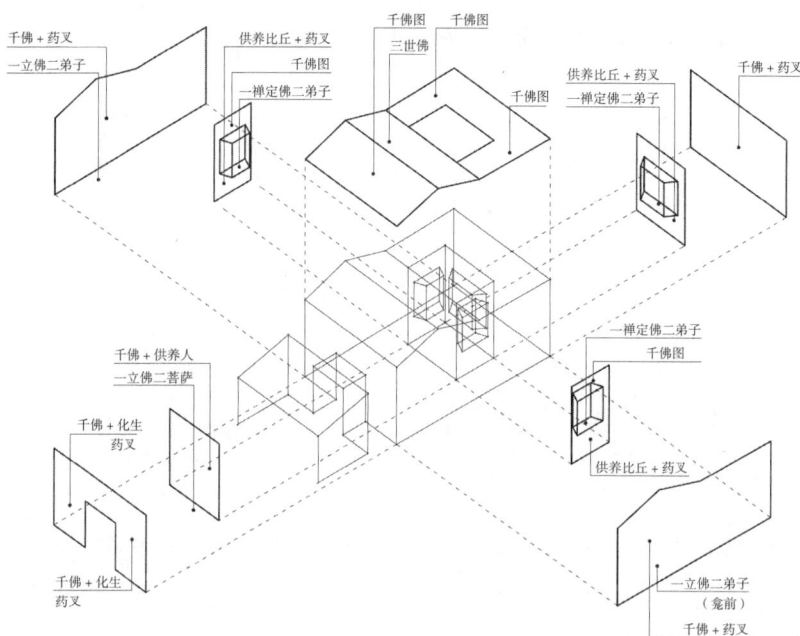

图2-38　莫高窟第292窟绘塑组合示意图（资料来源：自绘）

立佛出现在中心柱正面，两侧壁还分别塑有一尊立佛，三尊立佛的服饰、手势和体态均一样，因此有研究认为可能分别代表了"三身佛"[①]，即法身佛毗卢遮那佛、报身佛卢舍那佛和应身佛释迦佛。总体来看，站立式佛为主尊的绘塑组合尽管两侧壁画的题材较为趋同，但是，主尊立佛的佛号判断还需要专门的研究。

第三，现存的多佛为主室主尊塑像的绘塑组合仅出现于盛唐以后的莫高窟中，分别为第 44 窟的二佛、第 365 窟的七禅定佛、第 55 窟的三倚坐佛。七禅定佛可能为过去七佛[②]，也可能是药师七佛[③]；三倚坐佛一般认为是附会了《弥勒下生经》所说的"弥勒三会"；二佛的姿态尚不明且具体所指还有待研究确认，但上述三处主室的绘塑组合所对应的两侧壁绘画均以净土变相为主。由前面对绘塑组合的讨论可知，尽管大多数情况下，莫高窟主室主尊塑像并不表现为多尊佛并立的形式，但是，由于石窟主室的空间构思很可能是基于同一套具有自闭型的义理逻辑展开的，所以，较为常见的反倒是将多佛体系分别布置为后壁塑像主尊与两侧壁经变画主尊或塑像。就佛寺实例来说，在佛寺院落中，多佛造像体系对特定信仰主题的体现并不少见，具体到殿阁配置上，可能存在

---

① 赵声良.尽精微、致广大——莫高窟第 427 窟艺术 // 敦煌石窟鉴赏丛书（第二辑第五分册）：第 427 窟.兰州：甘肃人民美术出版社，1992：1-2。

② 即过去庄严劫三佛毗婆尸佛、尸弃佛、毗舍浮佛和现在贤劫四佛拘留孙佛、拘那含牟尼佛、迦叶佛、释迦佛，见 [后秦] 佛陀耶舍共竺佛念 译.长阿含经（22 卷）.大正藏，阿含部，第 1 卷。

③ 唐代义净译本的《药师琉璃光七佛本愿功德经》（2 卷）中记有药师七佛，分别为善名称吉祥王如来、宝月智严光音自在王如来、金色宝光妙行成就如来、无忧最胜吉祥如来、法海雷音如来、法海胜慧游戏神通如来和药师琉璃光如来（大正藏，经集部，第 14 卷）。

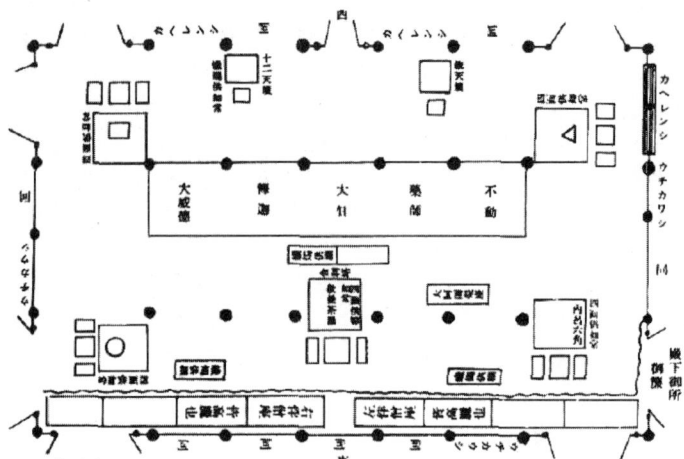

图2-39 平等院本堂内部布置示意
（资料来源：冨岛义幸.平等院凤凰堂.东京：吉川弘文馆，2010：16）

两种情况，其一，多佛分设在 U 型或品字形布局的三座主要佛殿（廊）中；其二，多佛被表现为一铺多身的佛像组供奉于同一座正殿中，前面提及的日本平等院本堂（图 2-39）、法成寺金堂都属于这种情况。

2.6 小结

2.6.1 莫高窟所反映的信仰主题趋向

通过前面对莫高窟主室的石窟形制、主尊塑像和四壁绘画在隋代至归义军时期这一时间范围内的发展特征分析，莫高窟主室内容所反映出的佛寺院落的信仰主题先后呈现出三种较为明显的趋向。

1. 隋代至初唐时期：以千佛图为载体的涅槃思想

就其信仰基础而言，作为莫高窟早期石窟的主要装饰主题，千佛图暗合了当时藉由涅槃类经典的引进而兴盛一时的涅槃思想。敦煌佛教曾经因北凉昙无谶译经产生的佛教信仰高潮，尤其是《大般涅槃经》的弘传，使得"常乐我净"的涅槃思想对当时敦煌佛教的影响十分深刻。莫高窟北朝所留存下的以千佛图居多的佛教造像，可以看作是对这种佛教信仰特征的反映。有学者在对十六国、北朝时期的千佛图进行研究时，认为其盛行的主要社会原因，在于为弥补当时以涅槃为主流的佛教义理中对现世利益关怀的缺失[1]。还有一种说法认为，千佛是"敦煌佛教用以体现涅槃境界最具体的方式"[2]。而进入盛唐以来，在净土信仰盛行的敦煌佛教大环境中，"千佛图"的继续流行，极有可能代表了不同于前代的信仰内涵。而净土信仰之所以能够广泛流行，其中一个重要的原因就

---

[1] 贺世哲.敦煌图像研究：十六国北朝卷.兰州：甘肃教育出版社，2006：133-134.

[2] 赖鹏举.敦煌石窟造像思想研究.北京：文物出版社，2009：119.

是采用"称名念佛"的易行道,这从敦煌文献中大量存在《佛名经》和印本《千佛像》的现象即可想见。此时以作功德为主要目的的石窟营建,也常会选用"千佛"作为石窟的装饰主题。

2. 初唐时期及以后：净土类三佛体现的净土信仰

对于净土类三佛体系的信仰基础,首先,以"释迦、阿弥陀、弥勒"三佛体系为主题的洞窟整体构思,表现出基于净土信仰的义理逻辑;其次,华严思想中关于"终极归宿"在修行层次和空间构建两方面的论述,更加密切了上述三佛体系所反映出的西方净土与弥勒净土之间的内在关联。

首先,华严思想中对于西方净土和弥勒净土颇为倚重。《华严经》认为华藏世界是佛教徒修行的终极归宿,但是对于普通信众而言,这个目标显得遥不可及而缺乏吸引力。因此,华严思想借助净土信仰宣扬易行道,以先行往生到上述两种净土,使得信众免于再次堕入轮回,以期日后再行前往华藏世界。这也是西方净土和弥勒净土向信众传达的意义。

其次,隋代以后,华严的十方三世思想在净土信仰及其修行方式日益盛行的背景下,形成了以西方净土代表"十方",以弥勒净土代表"三世"的造像模式。

也就是说,华严思想中以卢舍那佛为主的法界观,将各类净土(尤指西方净土和弥勒净土)含摄于一个更为宏阔的宇宙范式("十方三世")中,为净土信仰的进一步发展提供了坚实的思想基础。

从历时性的角度来看,初唐敦煌佛教信仰的主流经历了一个转变,即从以千佛为主的涅槃思想转向由华严思想含摄的净土思想。而进入盛唐时期,敦煌的净土信仰达到了高潮。这就可能使得对往生净土的祈求,逐渐超越了对过去、现在和未来的因果轮回而占据上风,佛教徒更加注重死后归宿的问题。因此,竖三世佛体系逐渐萎缩,而净土类三佛体系则极为活跃,这也反映出经历了初唐的铺陈,盛唐时期净土信仰已经发展成熟,并随着佛教世俗化的日益加深,而处于敦煌佛教的主导地位。吐蕃时期和归义军时期的莫高窟也反映出了对这种信仰传统的延续。

3. 盛唐时期及以后：密宗在敦煌佛教的影响增加

虽然密教类观音经变在莫高窟隋代石窟中就发现有遗存,但是,直到盛唐时期,密教类经变才表现出比较明显的发展,无论其在数量还是具体种类上,都可以看出佛教密宗逐渐受到推崇,这也与盛唐时期中原佛教的发展相似。尽管从初唐开始,各期石窟样本中总有几例其主室两侧壁全部为密教类观音经变,但是,就现存石窟主室的内容来看,大多数情况下,密教类经变仅出现于前壁,偶有与其他经变组合绘于某一侧壁的情况。这也就是说,密宗主题一直没能成为莫高窟主室所反映的佛教思想的主流。

2.6.2 信仰主题可能对应的殿阁配置

按照不同时间段中信仰主题的发展特点，进一步讨论了当时佛寺院落的主要殿阁可能的不同配置组合。

第一，隋代至初唐：涅槃思想及其反映的殿阁配置。

（1）如果正殿主尊为释迦佛，两侧配殿的主尊情况可能有两种，或者左右均为千佛，或者分别为千佛与弥勒佛，后者在一定程度上反映出初唐时期主流信仰改变的过渡特点。此外，还可见基于竖三世佛体系的主室绘塑组合，可以看作是明确了两侧壁千佛主尊的绘塑组合所反映的佛寺院落内主要殿阁的配置情况，即正殿主尊为释迦佛，两侧配殿的主尊分别为过去某佛和未来佛弥勒佛。

（2）如果正殿主尊为弥勒，两侧配殿的主尊则均为千佛。

第二，初唐以后：净土信仰及其反映的殿阁配置。

（1）如果正殿主尊为释迦，两侧配殿的主尊情况也可分为两种，或者分别为阿弥陀佛与弥勒佛组合，或者为阿弥陀佛与药师佛组合。由于阿弥陀佛和药师佛所住持的净土都具有明确的方位指向，因此，在上述佛寺院落主要殿阁的配置模式中，阿弥陀佛一般供奉于西侧配殿内，而药师佛和弥勒佛则多供奉于东侧配殿中。

（2）如果正殿主尊为弥勒，两侧配殿的主尊分别为阿弥陀和释迦。

第三，归义军时期：密宗影响加强及有关殿阁配置。

两侧壁均绘有密教类观音经变的绘塑组合在莫高窟盛唐石窟中就见遗存，但是直到归义军时期的主室中才又明显增加。推测此时的佛寺院落，可能因为佛教密宗的影响而存在一种新的殿阁配置模式，即两侧配殿皆供奉密教观音，而正殿主尊可能为释迦佛或者密教观音。

还有一种情况，虽然石窟样本少见，但是因其反映出的信仰主题可能具有的深厚义理支持也应该给予一定的关注，比如这一时期先后兴盛的两种主流信仰——涅槃思想和净土信仰究其义理体系间的逻辑关系其实十分密切，相应地，以此为主题的佛寺院落可能就是表现为如下殿阁配置组合，即正殿主尊为涅槃式释迦佛，两侧配殿的主尊分别为阿弥陀佛、弥勒佛、药师佛此净土类三佛中的一种。

通过对敦煌莫高窟主室内容的整体研究，一方面，可以有助于梳理出佛寺院落中主要殿阁的配置可能，另一方面，也印证了有关佛教义理对佛寺院落空间的影响。佛教信仰通过院落主题与佛寺布局之间建立的历史关联，也为我们全面理解佛教寺院空间提供了更为深刻的维度。

第3章 佛寺院落的空间关系 ——
以经变壁画为核心的讨论

3.1 经变壁画的空间理解

经变是一种伴随着佛教世俗化逐渐产生的佛教绘画类型，《敦煌学大辞典》对"经变"一词的词条解释如下：

> "称变或变相。佛画种类之一。就广义而言，凡依据佛经绘制
> 之画，皆可称之为'变'。然今之'经变'，既有别于本生故事画、
> 因缘故事画、佛传故事画，又有别于单身尊像，专指将某一部乃至
> 几部有关佛经之主要内容组织成首尾完整、主次分明的大画（如涅
> 槃经变）。"①

经变画的取材多与当时流行的佛教思想有关，如南北朝时期的经变主题多采自小乘经典，宣扬自我牺牲的精神为主，往往呈现出朴拙的画面风格，内容以本生经变、佛传故事居多；到隋唐以后，大乘思想盛行，高僧大德各立宗派，经变画内容也相应多有变化，在净土变相、法华经变等宣传大乘佛教主流教义的经变种类基础上还出现了维摩诘经变、报恩经变、金刚经变、金光明经变等，并发展为中国美术史上相当特殊的绘画创作类型。经变画的题材内容涉及佛传故事、佛经义理、佛教圣地等多种，表现形式各不相同，不仅在一定程度上反映了世俗生活的方方面面，也有使艺术家的精巧构思在此驰骋纵横的空间。莫高窟中留存至今的经变画作为学术研究的材料，范围广、方面多，是一份珍贵的文化遗产。

就敦煌莫高窟现存的经变画来看，其载体主要有两种，其一为绘制于石窟内壁上的成品；其二为保存于敦煌文献中，多绘制于纸、丝等之上，内容可能是一幅完整的经变画，也可能是所谓"白画"或"粉本"之较为简略的形式。本文研究所关注的主要是前一种，即经变壁画。

净土变相是敦煌莫高窟经变壁画的重要组成部分，是以净土类佛经为依据，描绘对应净土景象，其目的在于弘传净土信仰。本文所提到的净土变相壁

---

① 季羡林.敦煌学大辞典.上海：上海辞书出版社，1998：81—82.

画，主要包括西方净土变、弥勒经变和东方药师经变三大类，其中，西方净土变还可以进一步分为观无量寿经变、无量寿经变、阿弥陀经变这三种。敦煌莫高窟现存的经变画大致可见 33 种（表 3-1），其中净土类经变约占总量的 44.4%。此外，其他诸多经变中也不乏描绘清净佛国者，也可为本文研究提供一定参考。

敦煌莫高窟经变画种类统计表 表 3-1

说明：前 6 列属"净土变"（其中前 3 列属"西方净土变"：无量寿经变、阿弥陀经变、观无量寿经变；其后为简略之净土变、十方净土变、东方药师经变）。

时代及其他	无量寿经变	阿弥陀经变	观无量寿经变	简略之净土变	十方净土变	东方药师经变	弥勒经变	维摩诘经变	如意轮观音经变	不空绢索观音经变	千手千眼观音经变	法华经变	报恩经变	天请问经变	华严经变	观音经变	金刚经变	千手千钵文殊经变	涅槃经变	劳度叉斗圣变	楞伽经变	思益梵天请问经变	金光明最胜王经变	贤愚经变	密严经变	报父母恩重经变	福田经变	佛顶尊胜陀罗尼经变	梵网经变	金光明经变	宝雨经变	大悲心陀罗尼经变	八大灵塔名号经变	炽盛光佛经变
北周																											1	1						
隋	1					4	5	11				2					1		3								1			1				
初唐	8	6	2			1	6	10				2								1	1								1		1			
盛唐	1	4	20	1		3	14	3	1	1	3	3	2	1	1	5				6														
吐蕃时期	2	5	34	1	1	21	24	10	10	8	8	5	7	10	5	5	8	4	4		2	1	4			1								
归义军时期·晚唐	6	5	18			31	17	9	13	15	8	9	11	9	4	9	4	4		3	5	3	4	1	2			1						
归义军时期·五代	1	8	4			21	11	16	26	20	9	8	9	7	8	3	3		3		7	2						3	1					
归义军时期·宋		2	6	15		9	10	9	13	10	10	5	3	5	6	3	2	3		3	2	3		2		1		2	2			1	1	
西夏	13	8		43		7			2	3	2						3		2															
元																			2															1
时代不明																							1											
合计	32	38	84	60	1	97	87	68	65	57	42	34	32	31	29	24	17	16	14	14	12	12	9	5	4	4	2	3	2	1	1	1	1	1

（净土变合计：399）

注：1. 根据"敦煌莫高窟经变画统计表"（施萍婷. 敦煌经变画略论 // 敦煌研究院. 敦煌石窟经变篇. 兰州：甘肃民族出版社，2000：7）校核、改绘。

2. 维摩诘经变包括单独出现的《文殊师利问疾品》。

3. 涅槃经变中，绘塑结合者五铺。

4. "简略之净土变"主要指宋、西夏时期一些难以区别的、只知其为"净土"的画。因而此表所列经变实为 33 种。

3.1.1　西方净土变的空间观念

1. 西方净土变的信仰基础

阿弥陀佛的梵文是 Amitā，意为"无量"，故也常意译作"无量寿佛"（Amitāyus）或"无量光佛"（Amitābha）。关于这三种翻译的关系 ① 大致有两种说法，其一是依据《佛说无量寿经》所记阿弥陀佛所具有的特点，即"诸佛光明所不能及"、"寿命长久不可称计"；其二是密教中将"阿弥陀佛"、"无量寿佛"和"无量光佛"分作为其法身、报身和应身的名称 ②。阿弥陀佛通常左边胁侍观音菩萨，右边胁侍大势至菩萨，合称"西方三圣"。

佛典认为，由阿弥陀佛所统辖的佛国即西方净土，距世人所居的娑婆世界约十万亿佛土之遥，有关佛经中也记做"安乐世界"、"西方极乐世界"、"无量寿国"、"安养国" ③ 等。

> "尔时，佛告长老舍利弗：'从是西方过十万亿佛土，有世界名曰极乐。其土有佛，号阿弥陀，今现在说法。'" ④

西方净土信仰在汉译大乘佛教经典之初，就随着相关佛经的翻译传入了中国。大乘佛教经典中涉及阿弥陀佛和西方净土者众多，"现存大乘佛典中含有赞颂阿弥陀佛内容的经典约占三分之一" ⑤。其中，流传最广、影响最大的是《阿弥陀经》《无量寿经》 ⑥《观无量寿经》与《无量寿经论》，作为净土宗依据

---

① 有研究认为，"阿弥陀佛"与"无量寿佛"的使用，虽然可是说是并用的，但并不是随心所欲的，即在序文部分使用"阿弥陀佛"，在流通部分使用"无量寿佛"，仅在第十三观和下下品这两个地方的连接部分并用。"无量寿佛"部分的主题是禅观念佛，"阿弥陀佛"部分的主题是通过称名念佛而被迎接往生。

② "法身"指佛从先天就具有的将佛法体现于自身的佛身，类似领导者的标准像；"报身"指以法身为因经过修习而获得佛果之身，类似学位证书上的像；"应身"指为度脱世间众生需要而现之身，特指释迦牟尼之生身，类似工作证上的像。具体布置为，中尊为法身佛，名"毗卢遮那佛"；左尊为报身佛，名"卢舍那佛"；右尊为应身佛，即释迦牟尼佛。（白化文 . 汉化佛教与佛寺 . 北京：北京出版社，2009：82-89）

③ "佛经纪西方有国。国名安养。"（[西晋] 支道林 . 阿弥陀佛像赞（并序）. 大正藏，史传部，第 52 册，广弘明集 · 卷十五）

④ [后秦] 鸠摩罗什译 . 佛说阿弥陀经 . 大正藏，宝积部 / 涅槃部，第 12 册 .

⑤ 任继愈 . 中国佛教史（第一卷）. 北京：中国社会科学出版社，1993：439.

⑥《无量寿经》共有十二译，现仅存五译，所列如下：《无量清净平等觉经》四卷，后汉支娄迦谶译，现存；《无量寿经》二卷，后汉安世高译；《佛说阿弥陀三耶三佛萨楼佛檀过度人道经》二卷，吴支谦译，现存；《无量寿经》二卷，曹魏康僧铠译，现存；《无量清净平等觉经》二卷，曹魏白延译；《无量寿经》二卷，西晋竺法护译；《无量寿至真等正觉经》一卷，东晋竺法力译；《新无量寿经》二卷，刘宋佛陀跋陀罗译；《新无量寿经》二卷，刘宋宝云译；《新无量寿经》，刘宋昙摩密多译；《大宝积经 · 无量寿如来会》二卷，简称《无量寿如来会》，唐菩提流支译，现存；《佛说大乘无量寿庄严经》三卷，宋法贤译，现存。（公维章 . 涅槃、净土的殿堂 —— 敦煌莫高窟第 148 窟研究 . 北京：民族出版社，2004：119）

的主要经典，也合称为"净土三经一论"[①]，共同构成了西方净土信仰的源头。

"净土三经"的篇幅各不相同，所宣说的内容也各有侧重。下面通过对"净土三经"的研读，来大致了解一下西方净土信仰的主要内容。

（1）《佛说阿弥陀经》（又简称"阿弥陀经"）篇幅最短，概述了安乐美妙的西方净土盛况和"十方护念"，常被认为是西方净土信仰的本体论部分。

（2）《佛说无量寿经》（又简称"无量寿经"）篇幅最长，分上下两卷，上卷为释迦佛本生故事（投胎降生、出家苦行、得道、降魔）、演说过去诸佛以及法藏王受世自在王佛开示发四十八大愿、法藏比丘修菩萨行、西方净土种种殊胜、无量寿佛之无量功德；下卷宣讲往生西方净土的法门精要及三辈往生、观音与大势至二菩萨的诸功德、西方净土的诸功德、说人间五恶劝往生净土。这部经将前因后果一一详说，对往生的种种利好也深入浅出反复阐释，可以说是西方净土信仰的认识论部分。

（3）《佛说观无量寿佛经》（又简称"观无量寿经"）借助阿阇世太子受调达教唆幽禁其父王频婆娑罗的故事，通过韦希提夫人向佛作礼请求，引出释尊现身详解"十六观"。引文部分反映在观无量寿经变中是"未生怨"的内容，而主体部分"十六观"还可以进一步分成两类，前十三观介绍了西方净土的殊胜之处，以便禅定观想；而后三观是上中下三辈九品往生，作为观无量寿经变中出现化生的依据。《观无量寿经》事关西方净土信仰的方法论。

（4）西方净土的往生法门。"十六观"是对"观想念佛"的展开，而《佛说阿弥陀经》则注重称名念佛。由此可见，西方净土信仰将往生净土的法门简化为"念佛"，具体包括称名念佛和观想念佛两种。印度高僧世亲（约公元380-480 年）在《无量寿经论》中进一步将"净土三经"中关于往生法门的内容归纳为"五念门"[②]，即礼拜门、赞叹门、作愿门、观察门、回向门。

---

① 《无量寿经》的同本异译情况最多，但是以曹魏康僧铠所译《佛说无量寿经》最为通行。其他二经的通用版本分别为刘宋畺良耶舍所译《佛说观无量寿佛经》和后秦鸠摩罗什所译《佛说阿弥陀经》。印度高僧世亲（约公元 380-480 年）所著《无量寿经论》的现存汉译本为北魏菩提流支翻译的版本，全称《无量寿经优婆提舍愿生偈》，也简称《往生净土论》《往生论》《净土论》，北魏昙鸾为其所作的注释也很盛行。在此基础上，后代屡有增补之说，比如清咸丰八年(1858 年）魏承贯提出的"净土四经"，增加了《华严经·普贤行愿品》。他认为，"净土法门以《无量寿经》而发源，以《观无量寿经》而观想，然后导于《阿弥陀经》之持名，最终归于《普贤行愿品》。"（释惟贤 . 净土教与庄严国土 // 弘学 注 . 净土宗三经（佛典丛书，第二版）. 成都：巴蜀书社,2005:文前 2）被尊为净土宗第十三代祖师的印光法师于 1933 年编辑刊行的"净土五经"，又加入《楞严经·大势至菩萨念佛圆通章》，他认为，"此章实为念佛最妙开示。"（释惟贤 . 净土教与庄严国土 // 弘学 注 . 净土宗三经（佛典丛书，第二版）. 成都：巴蜀书社, 2005：文前 2）

② 礼拜门指向阿弥陀佛礼拜；赞叹门指口赞阿弥陀佛之名；作愿门是发起往生净土之愿；观察门是观想安乐国依正二报庄严；回向门即不舍一切苦恼众生，把自己所修之念佛功德回施一切众生，与众生同往生净土，成就广大慈悲之心。（陈扬炯 . 中国净土宗通史 . 南京：凤凰出版社，2008：71）

　　早在东汉末年，西方净土经典就已经传入中国，比一般认定的西方净土信仰产生的时间（约为公元 1 世纪初至 2 世纪上半叶）[①] 仅晚大约一百年。而据史料记载，有关西方净土信仰在汉地最早的实践活动可追溯到公元 3 世纪末 4 世纪初（如第 1 章中提到的阙公则和卫士度的事迹）。根据《高僧传》有关记载可以发现，从 4 世纪开始，信仰阿弥陀的高僧逐渐增多。其中，比较著名并且影响深远的是以东晋高僧慧远为首的 123 人在庐山结社的活动，"远乃于精舍无量寿像前。建斋立誓。共期西方。"[②] 然而，其时慧远一众的集会并非只有祈愿往生西方净土一项，但是，慧远仍可称得上是早期西方净土信仰的推动者。

　　又如，竺僧显（东西晋交替时期）。"后遇疾绵笃。乃属想西方心甚苦至。见无量寿佛降以真容光照其身。"[③] 释慧持（东晋）。"今既割欲求道。正以西方为期耳。于是兄弟收泪悯默而别。"[④] 释慧永（公元 331 ～ 414 年）。"永厉行精苦愿生西方。"[⑤] 释僧睿（东晋）。"每行住坐卧不敢正背西方。后自知命尽。忽集僧告别。乃谓众曰。平生誓愿愿生西方。如睿所见或当得往。未知定免狐疑成不。但身口意业或相违犯。愿施以大慈为永劫法朋也。于是入房洗浴。烧香礼拜。还床向西方合掌而卒。"[⑥] 释法意（东晋）。"乃竭诚礼忏。乞西方池水。"[⑦] 释慧敬。"凡兴造福业。皆回向西方。"[⑧] 释慧进（公元 400~485 年）。"常回诸福业愿生安养未亡少时忽闻空中声曰。汝所愿已足。必得生西方也。"[⑨] 释法琳（公元 495 年卒）。"至齐建武二年寝疾不愈。注念西方礼忏不息。"[⑩]

　　自北魏昙鸾将往生净土的法门简化为以称名念佛为主的修行，并将其定性为依靠他力救济的易行道，实现了对印度佛教中的西方净土信仰的中国化阐释，为后来净土宗的建立奠定了判教基础。又经道绰和善导的不懈努力，使西方净土信仰进一步确立其义理体系和仪轨制度，在唐代形成了独立的佛教宗派——净土宗。不同于汉地佛教的其他宗派，净土宗尽管有自己崇拜的教主阿

① 大约相当于贵霜王朝建立至阎膏珍王和迦腻色伽王在位时期，望月信亨在《净土教概论》一书中约略提到弥陀信仰在龙树菩萨活动的时代应该就已颇受推崇（见望月信亨. 净土教概论. 台北：华宇出版社，1987：6-8）。
② ［梁］慧皎. 高僧传·卷六. 大正藏，史传部，第 50 册.
③ ［梁］慧皎. 高僧传·卷十一. 大正藏，史传部，第 50 册.
④ ［梁］慧皎. 高僧传·卷六. 大正藏，史传部，第 50 册.
⑤ ［梁］慧皎. 高僧传·卷六. 大正藏，史传部，第 50 册.
⑥ ［梁］慧皎. 高僧传·卷六. 大正藏，史传部，第 50 册.
⑦ ［梁］慧皎. 高僧传·卷十三. 大正藏，史传部，第 50 册.
⑧ ［梁］慧皎. 高僧传·卷十三. 大正藏，史传部，第 50 册.
⑨ ［梁］慧皎. 高僧传·卷十二. 大正藏，史传部，第 50 册.
⑩ ［梁］慧皎. 高僧传·卷十一. 大正藏，史传部，第 50 册.

弥陀佛，也有自己的净土理论及仪轨，但缺乏一套严密的组织结构，也没有自己的僧团，故《元亨释书·诸宗志》称：净土、成实、俱舍三宗为寓宗，意指不独立为一宗，而寄寓于其他宗派①。另外，净土宗的诸祖之间也不具有衣钵相传的特征，均为后人以其对净土宗发展的贡献而论。

在宋代禅净合流的过程中，本就为汉地佛教各宗派弘扬的西方净土信仰进一步普及，以至于明清时期的佛教思想基本呈现出"诸宗归净土"的特点。同时，借助净土宗的传播，西方净土信仰在日韩等周边国家和地区也得到了广泛流传。日本佛教界至今仍存在由唐代净土宗发展而来的净土真宗、净土宗、时宗等。

还需要注意的是西方净土信仰与观音信仰之间的关系。通过对敦煌文献的整理，还有学者发现在唐前期，通过抄写《观音经》来祈愿往生西方净土的做法十分盛行。②《观音经》比较偏重于对现世苦难的救赎，随着佛教世俗化的发展，加上密教在盛唐以后的逐渐流行，观音及药师一起成为普通信众礼拜、祈祷的重要对象。观音信仰的逐渐盛行，除了可能是因观音所具有的对现实苦难的救赎，还与观音作为阿弥陀佛的补处③有关。

> "阿弥陀佛寿命无量百千万亿劫。当有终极。灭度之后观世音菩萨明相出时。于七宝菩提树下成等正觉。号普光功德山王佛。国土胜阿弥陀佛国百千万亿。不可为比。国名众宝普集庄严。此佛灭已大势至成佛。名善住功德宝王佛。"④

所以也有研究认为，净土经典及净土信仰的声名远播，"促进了隋唐以后的净土教乃至观音信仰的飞跃发展。"⑤

2. 弥陀经典中的西方净土

"净土三经"中对于西方净土的描述大同小异，例如，《佛说阿弥陀经》中就有具体内容。

> "极乐国土，七重栏楯，七重罗网，七重行树，皆是四宝，周匝围绕，是故彼国名为极乐。……。极乐国土，有七宝池，八功德水，充满其中，池底纯以金沙布地。四边阶道，金银、琉璃、玻璃合成。

① 陈扬炯.中国净土宗通史.南京：凤凰出版社，2008：319.
② [日]砺波护.隋唐佛教文化.耿昇，刘建英 译.上海：上海古籍出版社，2004：44.
③ 据丁福保编《佛学大辞典》的解释，"补处"为佛教术语，前佛既灭后，成佛而补其处是名补处。即嗣前佛而成佛之菩萨也，隔一生而成佛，则谓之一生补处。又此位名等觉，弥勒即为释迦如来之补处菩萨也。维摩经曰："弥勒在一生补处。"智度论七曰："弥勒菩萨应称补处。"观音玄义中曰："补处者，前佛既灭，而此菩萨即补其处，故云补处。"四教仪集注下曰："一生补处者，犹有一品无明，故有一生。过其一生，即补妙觉之处。"无量寿经上曰："诸菩萨众来生我国，究竟必至一生补处。"
④ [唐]窥基.观弥勒上生兜率天经赞（2卷）.大正藏，经疏部，第38册.
⑤ [日]砺波护.隋唐佛教文化.耿昇，刘建英 译.上海：上海古籍出版社，2004：45.

上有楼阁，亦以金银、琉璃、玻璃、砗磲、赤珠、玛瑙而严饰之。
池中莲花大如车轮，青色、青光、黄色、黄光、赤色、赤光、白色、
白光，微妙香洁。……。彼佛国土，常作天乐，黄金为地，昼夜六
时天雨曼陀罗华。其国众生，常以清旦，各以衣裓盛众妙华，供养
他方十万亿佛；即以食时，还到本国，饭食经行。……。彼国常有
种种奇妙杂色之鸟——白鹄、孔雀、鹦鹉、舍利、迦陵频伽、共命
之鸟。是诸众鸟，昼夜六时出和雅音，其音演畅五根、五力、七菩
提分、八圣道分如是等法。其土众生闻是音已，皆悉念佛、念法、
念僧。舍利弗！汝勿谓：'此鸟实是罪报所生。'所以者何？彼佛国
土无三恶趣。舍利弗！其佛国土尚无三恶道之名，何况有实？是诸
众鸟皆是阿弥陀佛欲令法音宣流变化所作。舍利弗！彼佛国土，微
风吹动，诸宝行树及宝罗网出微妙音，譬如百千种乐同时俱作，闻
是音者皆自然生念佛、念法、念僧之心。"[1]

《佛说观无量寿佛经》中的第一到八观都是关于西方净土的依报观想。《佛
说无量寿经》中包含了阿弥陀佛的四十八大愿，其中有建设西方净土的内容，
但比较笼统，其后的经文中佛又向阿难详细解说了西方净土的种种殊胜。概括
来说，西方净土是一片以七宝装饰的广阔平原，周边既没有山脉围绕又没有河
海沟壑，气候四季如春，光明普照，清净异常，空气中奇香四溢，妙音环绕，
地面上遍植七宝树，枝叶相缠状如华盖。"讲堂精舍宫殿楼观"也都由七宝严饰，
其内外遍布盛有八功德水的水池。

从往生西方净土的角度看，西方净土具有以下特点：其一，往生法门便宜，
只要一心专念阿弥陀佛并发愿往生西方净土即可；其二，临终时会有阿弥陀佛
亲自前来接引至西方净土；其三，一旦往生到西方净土，就是获得等正觉的菩
萨身份，并且"究竟一生补处"，也就是说不久必定成佛。

3.1.2　弥勒经变的空间观念

1. 弥勒经变的信仰基础

弥勒，梵文为 Maitreya，在汉地佛教中也常作"慈氏"。以前认为"弥
勒"即是其梵文的汉语音译，但是，近年来有研究则认为更可能译自其吐火罗
语 Matrak 一词[2]。而"慈氏"可以认为是其意译，主要取"慈悲为怀、悲悯众生"
之意，例如，"弥勒菩萨法王子，从初发心不食肉，以是因缘名慈氏。"[3] 又如，"慈

---

[1] [后秦] 鸠摩罗什 译 . 佛说阿弥陀经 . 大正藏，宝积部 / 涅槃部，第 12 册 .

[2] 王惠民 . 敦煌净土图像研究 // 佛光山文教基金会 编辑 . 中国佛教学术论典 81. 高雄：佛光山文
教基金会，2001：25-26.

[3] [唐] 般若 译 . 大乘本生心地观经（8 卷）. 大正藏，本缘部，第 3 册 .

氏者，即于慈氏佛所初发菩提心亦生慈姓，故云慈氏。"①弥勒佛通常左侧胁侍法音轮菩萨，右侧胁侍大妙相菩萨②。

　　弥勒信仰源于印度，随着早期弥勒经典由西域传入而逐渐在中国兴起，这从早期莫高窟弥勒图像与西域出土的弥勒图像谱系的特征对照中即可以得到印证③。弥勒经典从东汉时期佛教初传中国就开始陆续被译出，《大正藏》中收录有关弥勒的大乘佛教经典可达上百部，依据弥勒的身份和角色不同，大致可以分为六类。

　　第一类是弥勒菩萨仅作为听法会众之一，宣讲内容与弥勒信仰大多无关，例如，唐代地婆诃罗所译《方广大庄严经》④、后秦鸠摩罗什所译《摩诃般若波罗蜜经》⑤ 等。

　　第二类经典为解说弥勒本生，或者弥勒以某一化身出现在佛本生故事中，如宋绍德慧询等译的《菩萨本生鬘论》⑥、西晋圣坚所译《佛说睒子经》⑦、西晋法炬所译《前世三转经》⑧。

　　第三类是弥勒菩萨于佛前发问或受教，如唐代不空所译《仁王护国般若波罗蜜多经》⑨、西晋竺法护所译《佛说济诸方等学经》⑩、隋代毗尼多流支所译《大乘方广总持经》⑪。

　　第四类经典中弥勒菩萨作为解惑者回答须菩提的提问，如，前秦昙摩蜱共竺佛念共译《摩诃般若钞经》⑫、后秦鸠摩罗什所译《小品般若波罗蜜经》⑬。

　　第五类经典通过佛的讲述明确了弥勒作为未来佛的身份，大致有两种引出模式，其一，较为隐晦，佛的本意在于告诉听法者"精进求道"在修行过程中的重要性，如西晋竺法护所译的《生经》⑭、传为东晋译出的《佛说菩萨本行

① [新罗]璟兴.无量寿经连义述文赞（3 卷）.大正藏，经疏部，第 37 册.
② "若是行法时。经日无验。又作随心曼荼罗。中央弥勒菩萨。左方法音轮菩萨。右大妙相菩萨。四方四大天王。尔时即我多闻于北方。如是行即成就。"（[唐]金刚智.吽迦陀野仪轨（3 卷）.大正藏，密教部，第 21 册）.
③ 王惠民.敦煌净土图像研究//佛光山文教基金会 编辑.中国佛教学术论典 81.高雄：佛光山文教基金会，2001：46-54.
④ [唐]地婆诃罗 译.方广大庄严经（12 卷）.大正藏，本缘部，第 3 册.
⑤ [后秦]鸠摩罗什 译.摩诃般若波罗蜜经（27 卷）.大正藏，般若部，第 8 册.
⑥ [宋]绍德 慧询等 译.菩萨本生鬘论（16 卷）.大正藏，本缘部，第 3 册.
⑦ [西晋]圣坚 译.佛说睒子经（1 卷）.大正藏，本缘部，第 3 册.
⑧ [西晋]法炬 译.前世三转经（1 卷）.大正藏，本缘部，第 3 册.
⑨ [唐]不空 译.仁王护国般若波罗蜜多经（2 卷）.大正藏，般若部，第 8 册.
⑩ [西晋]竺法护.佛说济诸方等学经（1 卷）.大正藏，法华部/华严部，第 9 册.
⑪ [隋]毗尼多流支 译.大乘方广总持经（1 卷）.大正藏，法华部/华严部，第 9 册.
⑫ [前秦]昙摩蜱共，竺佛念 译.摩诃般若钞经（5 卷）.大正藏，般若部，第 8 册.
⑬ [后秦]鸠摩罗什 译.小品般若波罗蜜经（10 卷）.大正藏，般若部，第 8 册.
⑭ [西晋]竺法护 译.生经（5 卷）.大正藏，本缘部，第 3 册.

经》①；其二，相对直接，旨在安抚修行者持续修行，称即使佛入灭了，还有弥勒佛下世来度，如传为东晋译出的《佛说古来世时经》②。此类经典中提到作为曾补处于兜率天的弥勒佛，已经包含有一些得度弥勒净土的法门，甚至弥勒净土的描述，如，后汉支娄迦谶所译《杂譬喻经》③、后秦竺佛念所译《出曜经》④。尤其是《大乘本生心地观经》，更直接宣说弥勒信仰，从弥勒的本生、本愿，到弥勒佛的定位，都有涉及。

> "尔时佛告五百长者。未来世中一切众生。若有得闻此心地观报四恩品。受持读习解说书写广令流布。如是人等福智增长。诸天卫护。现身无疾。寿命延长。若命终时即得往生弥勒内宫。睹白毫相超越生死。龙华三会当得解脱。十方净土随意往生。见佛闻法入正定聚。速成阿耨多罗三藐三菩提如来智慧。"⑤

第六类经典，一般统称为"弥勒六经"，分别为《佛说观弥勒菩萨上生兜率天经》《佛说弥勒下生经》《佛说弥勒下生成佛经》（一称弥勒受决经）、《佛说弥勒下生成佛经》《佛说弥勒大成佛经》和《佛说弥勒来时经》（表 3-2）。这六部佛经是弥勒信仰的核心内容，主要是佛详细讲说弥勒的事迹、描述其净土庄严以及得度法门等，其经文结构与西方净土类经典相似。

弥勒六经版本辨析（资料来源：自绘）　　　　表 3-2

名称	年代	译者	法经总录⑥	彦琮总录⑦	大周总录⑧	日本总录⑨
佛说观弥勒菩萨上生兜率天经（1卷）	刘宋	沮渠京声			一名弥勒上生经	√
佛说弥勒下生经（1卷）	西晋	竺法护	●	●一名弥勒成佛经	●一名弥勒成佛经	●
佛说弥勒下生成佛经（1卷）	后秦	鸠摩罗什	●一名弥勒受决经	●一名弥勒受决经	一名弥勒受决经	●
佛说弥勒下生成佛经（1卷）	唐	义净	尚未译出	尚未译出		√
佛说弥勒大成佛经（1卷）	后秦	鸠摩罗什	●		●	
佛说弥勒来时经（1卷）		失译	●			√

① 失译.佛说菩萨本行经（3卷）.大正藏，本缘部，第 3 册.
② 失译.佛说古来世时经（1卷）.大正藏，阿含部，第 1 册.
③ [后汉] 支娄迦谶 译.杂譬喻经（1卷）.大正藏，本缘部，第 3 册.
④ [后秦] 鸠摩罗什 译.出曜经（30卷）.大正藏，本缘部，第 3 册.
⑤ [唐] 般若 译.大乘本生心地观经（8卷）·卷二.大正藏，本缘部，第 3 册.
⑥ [隋] 法经 等撰.众经目录（7卷）.大正藏，目录部，第 55 册.
⑦ [隋] 彦琮 撰.众经目录（5卷）.大正藏，目录部，第 55 册.
⑧ [唐] 明佺 等撰.大周刊定众经目录（15卷）.大正藏，目录部，第 55 册.
⑨ [日] 安然 集.诸阿阇梨真言密教部类总录（2卷）.大正藏，目录部，第 55 册.

由表 3-2 依次可以了解以下内容：

（1）"弥勒六经"在中国译出的时间顺序，即下生经典早于上生经典，这也与这两类经典成书的时间顺序吻合[①]。

（2）版本关系。竺法护所译的《佛说弥勒下生经》、鸠摩罗什所译的《佛说弥勒下生成佛经》、义净所译的《佛说弥勒下生成佛经》以及鸠摩罗什所译的《佛说弥勒大成佛经》均属于弥勒下生经典，以鸠摩罗什所译的《佛说弥勒大成佛经》内容最为全面。

弥勒信仰包含了般若、三论、唯识的理论，总体看来应该属于中观学派的思想。"弥勒六经"宣扬的往生法门不外乎大乘佛教修习的主要内容——六度，即从现世此岸得度涅槃彼岸的六条途径，分别为布施、持戒、忍辱、精进、禅定、智慧。其中，对于相对容易施行的供养三宝的功德尤为重视，比如写经诵经、起塔建寺等，这就能够直接影响普通信众的宗教实践活动。弥勒信仰的往生法门在本质上与昙鸾之后西方净土信仰所推行的易行道并无二致，这也是弥勒经变随之流行的一个重要原因。总的来说，往生弥勒净土的法门并不执意于通过精进修禅获得决疑，但汉地佛教中弥勒信仰曾经经历了一个由禅观决疑到祈愿往生的转变过程。

弥勒信仰包括了对弥勒佛（菩萨）的信仰和对弥勒净土的祈愿。一方面，不论是弥勒佛还是弥勒菩萨，其本生中曾为转轮法王的经历及其"慈氏"命名中悲天悯人的情怀，为其赋予了一种救世主的世俗色彩，"愿我当来为多众生作诸利益。施与安乐。怜愍一切天人世间"[②]。另一方面，还可以发现，在弥勒下生经典中弥勒佛于末法乱世住持人间，渲染出与充满苦难的现实世界迥异的"弥勒佛国"。因此，在南北朝动荡不安的社会背景下，弥勒信仰空前兴盛，对现实生活的失望和恐惧促使人们将希望寄托于弥勒佛的救赎，即便不能往生弥勒净土，也可得遇龙华三会的福泽而安享人间盛世。

根据梁慧皎所著《高僧传》的记载，从东汉至 6 世纪初，笃信弥勒并祈愿兜率的高僧就有释道安[③]、释昙戒[④]、竺僧辅[⑤]、释慧览[⑥]、释道法[⑦]、释僧护[⑧]等。

---

① ［日］松本文三郎.张元林 译.弥勒净土论.北京：宗教文化出版社，2001：54.

② ［隋］阇那崛多 译.佛本行集经（60 卷）·卷一.大正藏，本缘部，第 3 册.

③ ［梁］慧皎.高僧传.卷五，大正藏，史传部，第 50 册.

④ ［梁］慧皎.高僧传·卷五，大正藏，史传部，第 50 册。释昙戒与法遇皆为道安之徒，曾与道安等八人发誓往生兜率天，有学者研究，一同宣誓的还有僧辅、道愿等同门弟子。（见陈勇.中国早期净土信仰研究——以梁《高僧传》为中心.[硕士学位论文].成都：四川大学，2007：32）

⑤ ［梁］慧皎.高僧传·卷五，大正藏，史传部，第 50 册.

⑥ ［梁］慧皎.高僧传·卷十一，大正藏，史传部，第 50 册.

⑦ ［梁］慧皎.高僧传·卷十一，大正藏，史传部，第 50 册.

⑧ ［梁］慧皎.高僧传·卷十三，大正藏，史传部，第 50 册.

考察这些发愿死后升入兜率天的高僧的师承关系可以发现，隋唐以前的弥勒信仰是以道安为主导的，道安所秉持的弥勒信仰是以向弥勒质询答疑为主的，祈愿上生至兜率天也是为了面见弥勒决疑①。

到了隋唐，尽管弥勒信仰日渐衰微，净土信仰也出现了以西方净土为主流的趋势，但诸多高僧摒除宗派之见都信仰弥勒，并祈愿往生弥勒净土，如，释彦琮②、玄奘③、释僧旻④、释昙衍⑤、释僧凤⑥、释玄景⑦、释智晞⑧、释灌顶⑨、释法诚⑩。可见往生弥勒净土的祈愿不论所秉承的佛学义理的差别，在僧俗中还是十分盛行的。就佛教实践而言，此时往生弥勒净土的"可行"方法不外两种，即"观想"和"念佛"。可以想见，"弥勒六经"中对净土佛国之所以言之甚详，也是为了信徒观想之便。

> "（佛告优波离）此名兜率陀天，十善报应胜妙福处。……。欲
> 为弥勒作弟子者。当作是观。作是观者应持五戒八斋具足戒身心精
> 进不求断结修十善法——思惟兜率陀天上上妙快乐。作是观者名为
> 正观。"⑪

可以认为，弥勒信仰的核心并不在于祈愿往生至弥勒菩萨等候成佛的兜率天宫（即一般所说的"弥勒净土"），更重要的是在弥勒下生成为佛后，能够追随弥勒佛或者经由龙华三会得度阿罗汉⑫后，与弥勒佛一起建设清净如佛国的人间净土"弥勒佛国"。

> "我今弟子付弥勒。龙华会中得解脱。于末法中善男子。一抟
> 之食施众生。以是善根见弥勒。当得菩提究竟道。"⑬

也就是说，祈愿往生弥勒净土其实是借助弥勒先获得自身的圆满觉悟以免堕入死生轮回中，然后还需要精进修为，最终达到涅槃界。

---

① 汤用彤.汉魏两晋南北朝佛教史.北京：北京大学出版社，2011：124–125.
　　任继愈.中国佛教史（第三卷）.北京：中国社会科学出版社，1988：601–602.
② [唐]释道宣.续高僧传·卷二.大正藏，史传部，第 50 册.
③ [唐]释道宣.续高僧传·卷四.大正藏，史传部，第 50 册.
④ [唐]释道宣.续高僧传·卷五.大正藏，史传部，第 50 册.
⑤ [唐]释道宣.续高僧传·卷八.大正藏，史传部，第 50 册.
⑥ [唐]释道宣.续高僧传·卷十三.大正藏，史传部，第 50 册.
⑦ [唐]释道宣.续高僧传·卷十七.大正藏，史传部，第 50 册.
⑧ [唐]释道宣.续高僧传·卷十九.大正藏，史传部，第 50 册.
⑨ [唐]释道宣.续高僧传·卷十九.大正藏，史传部，第 50 册.
⑩ [唐]释道宣.续高僧传·卷二十八.大正藏，史传部，第 50 册.
⑪ [刘宋]沮渠京声 译.佛说观弥勒菩萨上生兜率天经（1 卷）.大正藏，经集部，第 14 册.
⑫ 综合四部弥勒下生经典的经文，可知，此处"阿罗汉"是在最终得以解脱而面见诸佛之前的一个过渡阶段，根据明代一如等撰《三藏法数》，"梵语阿罗汉，华言无学。谓阿罗汉诸漏已尽，梵行具足，出现世间，开示四谛，令诸众生脱离生死，皆得无量义利安乐，是为众生之师范也。"
⑬ [唐]般若 译.大乘本生心地观经（8 卷）.大正藏，本缘部，第 3 册.

2. 弥勒经典中的弥勒净土

首先，弥勒净土并不能等同兜率天。大乘佛教中的兜率天被认为是专为补处菩萨所设的"中转站"，在兜率天的补处菩萨不会只有弥勒菩萨一位，但是最近一位将要下生成佛者为弥勒菩萨。根据《佛说观弥勒菩萨上生兜率天经》，其上诸天子为了供养补处菩萨而将各自的宝冠都分别化作诸多严饰珍宝的宫殿，所以，进一步推测兜率天可能被理解为是由诸多院落单元组成。

"尔时兜率陀天上。有五百万亿天子。一一天子皆修甚深檀波罗蜜。为供养一生补处菩萨故。以天福力造作宫殿。各各脱身栴檀摩尼宝冠。长跪合掌发是愿言。我今持此无价宝珠及以天冠。为供养大心众生故。此人来世不久当成阿耨多罗三藐三菩提。我于彼佛庄严国界得受记者。令我宝冠化成供具。如是诸天子等各各长跪。发弘誓愿亦复如是。时诸天子作是愿已。是诸宝冠化作五百万亿宝宫。一一宝宫有七重垣。一一垣七宝所成。一一宝出五百亿光明。一一光明中有五百亿莲华。一一莲华化作五百亿七宝行树。一一树叶有五百亿宝色。一一宝色有五百亿阎浮檀金光。一一阎浮檀金光中。出五百亿诸天宝女。一一宝女住立树下。执百亿宝无数璎珞。出妙音乐。时乐音中演说不退转地法轮之行。其树生果如颇黎色。一切众色入颇梨色中。是诸光明右旋婉转流出众音。众音演说大慈大悲法。一一垣墙高六十二由旬厚十四由旬。五百亿龙王围绕此垣。一一龙王雨五百亿七宝行树。庄严垣上。自然有风吹动此树。树相振触。演说苦空无常无我诸波罗蜜。"[①]

而弥勒下生成佛之时，人间已然成就极妙安乐的"弥勒佛国"，通过龙华三会使得众生即时就能享受到佛国净土的诸种福祉，如，龙王夜雨、夜叉扫地、树上生衣、一种七收、不净隐地、老人入墓等。

其次，与阿弥陀佛不同，严格来说，弥勒不能称作是兜率天的教主。弥勒是下生成佛的，其在兜率天的身份仍然为补处菩萨。

再次，"弥勒六经"中并没有包含弥勒建设净土，甚至发愿往生净土的本愿。按照有关大乘佛经的记述，兜率天并不是因弥勒而生的"净土"，只是在一些佛经中约略提到祈愿往生的内容，如隋代阇那崛多所译的《佛本行集经》中所言，弥勒菩萨尚为转轮圣王时，奉养善思如来，由是发出"愿我当来得作于佛"的誓愿。

综上可知，所谓"弥勒净土"，确指的应是以弥勒菩萨为代表的补处菩萨所居的兜率天和弥勒佛下生住法的人间佛国。弥勒净土这样的双重含义也最终

---

① [刘宋]沮渠京声 译.佛说观弥勒菩萨上生兜率天经（1卷）.大正藏，经集部，第14册.

决定了弥勒经变的内容和构图。

关于兜率天与弥勒净土还有另外一个需要辨正的观念，即所谓"内、外院"之说。"兜率天"一词是梵文 Tusita 音译与意译的结合，意为知足、妙乐。这一词语出现远早于佛教的创立，本是南亚次大陆古神话中诸神游乐的场所。一般佛学辞典的"兜率"辞条大多认为，原始佛教在此基础上将"兜率天"进一步分为"内、外"两院，"外院"仍延续了原有功能，成为普通天人的游乐之所，而"内院"因弥勒菩萨而成为欲界中的"弥勒净土"。然而通观"弥勒六经"，都没有明确提到其中的"内院"和"外院"。而仅可推知，或许每个补处至此的菩萨都有自己相对独立的院落，以便于集会说法。

总之，相较于西方净土信仰，弥勒净土信仰具有以下特点：

（1）就佛教宇宙观而言，兜率天与娑婆世界同属欲界，为欲界的第四重天，因此，位于兜率天的弥勒净土既迎合了信众死后升天的心理，又不像西方净土那样难以企及。

（2）往生愿景较为灵活。信众既可以自己发愿死后往生兜率天界的弥勒净土，也可以寄希望于弥勒佛下生人间。

（3）往生弥勒净土仅仅是避免了堕入死生轮回，还需要继续修行才能真正到达涅槃佛境。

依据《佛说观弥勒菩萨上生兜率天经》，弥勒净土的核心建筑应该是由牢度跋提大神为弥勒菩萨所造的善法堂，"我福德应为弥勒菩萨造善法堂。"[1] 根据对应佛经内容可知，善法堂应是一座有 49 层高的楼阁[2]，所在院落有四个门（应该分别对应四个方向），其中设八色琉璃渠，渠水分别从四个门流出院外，并且化作宝华，水中亦出宝华；还有"七宝大师子座"，高 4 由旬，宝座饰有宝华，光明四射。先不说 49 层的善法堂到底有多高，单就这个大师子座的高度就不可小觑。尽管对于"由旬"的具体度量也还没有定论，但大体 1 由旬也在 20 里以上，而且，《佛说弥勒下生经》中所记翅头城南北宽才 7 由旬，可以想见，这个大师子座非常之高。不过，大师子座是否在善法堂内并不确定。《佛说观弥勒菩萨上生兜率天经》在说到弥勒如何上升至兜率天成为补处菩萨时，写道："时兜率陀天七宝台内摩尼殿上师子床座忽然化生。于莲华上结加趺坐。"当然，这个弥勒化生而出的师子座与上面提到的"七宝大师子座"是否为同一个也不确定。

兜率天上可能还存在其他为菩萨说法所设的天宫，如"高幢宫"等。

---

① [刘宋] 沮渠京声 译 . 佛说观弥勒菩萨上生兜率天经（1 卷）. 大正藏，经集部，第 14 册 .

② 唐代般若所译《大乘本生心地观经（8 卷）》也有类似描述："为欲成熟诸众生。处于第四兜率天。四十九重如意殿。昼夜恒说不退行。无数方便人天。八功德水妙华池。诸有缘者悉同生。我今弟子付弥勒。龙华会中得解脱。于末法中善男子。一抟之食施众生。以是善根见弥勒。当得菩提究竟道。"（大正藏，本缘部，第 3 册）

"佛告比丘。前选菩萨所降神土。其兜术天有大天宫。名曰高幢。广长二千五百六十里。菩萨常坐。为诸天人敷演经典。于时菩萨适升斯宫。普告诸天。有经典名疗治众结终始之患。最后究竟上大高座。班宣正真。令诸法会听斯训诲。"①

"彼兜率天宫有一大殿。名曰高幢。纵广正等六十四由旬。菩萨尔时升此大殿。告天众言。汝当尽集听我最后所说法门。如是法门。名为教诫思惟迁没方便下生之相。"②

"尔时护明菩萨。观生家已。时兜率陀。有一天宫。名曰高幢。纵广正等。六十由旬。菩萨时时上彼宫中。为兜率天。说于法要。是时菩萨。上于彼宫。安坐讫已。"③

大约可知，这座高幢宫平面应为正方形，具体尺寸应在 60~64 由旬之间，其壮丽威严远在所有欲界宫殿之上，所有装饰、香氛、乐音、曼舞、护持等都无与伦比。在上述三部佛经中，均称这座华美宫殿是补处兜率天的菩萨向诸天众宣说法门的地方；而在新罗高僧璟兴所撰《无量寿经连义述文赞（3 卷）》中，高幢宫还是补处菩萨下生入胎的地方。

3.1.3 东方药师变的空间观念

1. 东方药师变的信仰基础

药师，其梵文为 Bhaiṣajyaguru，也称为药师佛、药师如来、大医王佛、药师琉璃光如来、十二愿王或医王善逝，意在施药除病，悬壶济世。药师佛还是东方净琉璃世界的教主，一般胁侍日光、月光二菩萨④，合称为"东方三圣"。

药师类经典主要指《药师琉璃光如来本愿功德经》，也简称为《药师如来本愿功德经》《药师本愿功德经》《药师本愿经》《药师经》等。篇幅不长，《大正藏》中收录有三个译本，分别为隋代达摩笈多译的《佛说药师如来本愿经（1 卷）》、唐代玄奘译《药师琉璃光如来本愿功德经（1卷）》、唐代义净译《药师琉璃光七佛本愿功德经（2 卷）》。达摩笈多在《佛说药师如来本愿经》的序中提到在其之前尚存刘宋慧简的译本，"昔宋孝武之世鹿野寺沙门慧简已曾译出在世流行"⑤，现已失传。一般所说的"五种汉译

---

① [西晋]竺法护 译. 佛说普曜经（8 卷）. 大正藏，本缘部，第 3 册.
② [唐]地婆诃罗译. 方广大庄严经（12 卷）. 大正藏，本缘部，第 3 册.
③ [隋]阇那崛多译. 佛本行集经（60 卷）. 大正藏，本缘部，第 3 册.
④ 胁侍组合还有观世音、大势至二菩萨，或以文殊、观音、势至、宝坛华、无尽意、药王、药上、弥勒等八菩萨为胁侍。（蒲正信 注. 药师经注释（佛典丛书）. 成都：巴蜀书社，2005：2）另外，帛尸梨蜜多罗译本中译作"日曜、月净"。
⑤ [隋]达摩笈多译. 佛说药师如来本愿经序. 大正藏，经集部，第 14 册.

本"中，还包括东晋帛尸梨蜜多罗翻译的《佛说灌顶七万二千神王护比丘咒经
（12 卷）》之卷十二《佛说灌顶拔除过罪生死得度经》。现存的这四个译本中，
以义净的译本最为详细，但以玄奘的译本最为流行，"具有密教性质，以说明
现实利益与净土往生之思想为其特质。"①

　　从《药师经》现存的这四个译本，大致可知药师信仰的主要内容。

　　（1）帛尸梨蜜多罗、达摩笈多和玄奘所译的三个版本基本相同，都包括了
药师佛十二大愿、药师净土庄严、修行法门、九横死、十二药叉大将等内容。
义净译本除了上述内容，加入了东方七佛的内容，在其中，药师佛所在的东方
净琉璃世界距离现世最远，其他六个佛国由远及近依次为善住宝海世界、法幢
世界、无忧世界、圆满香积世界、妙宝世界、光胜世界。

　　（2）从这四个现存的《药师经》译本可以看出，药师信仰的主要内容有
三个方面，其一是药师救济苦难众生的功德；其二是往生东方药师净土；其三
是药师信仰的修行法门。

　　（3）从义净译本和帛尸梨蜜多罗译本可以看出药师信仰的密宗性质，但
是，除了咒语这一秘密法门外，其他仍然是大乘佛教净土信仰所熟悉的内容，
这就使得药师信仰在显教和密教都被接受并传播。"不论净土或密教，佛或本
尊，其加持力最受重视。阿弥陀佛的愿力、药师如来的愿力，都极重要。而行
者对于佛或本尊的不可思议力，更需要具足充分的信心，绝不容许有丝毫的疑
念。密教的念咒和净土的念佛，都是以口发音声，作为修行的方便。"②从这个
角度来看，净土法门与密宗法门的关系还是很密切的。

　　（4）药师信仰所奉行的法门除了显、密两种念佛法门外，还有一些更为
具体而充满世俗意味的活动，比如燃灯、立幡、放生等。其中一些甚至成为传
统节日中的固定民俗活动，由此也能理解，药师信仰因其对现世苦难的救赎功
德而更容易普及流行。

　　尽管药师信仰在中国、朝鲜半岛和日本都十分流行，但是有关药师信仰
起源的研究仍存在很多问题。根据目前出土的药师造像和相关历史文献（包
括佛经写本）的情况，印度本土尚未发现药师造像和文字资料，这至少可以
说明，药师信仰在印度本土并未得到重视和广泛普及。近年来，有研究认
为，印度西北边境和中亚地区有可能是药师信仰的起源地③。而关于药师信
仰产生的时间，一般都认为应该在西方净土信仰和弥勒信仰之后。一方面，

① 蒲正信 注 . 药师经注释（佛典丛书）. 成都：巴蜀书社，2005：1.
② 蒲正信 注 . 药师经注释（佛典丛书）. 成都：巴蜀书社，2005：11—12.
③ 王惠民 . 敦煌净土图像研究 // 佛光山文教基金会 编辑 . 中国佛教学术论典 81. 高雄：佛光山文
　教基金会，2001：140.

《药师经》中对于药师净土的描述与西方净土的情况基本相同；另一方面，《药师经》及药师信仰中浓重的密教色彩也说明其产生较晚近。

通过对敦煌文献中《药师经》写本的研究可以发现，不晚于北朝时期敦煌就出现了药师信仰[①]。但是，直到隋代，药师信仰才进一步普及并流行起来，进而出现真正的药师经变。中唐以后，随着汉地佛教世俗化程度的加深，人们注重通过宗教达到对现世利益的护佑，药师信仰同观音信仰一起日益繁盛。此外，药师信仰与西方净土信仰和弥勒信仰比较，相对不太重视净土往生的内容。

2. 药师经典中的药师净土

东方药师净土，在《药师经》中称为"东方净琉璃世界""东方光胜世界"，位于距离娑婆世界以东"过十殑伽沙等佛土"的地方。以义净译本为例，有关药师净土庄严的描写如下：

> "有无量亿众不退菩萨之所围绕。安住七宝胜妙庄严师子之座现在说法。曼殊室利。彼佛国土清净严饰。纵广正等百千逾缮那。以赡部金而为其地。平正柔软气如天香。无诸恶趣及女人名。亦无瓦砾沙石棘刺。宝树行列花果滋繁。多有浴池皆以金银真珠杂宝而为砌饰。曼殊室利。彼国菩萨皆于七宝莲花化生。是故净信善男子善女人。皆当愿生彼佛国土。"[②]

从中可知，药师净土与西方净土的性质、景观基本相同。首先，药师净土的教主是已成佛的药师佛，其次，药师净土上同样遍布水池，池中也有化生。可能是由于药师信仰产生之时西方净土信仰和弥勒净土信仰已经比较流行，因此，《药师经》对东方药师净土的描述相对比较简单。这不仅可以从现存四个《药师经》的译本中有关药师净土庄严的篇幅长短看出，而且，在《药师经》中也不止一次拿西方净土或兜率天宫进行类比，甚至在修行法门部分还直接提到往生西方净土。

> "然彼佛土纯一清净。无诸欲染亦无女人及三恶趣苦恼之声。以净琉璃而为其地。城阙宫殿及诸廊宇轩窗罗网皆七宝成。亦如西方极乐世界功德庄严。"[②]

> "若能受持八支斋戒。或经一年或复三月。受持学处。以此善根愿生西方极乐世界见无量寿佛。"[②]

由此也可以推测出，药师信仰对西方净土的推崇和引用，至少有利于其早期的传布和普及，同时，也可以在一定程度上弥补《药师经》在建设净土庄严方面的不足。

---

① 王惠民.敦煌净土图像研究//佛光山文教基金会 编辑.中国佛教学术论典 81.高雄：佛光山文教基金会，2001：181–183.

② [唐]义净 译.药师琉璃光七佛本愿功德经.大正藏，经集部，第 14 册.

3.1.4　其他经变反映的空间观

除了上述三种以外，华藏世界也是汉地佛教中常见的佛国净土之一，以较为流行的唐代实叉难陀所译八十卷本《大方广华严经》为例，其第八至十卷为"华藏世界品"，主要宣说华藏世界的种种庄严。从所占篇幅来看，《大方广华严经》对于华藏世界的构建甚至远比西方净土、弥勒净土、药师净土都完备，其宣扬的"华藏庄严世界海"包含了不可遍数的诸种山、海、大地以及地上所能有的净土庄严，此净土与前述三种主要净土并没有太大的差别，但是，此佛国世界明显更为宏阔，是由诸多层级分明但内容完备的子世界组成的，并环环相扣，无穷无尽，几乎可以称得上是佛教对整个宇宙结构的总说。《华严经》对"华藏世界"的完整定位，决定了其不可能局限于"一佛一净土"的细节描述上。

> "此华藏庄严世界海，是毗卢遮那，如来往昔于世界海微尘数劫修菩萨行时，一一劫中亲近世界海微尘数佛，一一佛所净修世界海微尘数大愿之所严净。……。一切世界所有庄严，悉于中现。十宝阶陛，行列分布；十宝栏楯，周匝围绕；四天下微尘数一切宝庄严芬陀利华，敷荣水中；不可说百千亿那由他数十宝尸罗幢，恒河沙数一切宝衣铃网幢，恒河沙数无边色相宝华楼阁，百千亿那由他数十宝莲华城，四天下微尘数众宝树林——宝焰摩尼以为其网，恒河沙数栴檀香，诸佛言音光焰摩尼，不可说百千亿那由他数众宝垣墙，悉共围绕，周遍严饰。……如是十不可说佛刹微尘数香水海中，有十不可说佛刹微尘数世界种，皆依现一切菩萨形摩尼王幢庄严莲华住，各各庄严际无有间断，各各放宝色光明，各各光明云而覆其上，各各庄严具，各各劫差别，各各佛出现，各各演法海，各各众生遍充满，各各十方普趣入，各各一切佛神力所加持。此一一世界种中，一切世界依种种庄严住，递相接连，成世界网；于华藏庄严世界海，种种差别，周遍建立。"[①]

在莫高窟遗存的经变壁画中，除了净土变相常常以大型建筑作为背景外，还有一些经变虽然非净土变相，但是也具有相似的图像特征，如金光明经变、报恩经变、思益梵天请问经变、天请问经变以及密严经变等。还有第61窟所存的五台山图虽然不能算是经变壁画，但其中描绘了多座布局精炼但相对完整的佛寺，而且这些佛寺都有明确的名称，其中不乏至今仍可循迹的，这也是可资利用的研究材料。

---

① ［唐］实叉难陀 译．大方广华严经（80卷）·华藏世界品．大正藏，法华部/华严部，第10册．

目前公布的莫高窟所存上述这些非净土变相壁画，所依据的具体佛经各不相同，但大多数的汉译本出现时间较前述三类主要净土所依据的佛经汉译本晚近，其对应经变的出现时间也相应较晚（见表 3-3）。

绘有建筑背景的莫高窟其他经变壁画简要情况（资料来源：自绘）　　　表 3-3

经变类型	依据佛经	译本	出现时期	经变数
密严经变	大乘密严经	[唐]地婆诃罗	归义军时期	4
		[唐]不空		
金光明最胜王经变	金光明最胜王经（10卷）	[唐]义净	吐蕃时期至归义军时期	9
金光明经变	金光明经（4卷）	[北凉]昙无谶	隋至初唐	2
	合部金光明经（8卷）	[隋]宝贵合		
报恩经变	大方便佛报恩经（7卷）	失译	盛唐至归义军时期	32
天请问经变	天请问经（1卷）	[唐]玄奘	盛唐至归义军时期	31
思益梵天请问经变	思益梵天所问经（4卷）	[后秦]鸠摩罗什	吐蕃时期至归义军时期	12

下面简述相关的佛教信仰及对应佛经的主要内容。

（1）莫高窟密严经变所依据的佛经为《大乘密严经》，为汉地佛教中的唯识宗[①]和禅宗所重视。《大正藏》中存有其汉译本两种，分别为唐代地婆诃罗所译《大乘密严经》（3 卷）[②]和唐代不空所译《大乘密严经》（3 卷）[③]，讲述了释迦佛在密严世界之中，"出帝雷光妙庄严殿，与诸菩萨入于无垢月藏殿中，升密严场师子之座"[④]，展现神通瑞像，并开演宣说"如来藏"的法会。此经重点为阐述"如来藏"和"阿赖耶识"的意义，所以，对于密严佛土的描述并不在于其具体的庄严殊胜，而是此佛土的种种利好以及相应的修行法门。

（2）金光明经变与金光明最胜王经变在本质上都是依据了同一部佛教原典，但因较为复杂的传译过程而导致的版本差异才表现为两种经变。一般认为，最早传入中国的是其中的若干章节（品），其经汉译后以单行本的形式流通，收录于《大正藏》的有北凉昙无谶所译《金光明经》。后来屡有译经高僧不断

① 唯识宗，即法相宗。唐代玄奘及其弟子窥基创立。窥基常住慈恩寺，故唯识宗又称"慈恩宗"。由分析法相而表达"唯识真性"，故称"法相唯识宗""唯识宗"。自称继承印度弥勒和无著、世亲的瑜伽行派学说，故提倡弥勒信仰。所依典籍号称"六经十一论"，以玄奘编纂的《成唯识论》为该宗的代表性著作。（樊锦诗 主编 . 禅宗经典故事 . 上海：华东师范大学出版社，2010：156）

② [唐]地婆诃罗 . 大乘密严经（3卷）. 大正藏，经集部，第 16 册 .

③ [唐]不空 译 . 大乘密严经（3卷）. 大正藏，经集部，第 16 册 .

④ [唐]不空 译 . 大乘密严经（3卷）· 密严道场品 . 大正藏，经集部，第 16 册 .

把散落的章节汇集到一起，这就出现了多品结集的不完全版《金光明经》，如有隋代宝贵和所译的《合部金光明经》，最后才由唐代的义净整本译出，即十卷本的《金光明最胜王经》，共含三十一品，其中包含了不少忏悔、灭除业障、疾病等护佑现世利益的内容。但是，还应该注意到的是《金光明经》和《金光明最胜王经》在镇护国家方面的意义，其中"诸天护世"、"正法护国"等思想及对应仪轨都曾十分流行，甚至有"镇护国家三经之一"的说法。

（3）通过对敦煌遗书和思益梵天请问经变壁画的研究[①]，一般认为敦煌地区流传的《思益梵天所问经》即是收录于《大正藏》中由鸠摩罗什于后秦弘始四年（公元 402 年）翻译的四卷本[②]。此经主要在于阐释"诸法空寂"的教义，是大乘佛教空宗所秉持的重要经典之一。

另外，《思益梵天所问经》所述的"网明功德庄严国土"，也约略提到这样的境界。

> "是其佛国土。以真栴檀宝为地。地平如掌。柔濡细滑如迦陵伽衣。处处皆以众宝庄严。无三恶道亦无八难。其国广长皆以妙宝莲华色香妙好以为校饰。……彼佛国土无有女人。其诸菩萨皆于宝莲华中。结加趺坐自然化生。以禅乐为食。诸所须物经行之处。房舍床榻园林浴池。应念即至。"[②]

（4）报恩经变所依据的佛经为《大方便佛报恩经》，其"序品"中，佛分别变化出东方上胜世界严盛国、南方光德世界善净国、西方净住世界妙喜国、北方自在称王世界离垢国，但是所描绘的场景完全相同。

> "其土平正琉璃为地。黄金为绳以界道侧。七宝行树。其树皆高尽一箭道。花果枝叶次第庄严。微风吹动出微妙音。众生乐闻无有厌足。处处皆有流泉浴池。其池清净金沙布底。八功德水盈满其中。其池四边有妙香花。波头摩花。分陀利花。跋师迦花。青黄赤白。大如车轮而覆其上。其池水中异类诸鸟相和而鸣。出微妙音甚可爱乐。有七宝船亦在其中。而诸众生自在游戏。其树林间敷师子座。高一由旬。亦以七宝而校饰之。复以天衣重敷其上。烧天宝香。诸天宝花遍布其地。"[③]

（5）《天请问经》是天请问经变的绘制依据，仅存一种汉译本[④]，即唐代玄奘法师的译本。《天请问经》是以天神问、佛陀答的形式对大乘佛教的基本教义，如四谛、六度、持戒等进行阐释，全文篇幅较短，偈颂的文体形式更使其朗朗

① 樊锦诗 主编 . 禅宗经典故事 . 上海：华东师范大学出版社，2010：117.
② [后秦] 鸠摩罗什 译 . 思益梵天所问经（4 卷）. 大正藏，经集部，第 15 册 .
③ 失译 . 大方便佛报恩经（7 卷），大正藏，本缘部，第 3 册 .
④ [唐] 玄奘 . 天请问经（1 卷）. 大正藏，经集部，第 15 册 .

上口，因此也为唯识宗所推崇。

总体来看，在敦煌莫高窟中，以大型建筑组群来描绘有关佛国净土的经变壁画虽然并不局限于净土变相，但在遗存数量和艺术成就两方面，净土变相都处于绝对主导地位。由于净土变相所依据的佛经对于净土庄严的表述也是最完备的，不仅有建设净土的本愿，还有建成净土的完备表述。与之相比，其他经变所依据的佛经大多仅有分散而简单的境界描写，甚至完全没有相关内容，因此，莫高窟其他经变中的净土场景也几乎都可在净土变相中找到相应图像原型，可见，净土信仰所传达的净土空间意象影响之大。

3.2 经变壁画的空间表达

3.2.1 隋代至归义军时期莫高窟经变壁画

莫高窟的净土变相自隋代始见，隋唐时期是佛教实现中国化的重要时期，而同期莫高窟壁画中的经变画在遗存数量、表现手法等方面恰恰达到艺术的顶峰。到了归义军时期，其净土变相整体数量大幅减少。至西夏时，观无量寿经变与弥勒经变都已不存，仅余简略净土变，画风呆板程式化，不复隋唐时期之艺术旨趣，一般被认为只是出于宗教装饰的需要而进行的一种机械的重复，并不能反映当时的佛教信仰状况。另外，隋代至归义军时期以后，莫高窟有关实物遗存数量相对较少，且现存布局规模大多已不完整，这也使得基于隋代至归义军时期敦煌净土变相的佛寺布局研究更具实践意义（表 3-4）。

敦煌莫高窟经变时间分布统计　　　　　　　表 3-4

时代	周	隋	初唐	盛唐	吐蕃	归义军	西夏	元	不明
总数	2	29	39	69	180	495	83	3	1
净土变数	0	10	23	43	88	164	71	0	0
比例（%）	0	34.5	59.0	62.3	48.9	33.1	85.5	0	0

注：本表根据表 3-1 绘制。

公元 6~11 世纪佛教寺院尽管较少有直接的实物遗存，但是，约占同时期经变壁画总量近半数的莫高窟净土变相，提供了宝贵的佛教建筑图像资料。大多数净土变相以丰富的建筑形象为背景来描绘净土世界的恢弘场景，这不仅是出自对佛经义理的解读，而且，以写实见长的唐宋画风使得其更可能理解为是对于作为人间佛国的佛寺的写仿。梁思成先生也曾指出敦煌壁画"是次于实物的最好的、最忠实的、最可贵的资料。"[1]

---

[1] 梁思成. 敦煌壁画中所见的中国古代建筑 // 梁思成. 梁思成全集. 第一卷，北京：中国建筑工业出版社，2001：129.

1. 以净土变相为主线的发展分期特点

莫高窟的净土变相主要有三种，即西方净土变、东方药师经变和弥勒经变，此外，还有一种简略的"净土变"，主要出现在归义军时期之后，不在本文讨论范围内。

由表 3-5 可以看出，三种西方净土变的发展具有此消彼长的特点。无量寿经变最早出现，并且在隋代和初唐时期也以无量寿经变为多。到了盛唐，观无量寿经变在莫高窟大量涌现，而无量寿经变则迅速萎缩。尽管《无量寿经》较《观无量寿经》而言篇幅长内容全，但从观想、礼拜的功能要求和适宜表现性来说，观无量寿经变无疑更具有优势，从这个角度而言，也可以认为无量寿经变并不是真正萎缩了，而是融入了新兴的观无量寿经变之中。总体看来，在初唐才出现的观无量寿经变可以称得上是西方净土变的主体，其所反映的构图形式和入画内容代表了西方净土变的整体水平，对其他经变壁画亦颇有启发。阿弥陀经变虽然在数量上不多，但在初唐曾经相对盛行，到了盛唐，可能由于观无量寿经变的强势发展[①]，阿弥陀经变并没有继续初唐的发展态势。不过，可以看到除了隋代，在各个阶段阿弥陀经变都有遗存；无量寿经变尽管出现较早，总量却较少。

东方药师经变直到吐蕃时期才开始大规模兴起，到归义军时期达到发展的高峰，甚至在数量上均超过了其他两种净土变相。这是由于敦煌佛教后期逐渐完成社会化进程，一般信徒对于现世利益的关注逐渐加重，而药师信仰不仅有往生净土的内容，也有切实的对现世利益的护佑。

从汉地佛教的发展来看，弥勒信仰在经历了南北朝的高峰后，随着西方净土信仰的繁盛，在汉地佛教净土信仰中不再具有主导地位，但是，信仰弥勒并祈愿往生弥勒净土的高僧文人不绝于缕。弥勒信仰这种稳定而持续的发展特点在莫高窟的弥勒经变中也得到了相应的体现，就表 3-5 而言，弥勒经变虽然在各个分期所遗存的数量都不算最多，但一直保持稳定的增长。

简略的"净土变"虽然自初唐便时有出现，但在隋代至归义军时期的莫高窟净土变相中，现存数量最少，直到西夏才大量出现，反映出净土变相的艺术高峰已经过去，除个别洞窟的"净土变"遗存还有唐代余风外，其余的皆格式化严重，诸如楼台亭阁、七重行树、鸟宣道法等均不见，满壁都是坐在莲花上的菩萨。

---

① 这一西方净土变发展历程中的转折，可能也折射出在西方净土信仰发展的过程中，"净土三经"的盛行情况。"唐代是西方净土信仰弘扬壮大时期，在莫高窟，入唐以后，很快受到中原狂热信仰《观无量寿经》的影响，故敦煌现存唐代阿弥陀经变不多。"（施萍婷 主编 . 敦煌石窟全集 5：阿弥陀经画卷 . 香港：商务印书馆（香港）有限公司，2002.3：69）

隋代至归义军时期莫高窟净土变相数量统计[①]   表 3-5

经变分类	隋代	初唐	盛唐	吐蕃时期	归义军时期	合计
无量寿经变	1	8	3	0	4	16
阿弥陀经变	0	7	4	7	19	37
观无量寿经变	0	1	21	34	28	84
东方药师经变	4	2	2	22	61	91
弥勒经变	8	10	15	26	42	101
简略净土变	0	2	1	4	16	23
合计	13	30	46	93	170	352

2. 以净土变相为代表的图像构成

从所描绘的图像类型来看，以净土变相为主的莫高窟经变壁画中与殿阁配置、院落布局有关的图像元素大致有两种，以第 148 窟东壁所绘盛唐时期的观无量寿经变（图 3-1）为例，其一是建筑类图像元素，主要是出现于画面上部的较为具体的中国传统建筑形象；其二是水池、平台、连桥等景观类图像元素，大大小小、不同内容的人物形象组合以阿弥陀佛为构图中心分布于大

图 3-1　观无量寿经变 盛唐 莫高窟第148窟 主室东壁

（资料来源：施萍婷 主编. 阿弥陀经画卷（敦煌石窟全集 5）. 香港：商务印书馆（香港）有限公司，2002：188-189）

<hr>

① 本表主要以上文所引施萍婷先生关于莫高窟经变画的统计表（见表 3-1）为基础，结合施萍婷、李玉珉、蔡伟堂、王惠民等相关学者近年来的最新研究成果绘制而成，需要说明的是，正如无量寿经变从阿弥陀经变中分离出来一样，关于敦煌经变画的定名尽管已经基本完成，但是，由于新的样本或其他来源的图像证据的不断涌现和相关研究的深入，本表所反映的数据只能是阶段性的和动态变化的。

小不等、形状各异的水中平台上。绝大多数成熟时期的净土变相的内容元素都符合上面的描述。

从画面比例来看，净土变相所描绘的景观类元素往往所占画面比重较大，但其主要是为了反映净土类佛经中莲池化生的佛国净土意象而产生的，水池中大多有莲华、化生等图像，而台榭上则布满主尊佛、胁侍菩萨、弟子、天人等听法会众。因此，这类图像元素对于现实佛寺布局的反映很有限，至少还有待更多的考古发掘成果来佐证。另外，景观类图像元素随意性比较大，更多的可能是出于艺术表现的需要，而本文研究所关注的殿阁配置还有赖于其中建筑类元素的表现。

在第 148 窟的这铺观无量寿经变的建筑类图像元素中，可以清晰地辨别出以下具体建筑类型：单层庑殿顶佛殿、两层庑殿顶楼阁、两层歇山顶楼阁、圆形攒尖顶亭阁、单层两坡顶连廊。

结合对隋代至归义军时期净土变相的总体考察，从建筑类元素能得到如下信息：

（1）居于主轴线上的"正殿"，虽然单层和双层都有可能，但一般来说，其屋顶形式都是庑殿顶，开间数多为三开间或五开间，盛唐以后，殿挟屋的形式时有出现。而且，即使是与周边相对次要的建筑形象在开间数目上是相同的，"正殿"的整体形象也要显得大很多，这可能是画师出于表现重点的考虑。

（2）主轴线两侧的"配殿"绝大多数都是双层歇山顶楼阁式佛殿，单层配殿的形象主要出现在归义军时期，而且实例也很少，这或许反映出某种佛寺院落中建筑类型配置的一种演变过程。也就是说，一般看来，佛寺院落在从最初的以塔为中心转变为现在我们熟识的"一正两厢"模式的过程中，除了存在殿前两侧设置双塔的过渡时期，还可能在隋及唐前期有过相当长一段时间的"一殿两阁（楼）"的配置模式。

（3）连廊无疑是莫高窟净土变相中不可或缺的建筑类图像元素，尤其是在初唐以后。经变壁画中的连廊图像，以直线并且垂直转折的形象居多，也有斜交直线廊或弧形廊；大多用来与主要建筑形象相连，为主尊说法场景提供一个半围合的建筑背景；也有进一步向两侧延伸，暗示出可能存在于主轴线两侧的次要轴线序列上的院落；只在弥勒经变的上生部分和天请问经变才会出现连廊封闭成的完整院落形象；基本上都是不设置侧面围合结构的半室外式连廊，少见全室内的廊屋形象。

（4）还有一些分布更为灵活的图像元素，主要表现为平面形状多变但建筑面积较小的亭台楼榭的形象，或者独立出现，或者出现在连廊的转角等位置。这种建筑类图像元素连同景观类元素一起，在艺术表现上更容易烘托出仙境般的净土世界。

　　总之，经变画是依据某种（类）佛经绘制而成以便更为生动、形象地传达某种佛教义理的佛教美术类型。以净土变相为主的莫高窟经变壁画中包含了大量同时期的建筑图像，尤其是以恢弘的建筑组群为画面背景的净土变相等经变可能反映着特定佛教信仰的空间观，其具体建筑形象应该源自当时的佛教寺院，甚至常被看作是对当时佛寺的记录。同时，莫高窟现存经变画的数量较多，尤其以净土变相所占比重最大，并且在时间分布上较为连贯，作为本文的主要研究对象具有较好的史料完整性。

3.2.2　西方净土变的图像特点

　　莫高窟现存的阿弥陀经变、无量寿经变和观无量寿经变合称为"西方净土变"（或简称"西方变"），这也是中国绘画史中常见的绘画题材[①]。西方净土变也是莫高窟三种主要净土变相中数量最多的一类，如图 3-2 所列，本研究时间范围内所存的阿弥陀经变 37 铺，无量寿经变 16 铺，观无量寿经变 84 铺，合计 137 铺，占这一时间段净土变相的 38.9%。

图3-2　隋代至归义军时期三类西方净土变的分布示意图

（资料来源：自绘）

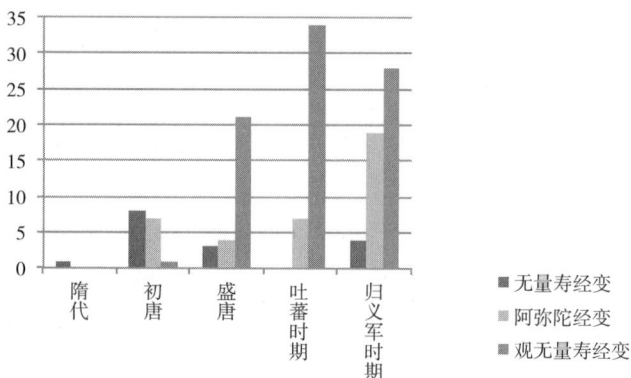

　　三种西方净土变分别依据"净土三经"之一绘制。最早被定名的是观无量寿经变，因为观无量寿经变主要以画面中是否描绘"十六观"和"未生怨"来判定，这一图像特征明确而显著。早期研究曾将阿弥陀经变和无量寿经变统称为阿弥陀经变，近年来，施萍婷先生首先提出以"化生"图像为辨别特征，进一步将无量寿经变从阿弥陀经变中分离出来。[②] 当然，无量寿经变和观无量寿经变所依据的两经皆可以有三辈九品往生的内容，所以这两种西方净土变都会绘有"化生"图像。

[①] 在《贞观公私画史》（唐代裴孝源著）、《历代名画记》（唐代张彦远著）、《图画见闻志》（北宋郭若虚著）、《益州名画录》（北宋黄休复编）、《宣和画谱》（北宋官方编撰）等著名画论、画录中均可见以"西方净土变"或"西方变"统称分别依据"净土三经"绘就的三种变相。

[②] 施萍婷 主编 . 敦煌石窟全集 5：阿弥陀经画卷 . 香港：商务印书馆（香港）有限公司，2002：18.

"净土三经"入画内容比较（资料来源：自绘）　　　表 3-6

经名	说法地点	可入画内容
无量寿经	佛在王舍城耆阇崛山为阿难说	四十八愿、极乐景观、三辈往生、阿弥陀佛在讲堂内说法、阿弥陀佛有弟子及二大菩萨等。
阿弥陀经	佛在舍卫国祇树给孤独园说，是释迦牟尼佛惟一的一部不请自说的经典	极乐景观、楼阁说法、阿弥陀佛有弟子、无观音大势至菩萨、无九品往生或三辈往生
观无量寿经	佛在王舍城所说	十六观、未生怨、楼阁说法、化佛冠的观音与宝瓶冠的大势至、一化佛二化菩萨、九品往生、弟子

阿弥陀佛造像应在不早于南北朝后期才逐渐流行起来的，直到唐代达到高峰。西方净土变的发展轨迹也大致如此。

　　"（极乐净土之变相）北齐以后，就有阿弥陀五十菩萨像，即五通曼陀罗，到处为人所转画。如前述真福寺本戒珠想中记述：中印度阇那达摩，赍持阿弥陀佛及二十五菩萨像图来朝中国。然至唐代，基于观经等说，不独有弥陀及诸菩萨像，而有绘画净土宝地、宝池、宝树、宝楼阁等庄严之风气。"[1]

根据历史文献记载，可以确知在唐代净土宗高僧善导之前就已经存在较为成熟的西方净土变，"唐朝善导禅师姓朱。泗州人也。少出家。时见西方变相叹曰。何当托质莲台栖神净土。及受具戒"[2]，而莫高窟的北朝壁画中也已见阿弥陀说法图。

一般认为，隋代是敦煌壁画重要的转折时期，从总体的壁画题材、构图形式和绘画风格来说，都出现了深刻影响后代的新变化。其中，最主要的标志之一就是构图简单、内容单一的经变画开始出现，如第 393 窟西壁的无量寿经变（图 3-3），这也是莫高窟西方净土变的发端。

真正的西方净土变则是到隋代才出现。进入初唐，西方净土变已经有通壁大画留存，虽然这时的西方净土变形式多变，但随意性还比较大，尚处于一种新类型产生后的尝试阶段。有研究将西方净土变的画面，以无量寿经变为例，对照《佛说无量寿经》分为"虚空段、宝楼阁段、三尊段宝池段、宝地段、宝树段。"[3] 其实，所有西方净土变的主要表现内容均不外乎两个，其一为西方净土庄严，其二是三辈九品往生，而观无量寿经变则又加入了未

---

[1]　[日] 望月信亨 . 中国净土教理史（世界佛学名著译丛 51）. 释印海 译 . 台北：华宇出版社，1986：172.

[2]　往生西方净土瑞应传（1 卷）. 大正藏，史传部，第 51 册 .

[3]　施萍婷 主编 . 敦煌石窟全集 5：阿弥陀经画卷 . 香港：商务印书馆（香港）有限公司，2002：31.

图3-3 无量寿经变 隋
莫高窟第393窟 主室西壁
（资料来源：施萍婷 主
编 . 阿弥陀经画卷（敦煌石
窟全集5）. 香港：商务印
书馆（香港）有限公司，
2002：20）

生怨和十六观。成熟阶段的西方净土变主要以向心式构图为主，中心为佛说
法群像，后部半环抱着气势宏大的佛寺建筑背景，外围周边布置"未生怨"、
"十六观"等其他内容。吐蕃时期出现了屏风式观无量寿经变，同时在入画
内容上新增了"未生怨因缘"故事。而至归义军时期，西方净土变在内容和
形式方面都未见大的创见，逐渐落入了程式化的窠臼，艺术旨趣不复前代的
辉煌。

在莫高窟三种净土变相中，西方净土变最早摸索出成熟的构图形式和明
确的表现内容，并启发了其他许多经变壁画的构图模式。

如，"由无量寿经变和阿弥陀经变开创的向心式构图，被其他经变广泛吸
收，还逐渐取代早期本生因缘故事画的长卷式构图，成为敦煌经变画的主流。
而说法图佛居核心，宣讲佛法这一取自西方净土诸经变的元素，更成为敦煌唐
以后几乎每铺经变必有的画面。"[1]

又如，"自148窟开始的药师经变，构图形式几乎全取观无量寿经变，甚
至出现局部内容（主尊像、乐舞、建筑）完全一样的情况。"[2]

3.2.3 弥勒经变的图像特征

莫高窟现存的弥勒经变，在本文研究时间范围内共计有 101 铺，占这一
时间段净土变相的 28.7%（表3-5）。根据所据佛经类型不同，弥勒经变可分
为两种，即弥勒上生经变和弥勒下生经变。但是莫高窟现存的弥勒经变很少能

---

① 施萍婷 主编 . 敦煌石窟全集 5：阿弥陀经画卷 . 香港：商务印书馆（香港）有限公司，2002：16.
② 王惠民 . 敦煌净土图像研究 // 佛光山文教基金会 编辑 . 中国佛教学术论典 81. 高雄：佛光山文
教基金会，2001：369.

截然分出整铺的上生经变或下生经变，大多数都是自初唐就开始出现的上下生合绘的构图模式。

　　弥勒经变的上生部分主要依据刘宋的沮渠京声所译《佛说观弥勒菩萨上生兜率天经》而绘，描述了还未成佛的弥勒菩萨在兜率天宫中以补处菩萨的身份说法的场景。而弥勒经变的下生部分则根据弥勒下生经典将龙华三会浓缩展现为三身佛说法图，并且辅以下生经典中有关"弥勒佛国"的种种事迹，整体画面感觉与同时期的西方净土变十分相似。常见出现于莫高窟弥勒经变中的下生故事画帧主要包括女子五百岁出嫁、龙王夜雨、夜叉扫地、老人入墓、树上生衣、一种七收、国有七宝、路不拾遗、入胎及诞生、婆罗门拆幢、降魔、剃度、拜见迦叶、入城乞食等内容。

　　根据现有对莫高窟弥勒经变内容的辨析，可知其依据的弥勒下生经典涵盖了前述"弥勒六经"中的四部，即竺法护版、鸠摩罗什的两个版本和义净版本。由前面的版本研究已经知道，这些译本属于同本异译，主要框架和内容大致相同，但具体情节略有增减，以此为线索就可以确知各铺弥勒经变的下生部分所依据的具体佛经译本。如，竺法护译本中没有婆罗门拆幢、老人入墓、一种七收、弥勒出世等细节；鸠摩罗什《佛说弥勒下生经》中没有老人入墓、弥勒出世七步莲花；义净译本中没有龙王夜雨、夜叉扫地；鸠摩罗什《佛说弥勒大成佛经》中没有老人入墓、树上生衣。"初唐，皆据竺法护译本；盛唐，大多据竺法护和鸠摩罗什译本，又别据义净译本；中唐以后，基本依据义净译本。画面情节与榜题均可资证。"[①] 而且，莫高窟弥勒经变所依据的弥勒经典随年代的变化规律，与对应经典的译出年代恰好吻合。

　　莫高窟的现存弥勒经变最早出现于隋代，以弥勒上生经变为主，且上生与下生内容独立成画，未见组合构图的形式。此时的弥勒上生经变主要描绘弥勒菩萨在兜率天内院的大殿中说法的场景，现存 7 铺，大多绘于各窟主室窟顶，这可能是考虑了弥勒上生经所发生的地点为兜率天而特意为之的。以第 423 窟所见的弥勒上生经变（图 3-4）为例，弥勒皆着菩萨装，胁侍多为菩萨、天人，未见弟子，可能与此时的弥勒还尚未成佛有关。就其中表现的建筑形象而言，皆为一座中央大殿，有时两侧还分别会有体量较小的配殿。中央大殿的建筑形制大多为两侧楼阁样殿挟屋夹中间一高殿，弥勒菩萨端坐高殿中央，高殿的单层高度与两侧紧邻的殿挟屋总高相当，与前述弥勒经典中提到的"善法堂""高幢宫"的描述并不一致。

　　隋代的弥勒下生经变仅存 1 铺，在第 62 窟北壁，以一佛二菩萨二弟子的

---

① 李永宁，蔡伟堂 . 敦煌壁画中的弥勒经变 / 敦煌研究院 . 敦煌研究文集 · 敦煌石窟经变篇 . 兰州 ：甘肃民族出版社，2000 ：302.

图3-4　弥勒上生经变
隋 莫高窟第423窟 主室
窟顶西披
（资料来源：王惠民 主
编．敦煌石窟全集6：弥
勒经画卷．香港：商务印
书馆（香港）有限公司，
2002：34-35）

说法图为主，两侧还有魔王劝化和拜会迦叶的内容，可能是依据鸠摩罗什所译
《佛说弥勒下生成佛经》所绘。[①]

　　从初唐开始，莫高窟弥勒经变基本都为上生与下生合绘的构图模式，上
生部分绘于上部，占据相对稍小些的画面，下部相对较大的画面是以弥勒三会
为特征的下生部分。具体来说，上生部分大致有两种画法，其一，仍延续隋代
弥勒上生经变的表现手法，描绘了弥勒菩萨在兜率天殿内说法的场景，例如
莫高窟第 329 窟主室北壁的弥勒经变（图 3-5）；其二，将前一种说法图简化
为殿与阁的建筑组群来代表兜率天上的弥勒净土，人物形象退居建筑之后，例
如莫高窟第 341 窟主室北壁的弥勒经变（图 3-6）。此时的下生部分较隋代

图3-5　弥勒经变 初唐
莫高窟第329窟 主室北壁
（资料来源：王惠民 主编．
敦煌石窟全集6：弥勒经
卷．香港：商务印书馆（香
港）有限公司，2002：48）

① 王惠民 主编．敦煌石窟全集6：弥勒经画卷．香港：商务印书馆（香港）有限公司，2002：85-87.

图3-6　弥勒经变 初唐 莫高窟第341窟 主室北壁
（资料来源：孙毅华 孙儒僴主编 . 石窟建筑卷（敦煌石窟全集 21）. 香港：商务印书馆（香港）有限公司，2003：76）

第 62 窟的弥勒下生经变有所发展，已经具备了成熟时期弥勒经变下生部分的主要图像特征，即由三佛说法来表现弥勒三会。除了其顶部用来表示兜率天上弥勒菩萨说法场所的一殿二阁外，弥勒经变中的各组人物形象，与西方净土变类似，都是通过由小桥联系的若干水台来组织的，但是与后者相比，弥勒经变中建筑背景要弱化得多。

初唐时期弥勒经变的上生部分与下生部分所占比重基本相同，不论是上生下生的组合方式，还是下生部分的弥勒三会，都具有一种较为明显的过渡时期的特征，尽管构图上还是主要借鉴了同时期西方净土变的模式，但是已经可以看出弥勒经变的基本特点和结构雏形。另外，弥勒经变的绘制位置从窟顶逐渐转移至两侧壁，也出现了不少通壁大画。

盛唐时期也是弥勒经变发展的高潮。此时的弥勒经变绝大多数为通壁大画，数量比初唐时期多，入画内容也更加丰富。最重要的是，弥勒经变在盛唐时期最终发展出成熟的构图形式（图 3-7）。上生部分简化为对弥勒菩萨所居的兜率天院落的整体描绘，成为整个弥勒经变中仅有的建筑背景，其形式可以是一组殿阁组合的建筑，也可能是一处多路多进的大型院落。整铺经变的重点是下生内容，以三身佛说法图代表了弥勒佛下生后的弥勒三会成为整铺弥勒经变的绝对主体，而整个画面的组织也不再借助于西方净土变那种若干出水面的平台通过小桥联系的划分，而是将突出三佛形象的弥勒三会以大致"品"字型形成画面主体，其他听法会众及小幅下生故事画分布在周围空白处。画面感觉

图3-7　弥勒经变 盛唐
莫高窟第33窟 主室南壁
（资料来源：王惠民 主
编．敦煌石窟全集 6：弥
勒经画卷．香港：商务印
书馆（香港）有限公司，
2002：56-57）

主次分明、整体性强。可以看出，盛唐时期的弥勒经变对水景的描绘十分淡化，一方面说明弥勒经变摆脱了西方净土变的强势影响，而开创出更为适应弥勒经典的构图模式，另一方面也突显出当时弥勒信仰的核心内容。

　　值得一提的是，第 445 窟北壁所存的盛唐时期弥勒经变上生部分（图 3-8）与前述对兜率天为多个独立院落组合的推测十分相似。

　　弥勒经变的构图形式和主要内容自盛唐以后便不再有大的变化，但吐蕃时期和归义军时期的弥勒经变在数量上都超越了前代。至西夏以后，莫高窟中未见有弥勒经变。

图3-8　弥勒经变上生部
分 盛唐 莫高窟第445窟
主室北壁
（资料来源：王惠民 主
编．敦煌石窟全集 6：弥
勒经画卷．香港：商务印
书馆（香港）有限公司，
2002：14-15）

3.2.4　东方药师变的图像特点

　　莫高窟现存的东方药师经变，在本研究时间范围内共计 91 铺，占这一时间段净土变相的 25.9%（表 3-5）。尽管东方药师经变的总量并不占优，但归义军时期药师经变的数量大增，显示出药师信仰此时在净土信仰中所占的比重逐渐加大。尽管盛唐及以前，东方药师经变数量极少，但是，并不能由此断定此时期敦煌的药师信仰并不流行，有可能由于药师信仰在唐前期的造像表现是以药师单尊像为主的。[①]

吐蕃时期的东方药师经变主要吸收了当时已经发展成熟的观无量寿经变的构图形式，即中央为药师佛说法群像组，后部半环抱着场面宏大的佛寺建筑背景，将"十二大愿""九横死"等《药师经》的特有内容以条幅形式布置在主体两侧。可见，这些大约就是东方药师经变表现药师净土庄严的主要内容。另外，听法会众中常出现的十二药叉大将、燃灯、树幡等也是东方药师经变的显著特征。但是，对于帛尸梨蜜多罗所译的《药师经》中所述的八大接引菩萨等未有描绘。

> "文殊师利菩萨。观世音菩萨。得大势菩萨。无尽意菩萨。宝
> 坛华菩萨。药王菩萨。药上菩萨。弥勒菩萨。是八菩萨皆当飞往迎
> 其精神。不经八难生莲华中。自然音乐而相娱乐。"[②]

莫高窟中的东方药师经变较晚出现，但较成熟的药师经变，与西方净土变相比，类似之处颇多，甚至有些经变中的建筑背景几乎完全一样。这一方面是由于《药师经》中关于药师净土庄严的意象主要参照了西方净土的诸种殊胜，另一方面，鉴于这种义理层面上的一致性，画师在具体作画时选取相同的粉本样例也就顺理成章了。另外，药师经变相较于弥勒经变会具有更明显的净土符号，诸如莲池化生、不鼓自鸣等。

3.2.5　其他经变

1. 密严经变

密严经变所表达的密严净土，也称大日如来净土。根据内容较完备的唐代不空所译《大乘密严经》可知，密严净土在诸佛土中为最上品，"清净之殊胜，上上最清净，即往于密严。"[③] 大致来看，密严净土应该位于无色界之上，即在欲界、色界和无色界之外，而且，这里不是有色界者可以往生的处所。也就是说，密严净土在佛教宇宙架构中高于西方净土、弥勒净土和药师净土，有色界者只有通过上述净土作为中转才能到达出离三界之外的密严净土，"密严微妙土，是最胜寂静，亦是大涅槃，解脱净法界，亦是妙智境，及以大神通"。[④]

① 王惠民 主编.敦煌石窟全集 6：弥勒经画卷.香港：商务印书馆（香港）有限公司，2002：171.
② [东晋]帛尸梨蜜多罗 译.佛说灌顶七万二千神王护比丘咒经卷十二·佛说灌顶拔除过罪生死得度经卷.大正藏，密教部，第 21 册.
③ [唐]不空 译.大乘密严经（3 卷）·胎藏生品.大正藏，经集部，第 16 卷.
④ [唐]不空 译.大乘密严经（3 卷）·自作境界品.大正藏，经集部，第 16 卷.

有研究认为,地婆诃罗所译的《大乘密严经》是当时更为通行的版本,而敦煌文献中的抄经和密严经变都应该是以此为依据的,且密严经变当属古代敦煌画师的独创。[①]敦煌壁画中的密严经变主要由密严净土、密严法会和小幅说法图三部分构成,其中,对密严净土的表现方式受净土变相影响较多,建筑形象和组群布局大都可以在净土变相中找到相应的原型。

2. 金光明经变与金光明最胜王经变

由表 3-3 可以发现,尽管莫高窟现存金光明经变和金光明最胜王经变所依据的佛经本质上都译自同一部印度佛教典籍,但是因具体译本译出时间的不同使得这两种经变的存续时间也各不相同,即前者早于后者,且后者取代前者。

不管是不完全的《金光明经》,还是三十一品的《金光明最胜王经》,都没有提出特定而完备的"净土"内容,其中少数几处净土描写也只是为了烘托佛的神通,如《金光明最胜王经》之"如来寿量品"中佛为王舍城内的妙幢菩萨在其禅房内变现的净土庄严。

> "以佛威力其室忽然广博严净。帝青琉璃种种众宝。杂彩间饰如佛净土。有妙香气。过诸天香芬馥充满。于其四面各有上妙师子之座。四宝所成以天宝衣而敷其上。复于此座有妙莲花。种种珍宝以为严饰。量等如来自然显现。于莲花上有四如来。东方不动。南方宝相。西方无量寿。北方天鼓音。是四如来各于其座加跌而坐。放大光明周遍照耀王舍大城。及此三千大千世界。乃至十方恒河沙等诸佛国土。雨诸天花奏诸天乐。尔时于此赡部洲中及三千大千世界。所有众生以佛威力。受胜妙乐无有乏少。若身不具皆蒙具足。盲者能视。聋者得闻。哑者能言。愚者得智。若心乱者得本心。若无衣者得衣服。被恶贱者人所敬。有垢秽者身清洁。于此世间所有利益。未曾有事悉皆显现。"[②]

另外,正如前面对这两种经变所依据佛经的分析,可能金光明经变和金光明最胜王经变中所绘制的建筑背景并非为了表现佛国净土,而是为统治者勾勒出宛若佛国净土的治下蓝图。

3. 报恩经变

莫高窟报恩经变所依据的佛经应为收录于《大正藏》的七卷本《大方便佛报恩经》,虽然译者人名不详,但其正文前载"失译人名在后汉录",可见此经译出的时间并不晚。因此,报恩经变是表 3-3 中所列经变中出现时间较早且遗存数量较多的一种。经文主要是佛针对外道有关不孝的非难而广为解说,

---

① 樊锦诗 主编 . 禅宗经典故事 . 上海:华东师范大学出版社,2010:139.

② [唐] 义净 译 . 金光明最胜王经(10 卷). 大正藏,经集部,第 16 册 .

内容并不涉及与建设净土相关的发愿、菩萨行等，仅如前文所述，在其"序品"出于显示神通和严净道场的考虑，由释迦佛——变化出四方净土的胜景。

4. 思益梵天请问经变与天请问经变

思益梵天请问经变与天请问经变，这两种经变壁画有一个共通之处，其所依据的佛经都源起于天神对佛的发问，但是具体内容并不涉及有关净土的发愿与建设。可能因为两经宣讲的场所分别为王舍城迦兰陀竹林和室罗筏国誓多林给孤独园，所以莫高窟现存天请问经变大多有建筑背景的描绘，以暗示经文产生的地点在寺院中。也有研究依据这两种经变与弥勒经变的配伍情况认为建筑背景的绘制是为了与弥勒经变中的内容相呼应，意在传达出天道的思想。[①]

这几种非净土变相壁画无论是画面构图，还是建筑形象都与净土变相类似，其原因可能有三个。其一，净土信仰在大乘佛教中的重要地位也表现在其深入人心的净土佛国的空间意象；其二，不同的经变类型可能仅是整铺构图和具体表达内容存在差异，而具体到诸如以建筑组群表现净土意象的层次，画师所依据的具体图像元素的粉本是通用的；其三，相较于其他经变壁画，净土变相出现和成熟的时间都较早，因此后出的有关经变壁画在进行类似的净土意象绘制时很容易受到净土变相的强势影响。

此外，尽管华藏世界也代表了一种比较习见的净土，但在莫高窟现存华严经变中，是以"九会"为表现重点，一般未绘有较为大型的建筑背景。

3.2.6　从经变壁画到佛寺布局

通过从信仰基础和图像特征两方面对莫高窟现存以净土变相为主的有关经变壁画的分析可知，尽管这些经变壁画所依据的义理体系不尽相同，但其中大乘佛教对于彼岸世界的塑造和追求是基本一致的，因此所表现出来的净土意象大同小异。

在第 1 章中，我们已经知道，唐代以后莫高窟经变壁画的图像原型基本上都来自当时中原的画样，借助粉本形成较为固定的图像摹本经过画师、画工之手绘制于石窟内壁。在随之展开的图像学研究方法及其实证意义的讨论中，形成了这样的认知，通过粉本作画的方式将可能直接写仿于中原佛寺的建筑形象描绘成经变壁画，尽管严格来说，莫高窟经变画作为佛教艺术作品，其中的建筑组群图像与当时佛寺实际空间布局的对应关系尚不明确，但是，可以肯定的是这些经变画中的建筑图像必然存在实物原型，而且，之所以能够以粉本的形式固定下来并广为流传，很可能正是因为其所反映的佛寺空间形态表现的是

---

① 杨明芬. 唐代西方净土礼忏法研究. 北京：民族出版社，2007：295–302.

对当时佛教寺院的一般印象，或者是基于对佛教义理的理解而构思的理想佛寺空间模式。这就使得基于经变壁画的佛寺布局研究具有了一定价值，下面将在对上述已公布的以建筑组群为背景的隋代至归义军时期莫高窟经变壁画进行系统梳理的基础上，对其中的建筑图像进行建筑图示化的推测与复原，以进一步讨论其所反映出的佛寺院落空间布局的可能（理想）模式与演变情况。

由经变壁画中的建筑图像推测佛寺院落的殿阁布局，因繁简差异可能存在以下三个佛寺布局层次。

第一，反映佛寺院落内主要殿阁间的空间关系，即主要殿阁之间的配置模式及布局特征，这个层次的表现在莫高窟的净土变相中较常见。大致可以归为三个倾向，即主辅单体组群、廊连接组群与复合型组群。在殿阁间的高度搭配方面，莫高窟经变壁画所反映出的大致有三种情况，其一是中央一座单层佛殿，殿前两侧均为一座多层楼阁式佛殿；其二是中央主殿及其两侧配殿均为单层佛殿；其三是中央主殿及其两侧配殿均为多层楼阁式佛殿。最后，可以看出其中连廊的应用十分普遍而多样，有的是在三座呈半围合关系的主要建筑外围用独立的连廊围合，也有直接连接三座主要建筑形成院落空间的情况。

第二，反映一处完整的佛寺院落。在主要殿阁组群之外围以高墙、连廊或廊屋进行围合，而在入口和角部的具体处理手法上可能存在多种可能。

第三，反映若干相对完整院落的组合关系，可能是纵向延伸，也可能是横向扩展，也可能同时包括了横、纵两方向的组合，这种布局意象多出现于弥勒经变的上生部分、药师经变以及天请问经变中。需要注意的是，由于相应文献证据和实物遗存的缺乏，上述佛寺布局模式未必能概括出一座佛寺的完整面貌，但却可以为推测其全貌提供院落布局和建筑配置的多种可能性。而且，由于这一时期敦煌地区与中原在佛教和文化交流方面的关联，这种颇具写实意味的建筑图像很可能来源于现实佛寺，因而，同期莫高窟经变壁画也许包含了更为直接的关于汉地佛寺布局及建筑配置的信息。

3.3　院落空间的模式探讨 [①]

相对于石窟形制与佛寺院落布局之间的对应关系而言，经变壁画中描绘了更为直观的建筑组群形象，这使其更可能较为明确地反映出同时期普通佛寺的布局情况。下面将通过隋代至归义军时期莫高窟有关经变壁画，来探讨其所反映出的佛寺院落主要殿阁的可能布局模式及其演变情况。

---

① 本节绘制的佛寺布局平面推测图，其所依据的莫高窟有关经变壁画的原图见附录 F。

3.3.1　主辅单体组群（A 型）

这里所说的主辅单体组群，与前一章讨论的在莫高窟佛殿型窟中呈现"一正两厢"式的通常院落布局形态相对应，即院落内的主要殿阁各自独立，彼此间无实体建筑连接。这种殿阁布局模式不仅在莫高窟以建筑组群为背景的有关经变壁画中最早出现，而且在 6~11 世纪所对应的五个莫高窟艺术分期中都有相应的经变壁画遗存。从普通佛寺院落的空间布局来看，类似这种的主辅单体组群可以看作是最为基本的殿阁布局模式，对后世佛寺院落内主要殿阁间的空间关系影响最为持久。

1. 隋代

隋代莫高窟经变壁画中的建筑基本均符合主辅单体组群的特征。值得注意的是，这一时期莫高窟经变壁画中所反映出的"一正两厢"关系大多为两侧殿分别位于正殿后面的两侧（A1 型），并且两侧殿相向并置，如隋代第 419 窟窟顶后平顶上的弥勒经变所反映的殿阁布局模式（图 3-9）。类似的同时期经变壁画还有第 423 窟窟顶的弥勒经变和第 417 窟窟顶的药师经变。

（a）原图 弥勒经变 隋代 第 419 窟窟顶后平顶

（资料来源：王惠民 主编 . 敦煌石窟全集 6：弥勒经画卷 . 香港：商务印书馆（香港）有限公司，2002：40-41）

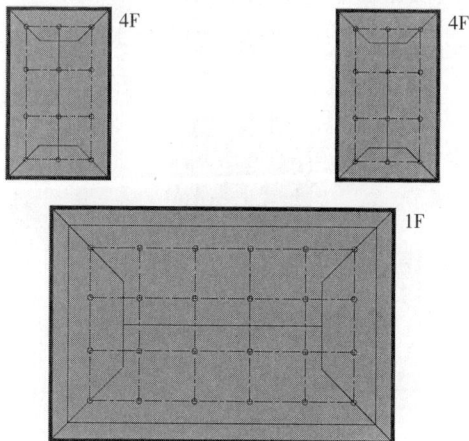

（b）平面推想图（资料来源：自绘）

图3-9　主要殿阁的布局模式之A1型

　　由图 3-9 可见，A1 型殿阁布局模式中，前部为单层正殿，开间数明显多于后侧两配殿的，后侧两配殿则皆为 3~4 层的楼阁式佛殿。前面提到，当时单铺说法图或者以说法图为中心的"千佛图 + 说法图"的石窟壁画还占据主导地位，由画法来看，说法图中单纯描绘主尊说法群像的成熟样板，对早期经变壁画的构图形式影响深刻。因此，经变壁画中的建筑群组与人物群像的构图关系尚处于探索阶段，缺乏既不冲淡主题又能表现富丽恢宏的佛国景象的具体绘画技法，画师整合人物形象与建筑图像的能力还有待在实践中逐步增强。图 3-9 所见的这种布局模式还有一种可能就是为了保证主尊说法场景的绝对视觉中心，而将本来居于正殿前部的两侧殿描绘成后置的。

　　不过，隋代第 433 窟窟顶后部平顶的弥勒经变所反映出的另一种主辅单体组群的布局模式（A2 型）却是相向的两侧殿居于正殿前部（图 3-10），而且，三座主要佛殿的开间数和层数均相同，但正殿开间宽度较两侧殿大，主辅关系还是比较明确的。按照上述对 A1 型殿阁布局模式出现背景的推测，第 433 窟的这铺弥勒经变或许绘制于这一摸索阶段的后期，此时画师将人物形象与建

（a）原图 弥勒经变 隋代 第 433 窟窟顶后平顶
（资料来源：王惠民 主编 . 敦煌石窟全集 6：弥勒经画卷 . 香港：商务印书馆（香港）有限公司，
2002：40-41）

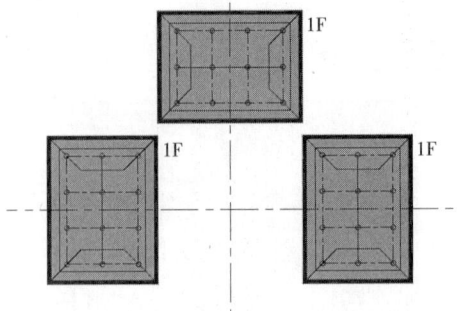

图3-10　主要殿阁的布
局模式之A2型

（b）平面推想图
（资料来源：自绘）

筑图像整合在一起，虽然这种处理方式较为直接，但是在当时壁画绘制技艺发展水平上最为有效地解决了建筑群组与人物群像的构图问题。当然，也有可能反映了一种实际的佛寺建筑组群关系。

2. 初唐时期

进入初唐，经变壁画进一步走向成熟，画师已经基本解决了建筑群组与人物群像的构图问题，即建筑图像完全作为人物群像的背景，彼此相对独立，但主次分明。通过在横向和纵向上的增加层次，主辅单体组群的布局模式分别发展出两种子类型（A3 型和 A4 型），从而在原有"一主两辅"的基础上出现了"一主多辅"的院落空间关系。如以初唐第 331 窟南壁弥勒经变为代表的A3 型（图 3-11），单层正殿前部的侧殿由一组两座增加为两组四座，从而出现了四座均为二层的楼阁式侧殿，相较于隋代的 A1 型和 A2 型，这种布局模式在原先相向的两座侧殿的基础上，分别在横向两侧扩展了一个层次，使得整个佛寺院落的面宽增大，空间形态更丰富。

又如，以初唐第 331 窟北壁无量寿经变为代表的 A4 型（图 3-12），是在"一主两辅"式的基本型的基础上，在纵向轴线上增加了多对相向的侧殿，从而有效地加大了院落空间的纵深感，丰富了空间体验。但是，此时的多对相向侧殿之间构成的组群关系尚不清晰。

由图 3-11、图 3-12 可见，在"一主多辅"的 A3 型和 A4 型中，正面主要佛殿的层数均为单层，开间总数也与侧殿相同，而侧殿则皆为二层楼阁式佛殿，主要朝向均与正殿呈垂直关系。这一时期的佛寺遗迹较少见，还难以用实例印

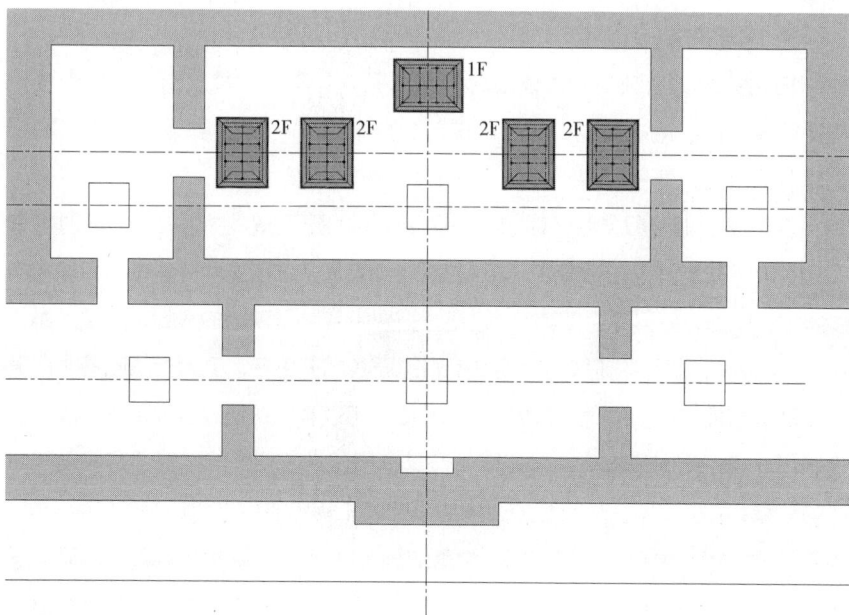

图3-11　主要殿阁的布局模式之A3型 弥勒经变 初唐 第331窟南壁
（资料来源：自绘）

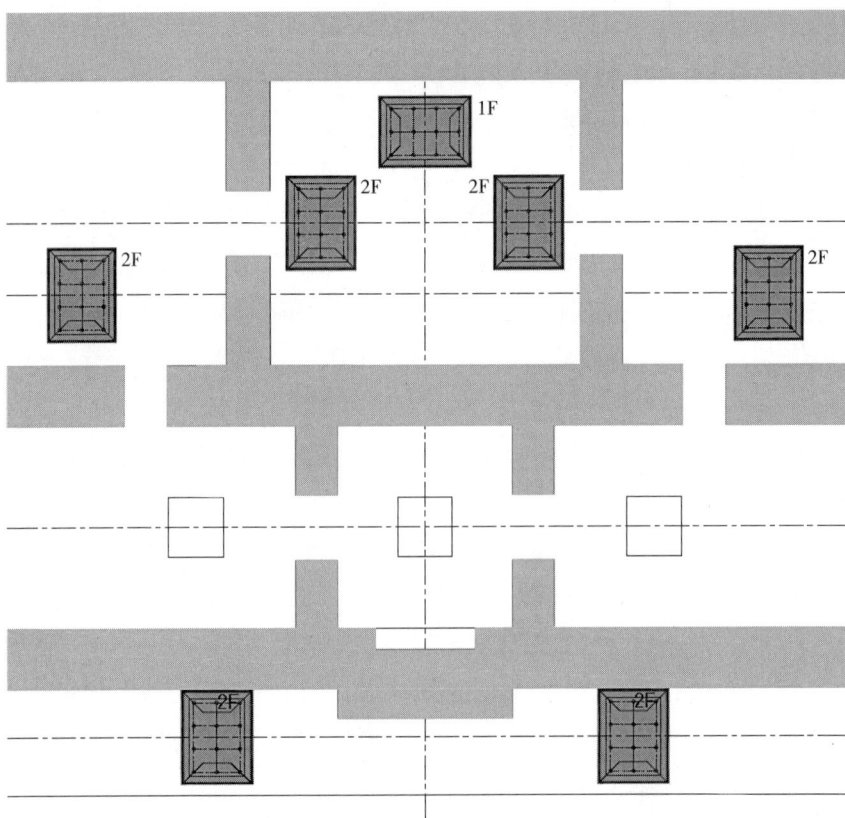

图3-12　主要殿阁的布局模式之A4型　无量寿经变　初唐　第331窟北壁
（资料来源：自绘）

证此种布局模式，但是，从较晚近的佛寺遗址中还是可以看出，A4 型很可能更适应佛寺实际建造中对基址、功能等的要求，而得到更普遍而持久的应用和发展。

3. 盛唐时期及以后

自盛唐起，单纯主辅单体组群的布局模式基本不再单独出现在净土变相的建筑背景中，而主要以"一主两辅"的基本型（A1 型）普遍出现于各种更为复杂的院落布局模式中，详见"复合型组群"部分。

在吐蕃时期和归义军时期的有关经变壁画的建筑背景中，主要殿阁时常表现为主辅单体组群型布局模式，但大多为 A1 型和 A2 型这两种基本布局模式的发展型，例如，归义军时期第 61 窟南壁报恩经变所反映出的殿阁布局模式类似A1 型，但是，此时的正殿与后侧两配殿的层数相差不多。又如，从吐蕃时期第154 窟北壁报恩经变的建筑背景（图 3-13）可以看出，连廊这种建筑元素也在主辅单体组群型布局模式中出现了，但其作用仅为主要殿阁组群的背景及院落间的分隔，即 A5 型，从而更加明确地限定出主辅单体组群所控制的院落空间，改善了空间围合关系，增强了所在院落的领域感。而归义军时期第 156 窟南壁思益梵天请问经变所反映的布局模式（A6 型）与 A4 型本质相同，都是在纵轴

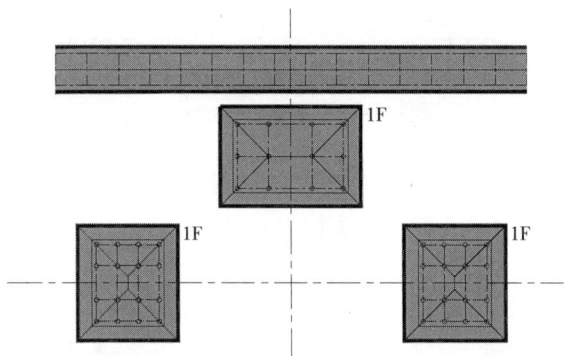

图3-13 主要殿阁的布局模式之A5型 报恩经变 吐蕃时期 第154窟北壁 （资料来源：自绘）

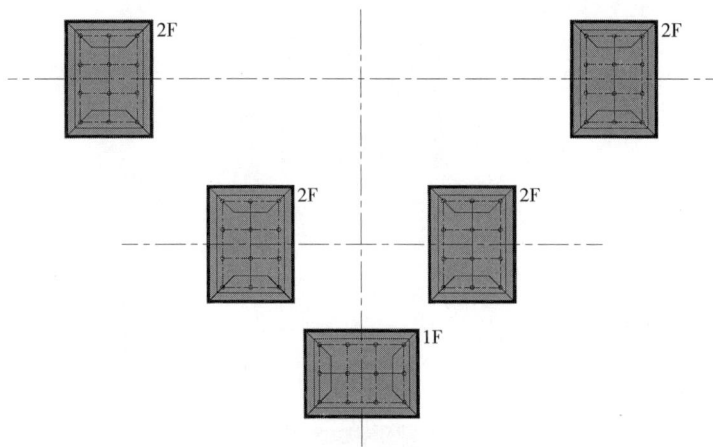

图3-14 主要殿阁的布局模式之A6型 思益梵天请问经变 归义军时期 第156窟南壁 （资料来源：自绘）

方向增加成对侧殿的层次从而形成更具纵深感的院落空间（图3-14）。

还有一种在 A5 型基础上加入建筑细节而形成的布局模式（A7 型），在连廊两端分别接入二层楼阁，使得院落空间形态更加丰富，如归义军时期第61 窟北壁（图 3-15（a））和第 85 窟北壁（图 3-15（b））的思益梵天请问经变所反映出的殿阁布局模式。

4. 小结

隋代至归义军时期莫高窟中以建筑组群为背景的经变壁画对佛寺院落内主要殿阁空间关系的反映，最早即是以主辅单体组群型布局模式出现的。随着佛教中国化的进程，佛寺院落的空间形态日益完善和丰富，相应地，在对莫高窟有关经变壁画的平面推测复原中，主辅单体组群型布局模式也同样经历了这样一个由简至繁的发展过程（图 3-16）。

前面已经按照莫高窟艺术分期对主辅单体组群型（即 A 型）进行了具体讨论，从而得出这种主要殿阁的布局模式大致存在七种子类型，即 A1 至 A7型，它们之间可能的衍生关系见图 3-17。由此可见，隋代即已出现的 A1 型

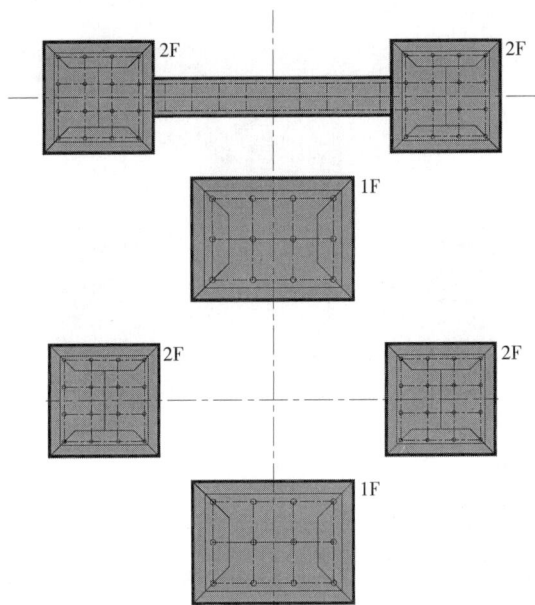

（ a ）A7-1 型 思益梵天请问经变 归义军时期 第 61 窟北壁

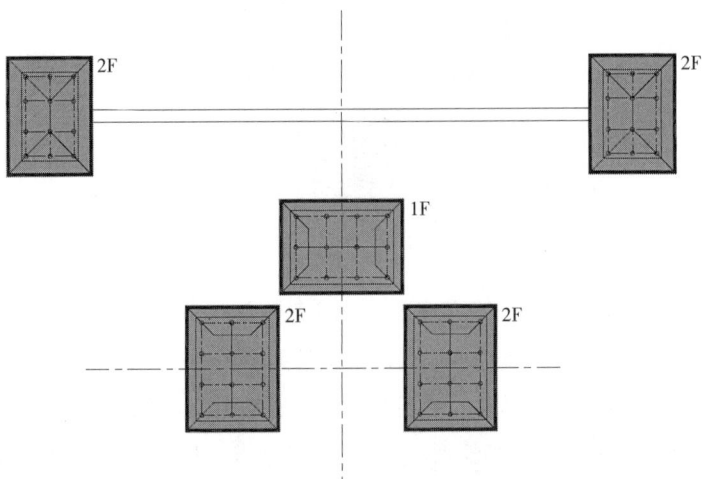

图3-15 主要殿阁的布
局模式之A7型
（资料来源：自绘）

（ b ）A7-2 型 思益梵天请问经变 归义军时期 第 85 窟北壁

和 A2 型是最为基本的模式，沿着这样两种殿阁布局的思路，分别在纵深方向
和面宽方面进行拓展，即产生了 A3 型、A4 型、A6 型，其中，又以基于 A2
型发展起来的 A3 型和 A4 型出现较早且实例较多。除了通过增加相向侧殿的
层次来丰富基本型所对应的院落空间外，到了吐蕃时期，随着连廊这种建筑元
素在佛寺院落中大量且成熟的应用，主辅单体组群型也结合连廊出现了空间围
合感和领域感更强的子类型，即 A5 型。进入归义军时期以后，还在 A5 型布
局模式中简单的一字型连廊的基础上，进一步增加了廊的建筑细节处理，形成
了 A7 型，使得院落空间的形态更为完整。同时，也出现了在纵轴方向串联多

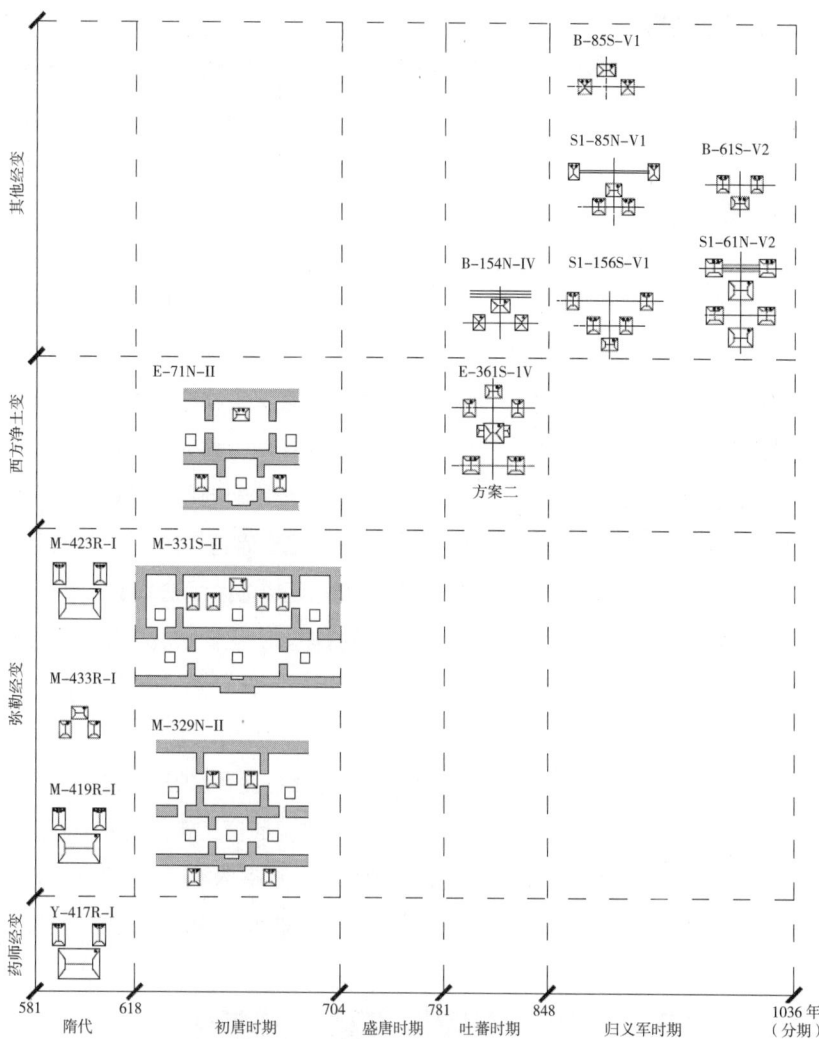

图3-16 6~11世纪莫高窟经变壁画所反映的主要殿阁布局模式——A型
（资料来源：自绘）

组基本型而形成的多进院落组合的佛寺空间关系，这不仅表明画师在经变壁画的绘制中运用建筑组群的技巧日臻圆熟，而且也反映出主辅单体组群型布局模式在佛寺实际院落组合中的多种可能性。

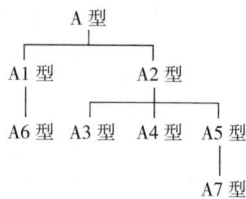

图3-17 "主辅单体组群"型布局模式的衍生关系图
（资料来源：自绘）

3.3.2 廊连接组群（B型）

从佛寺院落内主要殿阁间的空间关系来看，廊连接组群型布局模式通过不同形式的连廊将主要殿阁全部或者部分连接起来，形成围合感更强的院落空间。在莫高窟以建筑组群为背景的经变壁画中，这种殿阁布局模式虽然并非最早出现，但是，在初唐时期也已见于净土变相，并在随后的盛唐、吐蕃和归义军时期中都有相当数量的有关经变壁画遗存。

1. 初唐时期

尽管初唐时期莫高窟经变壁画中仍以"主辅单体组群"型为主，但是，通过连廊将三座主要殿阁联系在一起的廊连接组群型，在此时一出现就表现出这种布局模式在院落空间形态塑造方面具有巨大潜力，主要可见两种类型（B1型和 B2 型）。

B1 型，如初唐第 338 窟西壁龛顶的弥勒经变所反映出的殿阁布局模式（图 3-18），虽然相向的两侧殿与正殿的朝向成 90° 相交，但是，两侧殿的基址几乎在正殿山墙的正侧方，由正殿山墙向外伸出连廊分别与两侧殿的尽间相连。这种布局模式在随后的经变壁画中也不多见，却在日本佛寺遗迹中可以找到较接近的实例。例如，法成寺的金堂就在两山墙处分别伸出短廊与十斋堂和五大堂相连，所不同的是，此处三座佛殿的朝向均相同，连接发生在山墙与山墙间（图 2-23）。又如，较为晚近的宽永寺有一座名为"荷担堂"的遗构（图 3-19），是该寺纵向主轴上中心建筑，两端分别为法华堂和常行堂，据称当时如此特异结构是出于景观视线的通达需求。尽管法成寺和宽永寺的有关实例在具体形态上与图 3-18 所示的 B1 型不完全吻合，但不排除与 B1型的衍生关联。

B2 型实例可见于初唐第 341 窟北壁的弥勒经变所反映出的主要殿阁布局模式（图 3-20），两侧殿位于正殿前部的两侧，尽管三座殿阁的平面形状与 B1 型中的并不一致，但是，彼此之间的组合关系基本接近。由于 B2 型中的三座主要殿阁呈倒 U 形布局，所以，连接主殿与两侧殿的连廊形式为弧形

图3-18 主要殿阁的布局模式之B1型 弥勒经变 初唐时期 第338窟西壁龛顶
（资料来源：自绘）

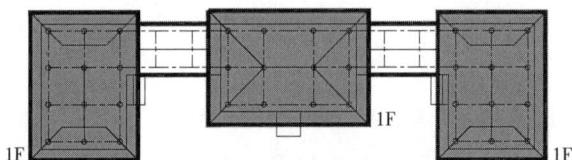

图3-19 江户时期宽永寺的荷担堂
（资料来源：日本の美术，2010.5（528）：43）

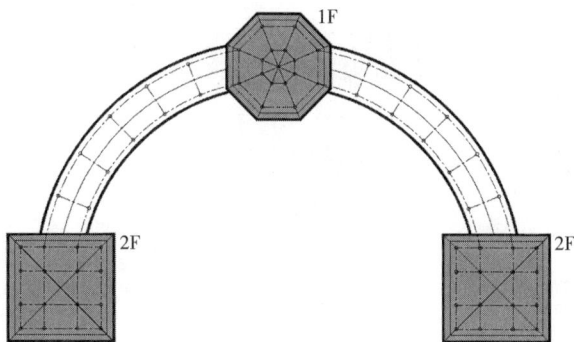

图3-20　主要殿阁的布局模式之B2型 弥勒经变 初唐时期 第341窟北壁
（资料来源：自绘）

（或者斜线形），而非 B1 型中的水平一字型连廊。这种布局模式也可能是在前述"主辅单体组群"的基本型之上发展而来的，不过，加入连廊这种建筑元素所形成的空间围合感更强，空间限定性也更明确。这种布局模式在随后发展出不少各具特色的布局模式。

2. 盛唐时期

盛唐时期有关经变壁画达到艺术高潮，所反映的佛寺院落布局也呈现出更为成熟而灵活的图像表达，连廊的作用得到了充分的发挥，所塑造的佛寺院落空间更加丰富多变，大致呈现出以下三种发展方向。

第一种是 L 形连廊连接正殿与两侧殿，或者仅以倒 U 形连廊连接两侧殿。B3 型可以看作是在 B2 型基础上，将连廊形态变为更易建造和使用的 L 形来连接正殿和两侧殿，实例如盛唐第 113 窟北壁的观无量寿经变所反映出的殿阁布局（图 3-21）。前面提到的日本法胜寺金堂和法成寺金堂后部的法堂与钟楼、经藏的殿阁组群也都可以看作是这种殿阁布局模式的佛寺实例。

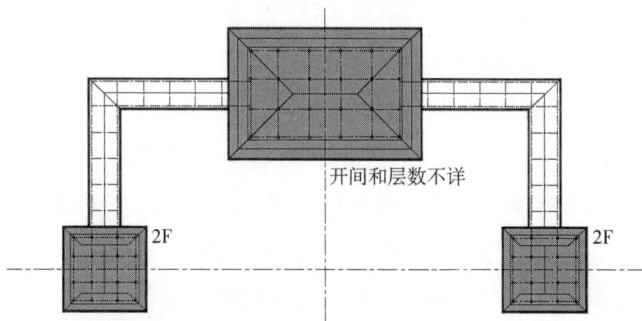

开间和层数不详

图3-21　主要殿阁的布局模式之B3型 观无量寿经变 盛唐时期 第113窟北壁
（资料来源：自绘）

而盛唐第 171 窟南、北壁的观无量寿经变所反映出的布局模式（B4 型），在 L 形连廊的转角处布置了一组与正殿前部两侧殿形制、规模接近的二层楼阁（图 3-22）。在 B4 型布局中，除正殿外的其他主要殿阁多为两层楼阁，而正殿常见单层佛殿为多。

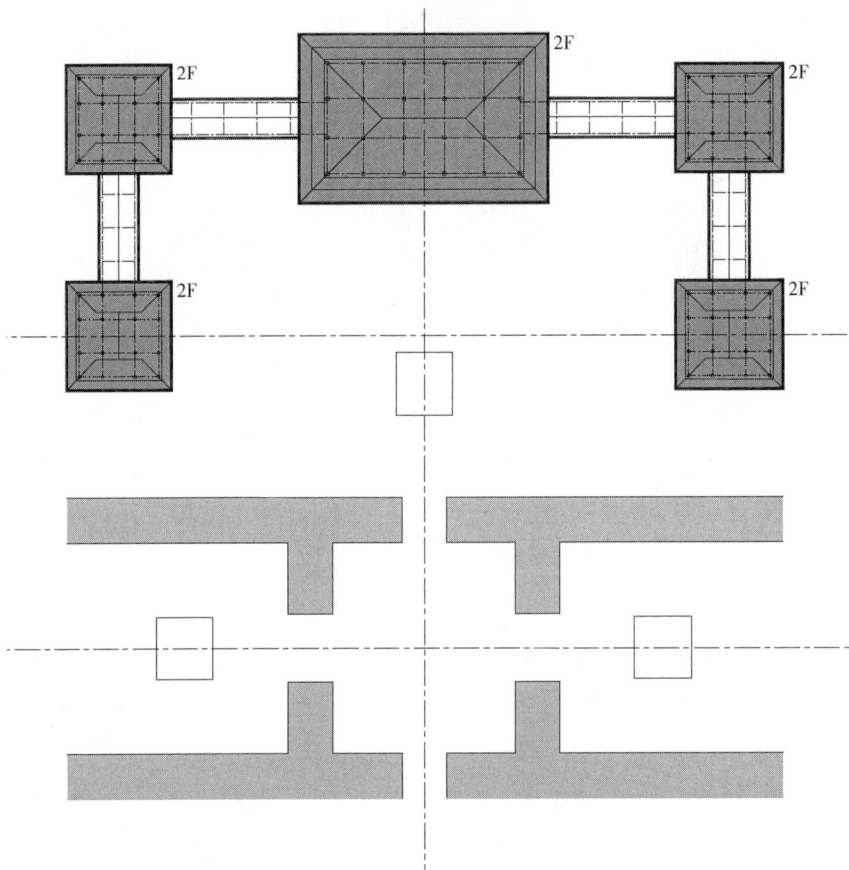

图3-22 主要殿阁的布
局模式之B4型 观无量寿
经变 盛唐时期 第171窟
北壁
（资料来源：自绘）

此外，纵向中央轴线上正殿的变化（B8 型）也能使佛寺院落的空间关系
更加复杂，空间层次更加丰富。如第 148 窟东壁的观无量寿经变中，纵向中
心轴线上前后放置两座同向单层佛殿，后一座山墙处与连廊相接的佛殿是殿挟
屋的形式，较前的佛殿位于廊围合出的内部空间以里，而廊端部和转角处均为
二层楼阁，这种殿阁布局所构成的佛寺院落空间关系错落有致，整体气势更为
富丽宏阔（图 3-23（a））。前后并置的两座佛殿与廊围合空间的关系还存在变
化可能，即较前的佛殿突出于由连廊半围合的空间范围，如吐蕃时期第154 窟
北壁观无量寿经变所反映出的殿阁布局模式（图 3-23（b））。

第二种是连廊的形式复杂化，同样可以实现丰富空间形态。如盛唐第 45
窟北壁的观无量寿经变所反映出的殿阁布局（B5 型）增加了连廊的曲折变化
（图 3-24），或者第 33 窟南壁的弥勒经变所反映出的殿阁布局（B6 型）则是
通过连廊的曲折衔接使横向并置的三路轴线上的正殿联系更紧密（图 3-25）。

第三种是将两侧殿与连廊整合成倒 U 形的廊屋（B7 型），独立于正殿
外，使得正殿后部空间和前部空间的封闭状态各不相同，整个院落呈现出一种

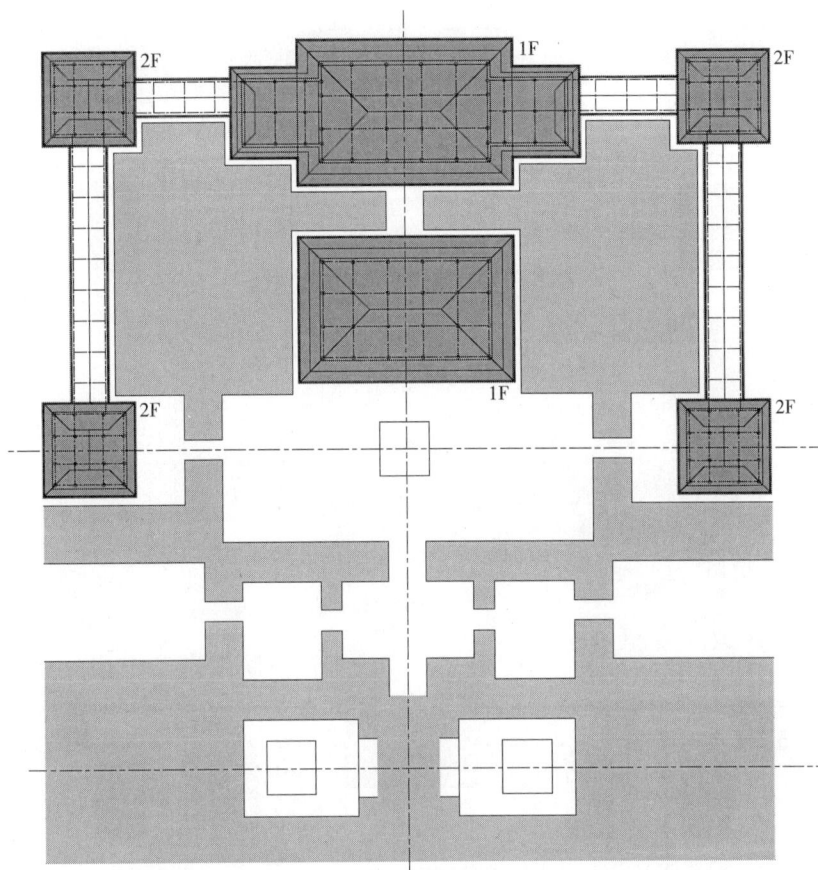

（a）B8-1 型 观无量寿经变 盛唐时期 第 148 窟东壁

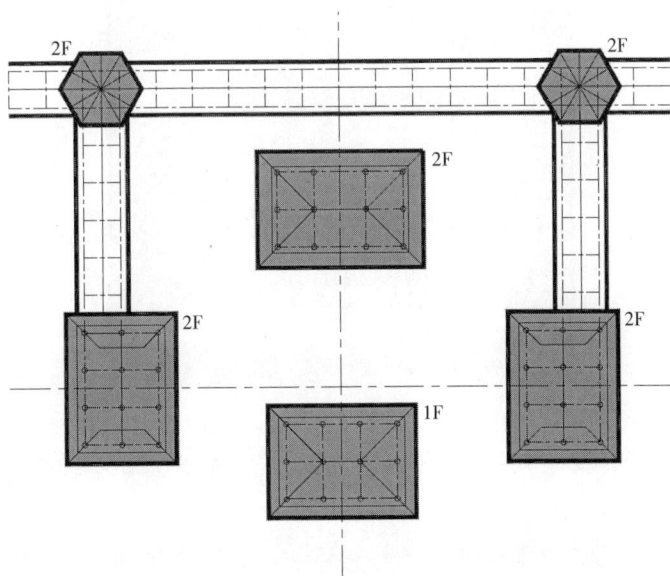

（b）B8-2 型 观无量寿经变 吐蕃时期 第 154 窟北壁

图3-23　主要殿阁的布局模式之B8型

（资料来源：自绘）

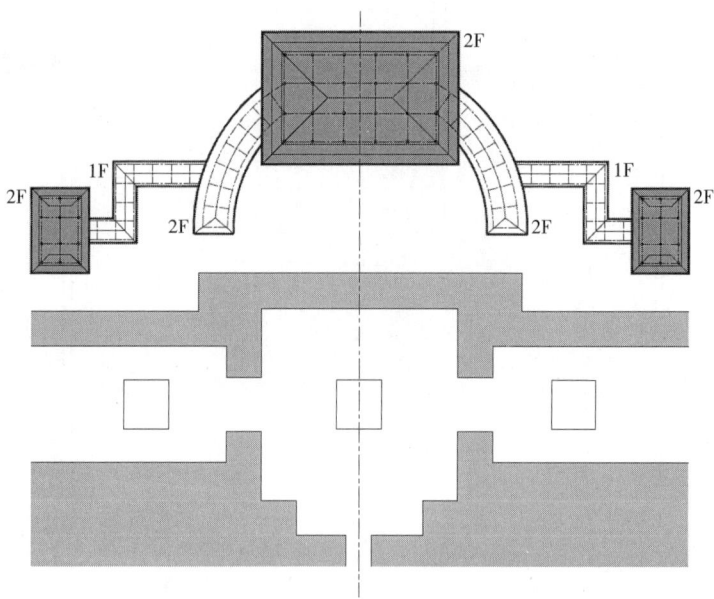

图3-24　主要殿阁的布
局模式之B5型 观无量寿
经变 盛唐时期 第45窟
北壁
（资料来源：自绘）

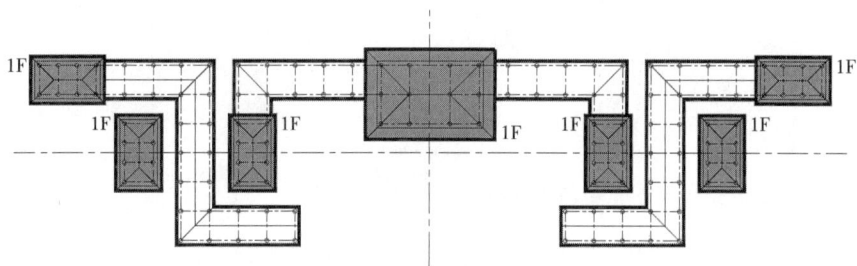

图3-25　主要殿阁的布
局模式之B6型 弥勒经变
盛唐时期 第33窟南壁
（资料来源：自绘）

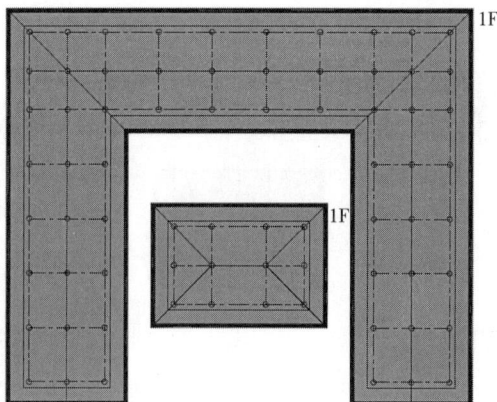

图3-26　主要殿阁的布
局模式之B7型 弥勒经变
盛唐时期 第116窟北壁
（资料来源：自绘）

半围合的空间关系，如盛唐第 116 窟北壁的弥勒经变所反映的殿阁布局模式
（图 3-26 ）。

　　尽管 B7 型的殿阁布局模式在隋代至归义军时期莫高窟的经变壁画中的实
例十分少见，但有可能暗示了一种连廊与端部侧殿的功能趋同导致的建筑内部

空间均质的现象，即连廊与端部侧殿由于功能性质趋同而导致内部空间和建筑形式也不再具有明显差异。这种布局模式或许与下面两种佛寺院落的功能有关。第一，由于 B7 型殿阁布局出现于弥勒经变中，用以描绘弥勒作为补处菩萨在兜率天内院的善法堂中向其他菩萨、天人说法的场景（图 3-27），这与第 1 章中关于佛教传入中国早期的佛寺布局的讨论中看到图 1-5 所记载的佛寺空间意象非常接近，所以，B7 型中的倒 U 形廊屋可能面向中央独立正殿均匀分隔成若干小室，小室内分别供奉正殿主尊含摄下的有关佛、菩萨、天王等。第二，假定中央正殿为讲堂，则后部倒 U 形的廊屋很可能是僧房，类似佛寺实例可见建于八世纪中叶的东大寺（图 3-28），其中的僧房就呈倒 U 形将讲堂从后半围合起来。

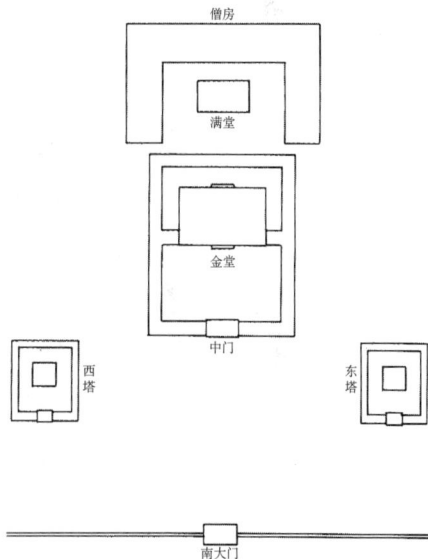

3. 吐蕃时期

　　廊连接组群型的殿阁布局模式经历了盛唐时期的发展高潮后，在吐蕃时期莫高窟的经变壁画中单独出现的情况大大减少，并且形态上也很少见到如盛唐时富有创新性的变化。

　　B1 型布局模式由于自身的形式局限性而较少变化，仅在吐蕃时期第 379 窟南壁的观无量寿经变中看到一种发展型（B11 型）。如图 3-29 所示，正殿与两侧殿的位置关系基本延续了 B1 型，只是在中间起连接作用的水平连廊的基础上，由两侧殿的后部和一侧向外出廊。与之前的 B2 型相比，B11 型正殿之前的空间围合关系更明确，而两侧殿阁的三面围合结构上都外接廊道，因此，两侧殿作为供奉并礼拜佛像的佛殿的可能性应该会在一定程度上降低。建成于

图3-27　弥勒经变 盛唐时期 第116窟北壁（左）
（资料来源：王惠民 主编 . 弥勒经画卷（敦煌石窟全集6）. 香港：商务印书馆（香港）有限公司，2002：60）

图3-28　日本东大寺总平面示意图（右）
（资料来源：森郁夫 . 日本古代寺院造营の研究 . 东京：法政大学出版社，1998）

129

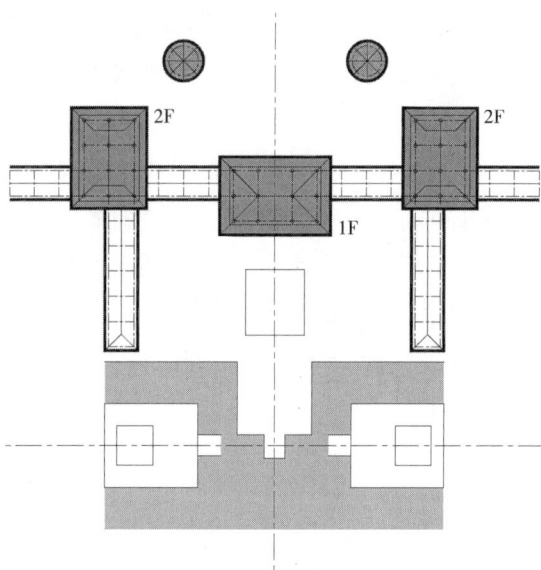

图3-29　主要殿阁的布局模式之B11型　观无量寿经变　吐蕃时期　第379窟南壁
（资料来源：自绘）

1053 年的平等院凤凰堂有可能是这种殿阁布局模式发展的一种趋向，即两侧殿阁的上部退化为调节组群体量的装饰性元素，下部则与连廊完全连通共同构成正殿两侧的"翼廊"（图 3-31）。

以 B3 型为基本型的殿阁布局模式是廊连接组群型在这一时期主要的发展方向。而吐蕃时期第 112 窟北壁药师经变所反映的殿阁布局模式（B9 型，图 3-30），是在 B4 型的基础上于正殿之后增设一座层数、规模相仿的佛殿，通过横向连廊的分隔而出现了纵向延伸出多进院落的趋势。

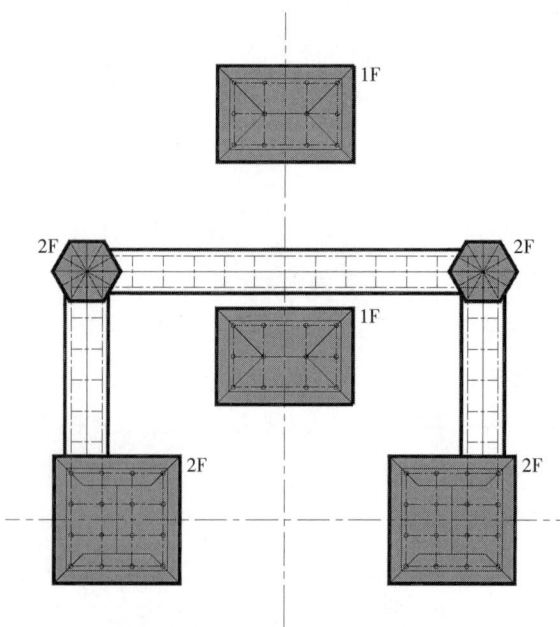

图3-30　主要殿阁的布局模式之B9型　药师经变　吐蕃时期　第112窟北壁
（资料来源：自绘）

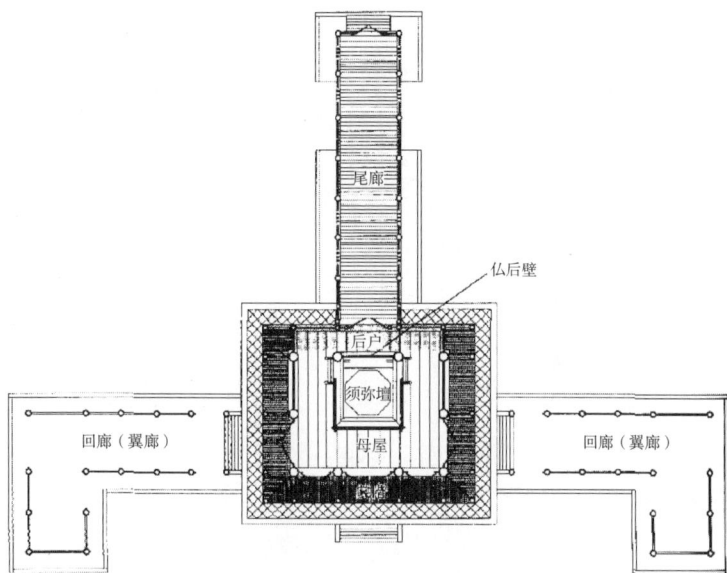

（a）平等院凤凰堂平面图
（资料来源：冨岛义幸 . 平等院凤凰堂 . 东京：吉川弘文馆，2010：23）

（b）平等院凤凰堂正面
（资料来源：http：//tieba.baidu.com/p/1647271877）

图3-31　日本平等院凤凰堂

　　而从第 154 南壁金光明经变的建筑背景中可以看出，连廊的形态关系还可能存在一字型的情况，具体连接关系可能是从正殿两山墙向外伸出（B10 型，图 3-32），也可将廊相对独立地布置于正殿之后（A5 型，图 3-13）。

4. 归义军时期

　　从归义军时期莫高窟的经变壁画可以看出，建筑背景以表现较为完整的院落空间或者层次更为丰富的多院落组合为主，廊连接组群型的殿阁布局模式也多表现出这种倾向。例如，归义军时期第 85 窟北壁药师经变所反映的 B12 型殿阁布局模式，十字交叉连廊的应用更加明确了纵向多进院落的组合关系，同时还暗示出向两侧横向扩展的可能性（图 3-33）。又如在第 85 窟南壁阿弥陀经变所反映的布局模式（B13 型）中，连廊围合

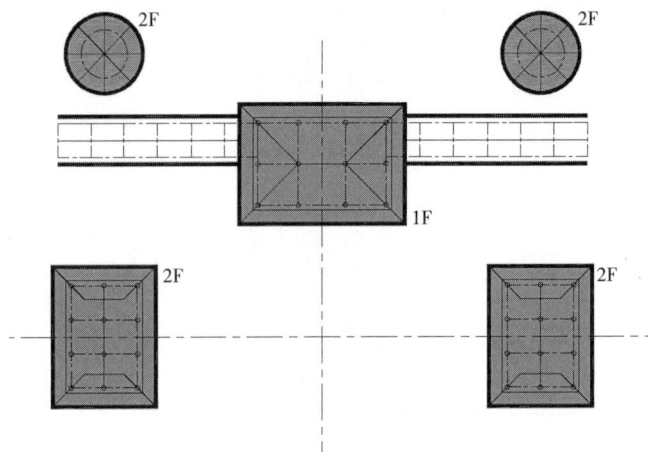

图3-32　主要殿阁的布局模式之B10型　金光明经变　吐蕃时期　第154窟南壁
（资料来源：自绘）

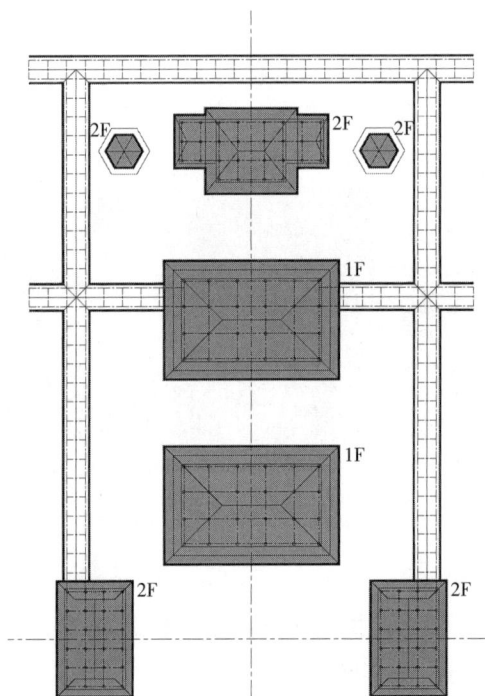

图3-33　主要殿阁的布局模式之B12型　药师经变归义军时期　第85窟北壁
（资料来源：自绘）

的院落空间内，纵向排列了两座正殿，分别与两侧纵廊上的前后两组侧殿形成前后两个殿前空间，院落空间的整体容量变大了，而且空间层次丰富（图3-34）。

5. 小结

在莫高窟以建筑组群为背景的有关经变壁画中，廊连接组群型布局模式最早出现于初唐时期。而盛唐时期是这种殿阁布局模式的成熟期，相关经变壁

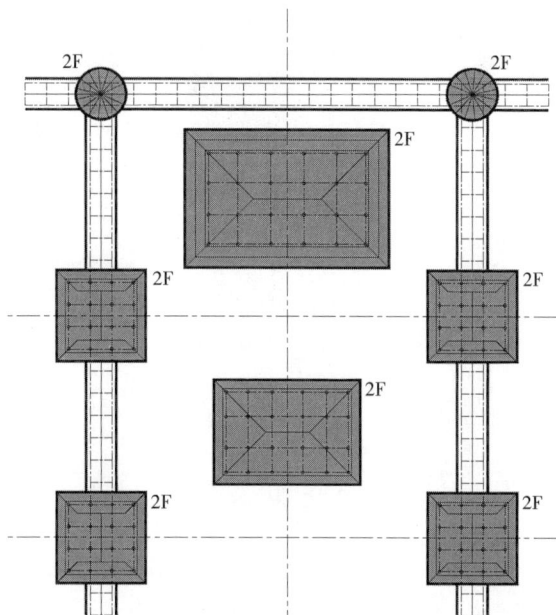

图3-34　主要殿阁的布局模式之B13型 阿弥陀经变 归义军时期 第85窟南壁
（资料来源：自绘）

画清晰地反映出处于发展高峰的廊连接组群型佛寺院落空间的丰富与多变。相较而言，之后的吐蕃时期和归义军时期虽然也出现了一些有别于盛唐时期的子类型，但空间形态并没有大的突破（图 3-35）。

　　按照莫高窟艺术分期对廊连接组群型（即 B 型）进行具体讨论，由此得出这种主要殿阁的布局模式大致存在 13 种子类型，即 B1 至 B13 型，它们之间可能的衍生关系见图 3-36。其中可见，初唐时期出现的 B1 型和 B2 型是最为基本的模式，但这两种院落空间的布局思路在后续发展过程中并不均衡，B1 型不仅实例数少，而且也没有较大的发展，仅产生出 B11 型一种衍生类型。相较而言，B2 型受到了更为普遍的应用并衍生出三种各具特色的子类型，即 B3 型、B5 型和 B7 型。其中，B3 型无疑为更加多变和灵活的殿阁空间关系提供了更多可能性，继而发展出最多的子类型。尽管这种殿阁布局模式在至今可见的汉地佛寺遗迹及中不如主辅单体组群型多见，但是在创建于 6~11 世纪的日韩佛寺遗迹中却不乏类似实例，由此可见，廊连接组群型殿阁布局模式很可能在当时的佛寺实际建造中更具有影响力。

　　值得注意的是，连廊是廊连接组群型殿阁布局的主要特征元素，由隋代至归义军时期莫高窟有关经变壁画反映出的具体变化形式大致有几种，其一为弧线形或斜线型；其二为 L 形；其三为折线形；其四为一字形；其五为十字形；其六为组合形。其中又以 L 形外廊的实例最多且变化最为丰富。

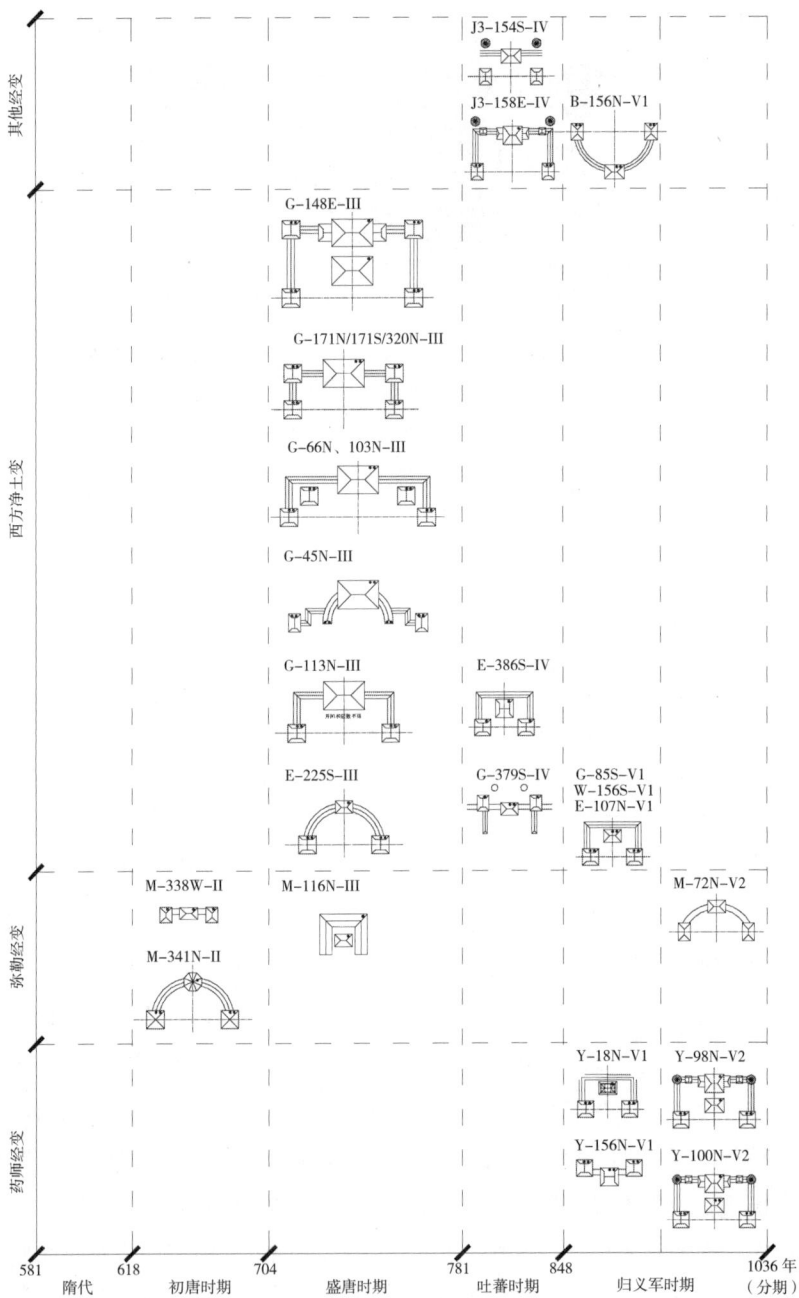

图3-35 6~11世纪莫高窟经变壁画所反映的主要殿阁布局模式——B型
（资料来源：自绘）

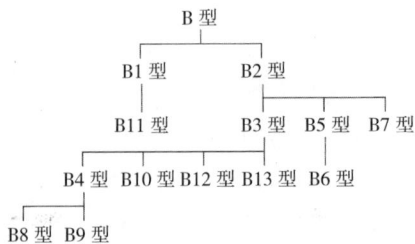

图3-36 廊连接组群型布局模式的衍生关系图
（资料来源：自绘）

3.3.3 复合型组群（C 型）

不晚于盛唐时期，前述主辅单体组群型（A 型）与廊连接组群型（B 型）的殿阁布局模式在莫高窟经变壁画所见已经发展成熟，兼有大量子类型出现。在此基础上，进入吐蕃时期，莫高窟经变壁画所反映出的殿阁布局模式开始以复合型组群为主，具体来说，按照 A 型和 B 型的组合情况，复合型组群主要可分为以下六种子类型。

第一，A 型和 B 型呈互相嵌套的状态（C1 型）。例如，初唐第 205 窟北壁无量寿经变所反映出的院落空间关系（图 3-37（a）），可以看作是由 A2 型和 B2 型组合而成的，其中，A2 型中的正殿后部和两侧空间与 B2 型围合。又如，归义军时期第 6 窟南壁阿弥陀经变中描绘的院落空间（图 3-37（b）），是在稍有变化的 B8 型殿阁布局模式中嵌入 A2 型殿阁组群的正殿，其两侧殿仍相对独立于 B8 型殿阁组群之外。

第二，B 型将 A 型完全包含在其围合的空间内（C2 型）。盛唐时期在莫高窟净土变相中开始出现对单个佛寺院落的完整表现，例如第 208 窟北壁弥勒经变的上生部分（图 3-38），其中主要殿阁的空间组织关系虽然仍可以拆解为 A2 型和 B3 型，但具体的组合方式却有别于 C1 型，而是由 B3 型半围合成的倒 U 形空间将 A2 型全部包含在内。通常主要殿阁的相对位置关系与 A4 型类似，但是，由于连接外侧两配殿的倒 U 形外廊，使得组群内殿阁间的整体感更强，空间封闭性更好，同时整个院落空间的序列感也更清晰。

第三，B 型正殿前部两侧分置独立的殿阁，并处于 B 型围合空间之外，如果将 B 型看作一个整体，则呈现出 A 型的基本布局特征（C3 型）。例如，盛唐时期第 215 窟北壁观无量寿经变所表现的院落空间关系（图 3-39（a）），B3 型殿阁组群的两侧殿前部对称设置两阁，由此呈现出纵向两重侧殿共同拱卫一座正殿的局面，而此时，最前端的一组配殿可能同时兼具了标识后部空间入口和引导人流进入主要正殿前广场的双重作用。而盛唐时期第 217 窟北壁观无量寿经变中的院落空间关系（图 3-39（b））虽然也是在 B3 型殿阁组群的前部增设对称两阁，但由于最前部的这两阁与 B3 型的相对位置关系以及其中两侧殿的尺度差异，使得所塑造出的院落空间却呈现出完全不同的特质。最前部两阁不仅强调出后部的 B3 型殿阁组群，而且，此时的 B3 型组群更像是一座形体较为复杂的佛殿，院落的空间形态虽然更为丰富，但是本质上还是"一主两辅"式的殿阁布局思路。

第四，B 型正殿前部两侧分置独立的殿阁，并处于 B 型围合的空间之内（C4 型）。例如盛唐时期第 66 窟北壁观无量寿经变所反映出的院落空间关系

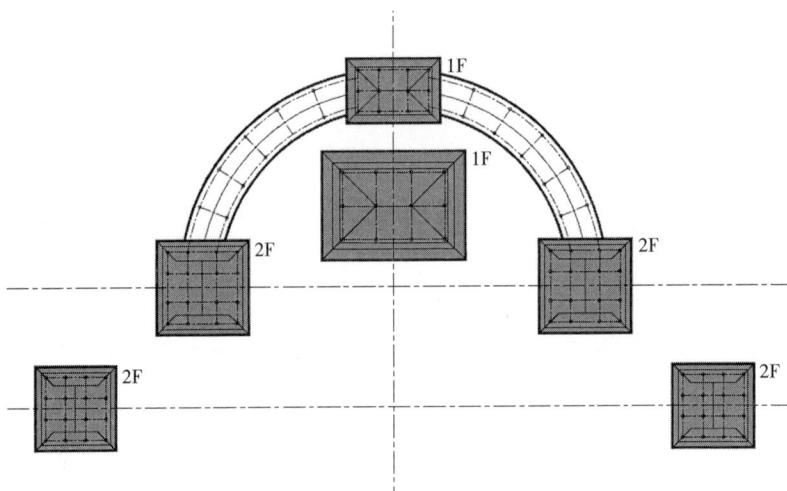

（a）C1-1 型 无量寿经变 初唐时期 第 205 窟北壁

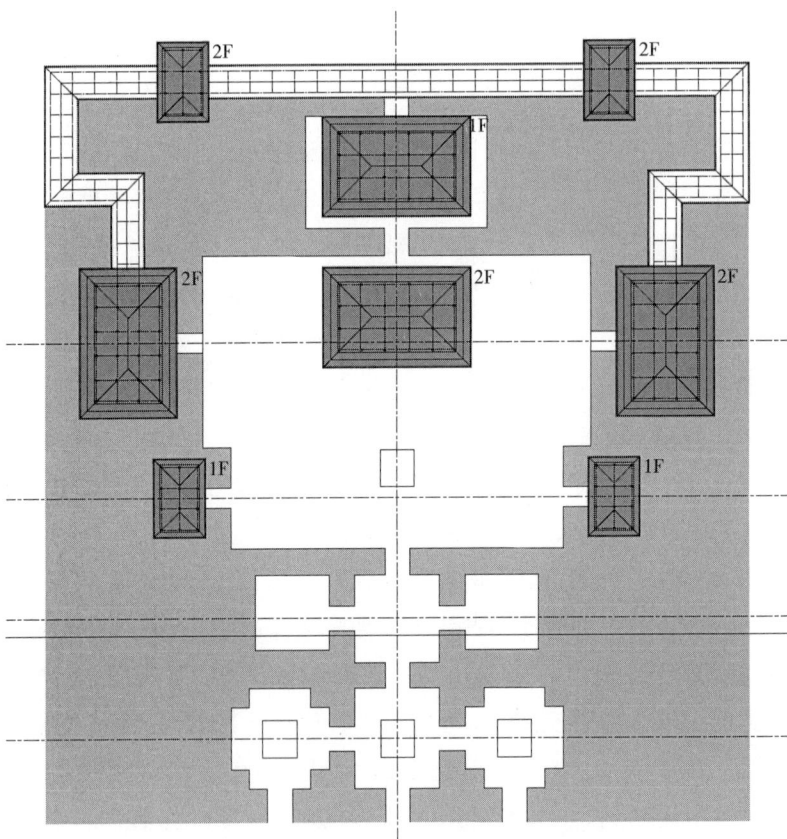

图3-37　主要殿阁的布局模式之C1型

（资料来源：自绘）

（b）C1-2 型 阿弥陀经变 归义军时期 第 6 窟南壁

（图 3-40），在 B3 型殿阁组群围合出的殿前空间中又插入了一组对称布置的建筑，殿阁间的相对位置关系同 C2 型一样都类似于 A4 型，只是由于连廊相对位置的变化使得复合型组群中 A 型和 B 型的组合关系相应改变了。

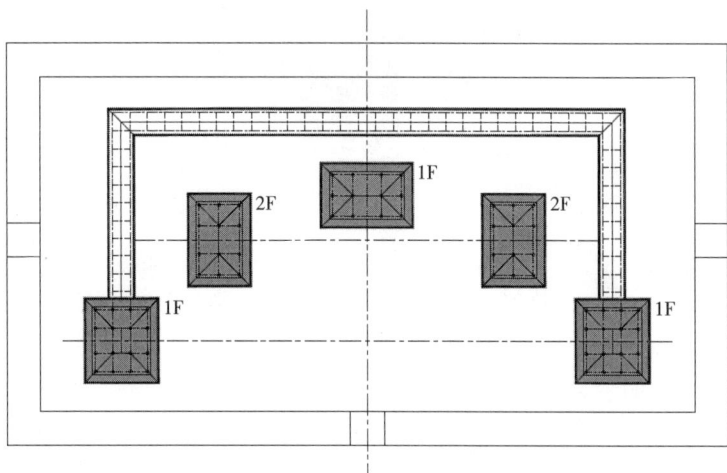

图3-38　主要殿阁的布局模式之C2型　弥勒经变　盛唐时期 第208窟北壁
（资料来源：自绘）

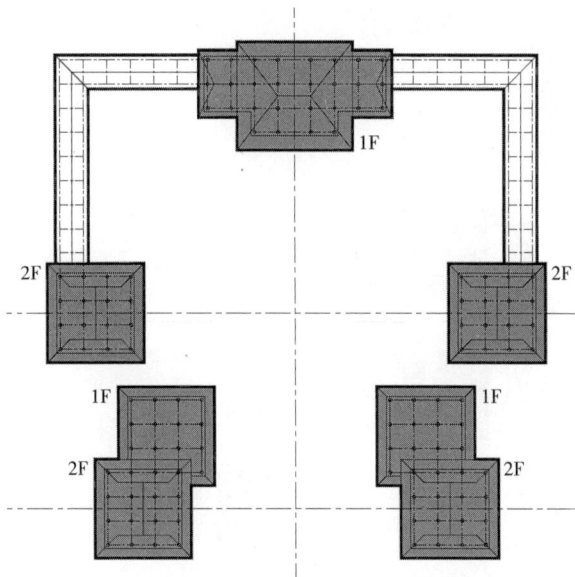

（a）C3-1 型 观无量寿经变 盛唐时期 第 215 窟北壁

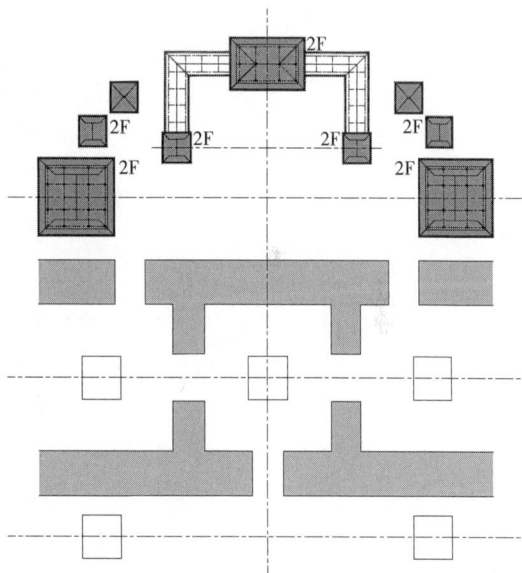

（b）C3-2 型 观无量寿经变 盛唐时期 第 217 窟北壁

图3-39　主要殿阁的布局模式之C3型
（资料来源：自绘）

第五，A 型位于 B 型正上方，彼此相对完整（C5 型）。如，吐蕃时期第 112 南壁观无量寿经变所表现的院落空间关系（图 3-41），A2 型殿阁组群与 B8 型殿阁组群相对独立，在纵向轴线上前后串联起来，空间形态上更像是两进院落的组合。这种建筑背景也在一定程度上反映出，莫高窟经变壁画从吐蕃时期开始逐渐注重院落层次的营造和空间形态的复杂化趋势。

第六，A 型位于 B 型正下方，彼此相对完整（C6 型）。如吐蕃时期第 360 窟南壁观无量寿经变所反映出的院落空间关系，与 C5 型正好相反，A2

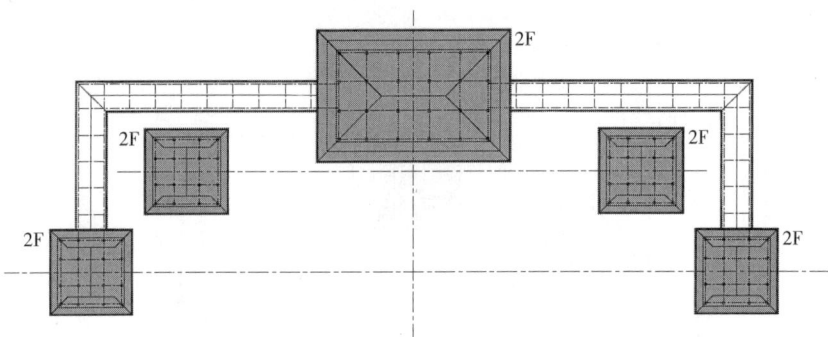

图3-40 主要殿阁的布局模式之C4型 观无量寿经变 盛唐时期 第66窟北壁
（资料来源：自绘）

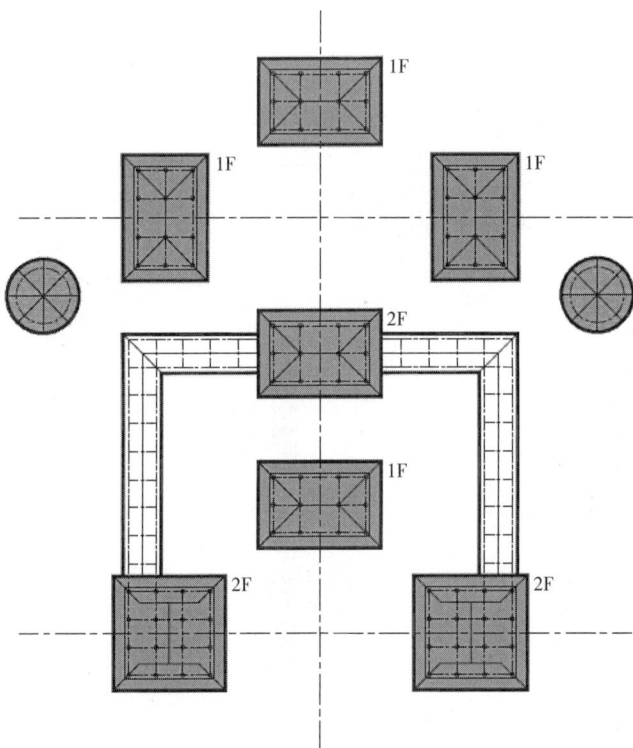

图3-41 主要殿阁的布局模式之C5型 观无量寿经变 吐蕃时期 第112窟南壁
（资料来源：自绘）

型组群位于 B 型组群前部，两者相对完整，基本不发生叠合。如吐蕃时期第360窟南壁观无量寿经变所反映的殿阁布局情况（图 3-42（a）），相较于前部"一主两辅"式的 A2 型来说，后部 B 型的空间围合感明显更强，而且，A2型的正殿还有可能是位于 B 型正殿前部连廊之上的，这就与第237窟南壁观无量寿经变情况（图 3-42（b））基本相同。而归义军晚期第55窟北壁药师经变所反映的殿阁布局情况（图 3-42（c））中，A2 型和 B4 型的组合不仅保持了空间的层次感，还使院落空间的整体性得到加强。

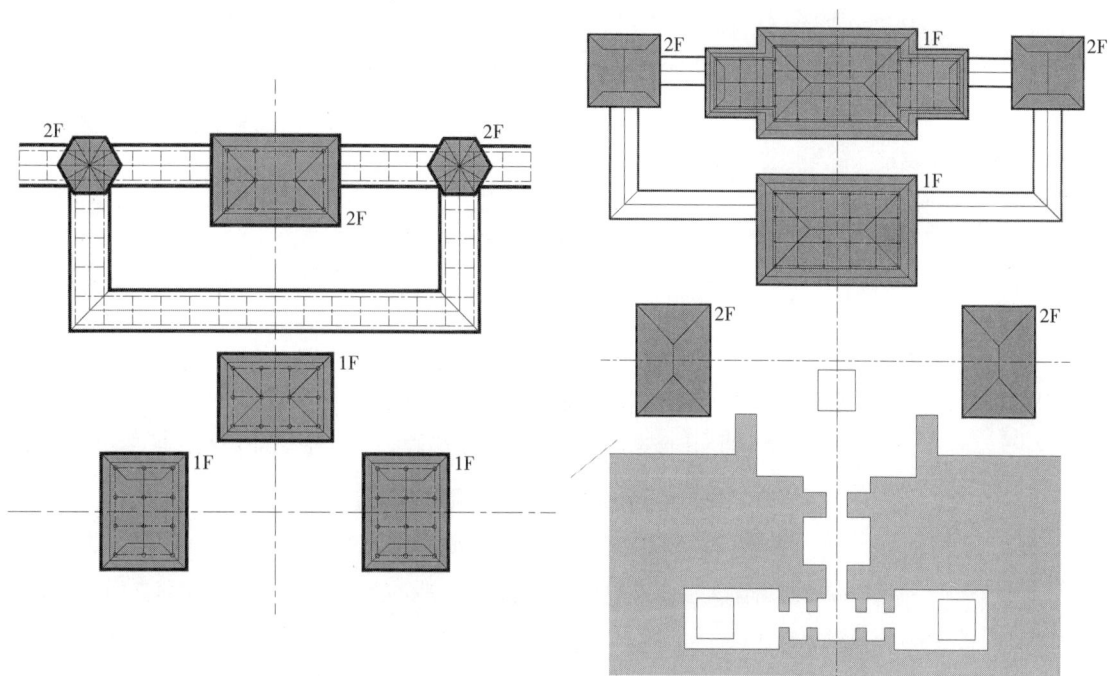

（a）C6-1 型 观无量寿经变 吐蕃时期 第 360 窟南壁

（b）C6-2 型 观无量寿经变 吐蕃时期 第 237 窟南壁

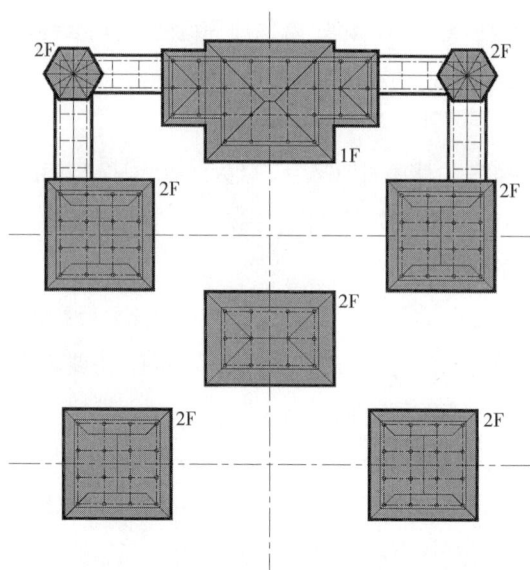

（c）C6-3 型 药师经变 归义军时期 第 55 窟北壁

图3-42 主要殿阁的布局模式之C6型
（资料来源：自绘）

3.3.4 院落空间关系的演变

1. 发展过程

上述以隋代至归义军时期莫高窟经变壁画为核心的讨论可见汉地佛寺院落的主要殿阁布局，最晚在隋代就已经基本确立了"一正两厢"式的主辅单体

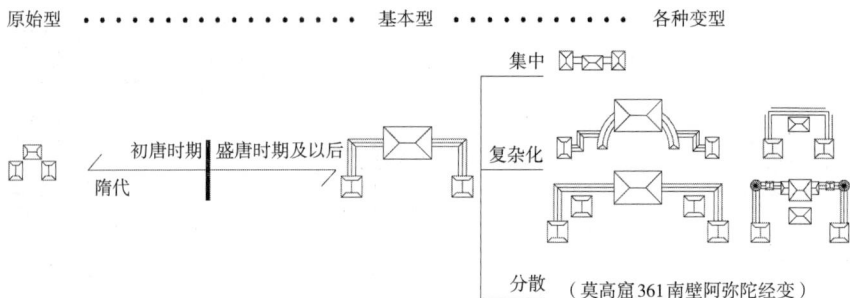

图3-43 隋代至归义军时期莫高窟反映的佛寺核心院落布局模式的发展趋势

（资料来源：自绘）

组群型模式，并且一直影响着后代的殿阁布局。而在初唐时期，连廊的大量运用使得院落内主要殿阁之间的联系更为紧密，院落空间更加明确，相应出现的廊连接组群型殿阁布局模式后来更加变化纷呈（图 3-43 ）。

第一，早期佛寺院落内主要殿阁的布局模式是以"一正两厢"式的主辅单体组群型为主，这种殿阁间的空间位置关系也是后代佛寺院落内殿阁布局的常见形式。

第二，初唐时期大致延续了隋代"一主两辅"三殿（阁）的殿阁布局模式。随着莫高窟以净土变相为代表的经变壁画逐步成熟，其所反映的佛寺院落空间也日趋丰富，比如第 331 窟南壁的弥勒经变中出现了正殿两侧各布置平行两座侧殿的情况，可能开始追求气势更为宏大、空间更为多变的佛寺院落布局模式。

第三，盛唐时期产生了较为成熟的 B3 型廊连接组群型布局模式，由此衍生出变化多样的院落空间。另外，大多数廊连接组群型的子类型都出现于这一时期的经变壁画中。

第四，吐蕃时期和归义军时期莫高窟经变壁画中表现的建筑背景基本上是对盛唐时期已出现的布局模式的重复，主要表现了复合型组群的发展以及对较完整佛寺院落的描绘。

2. 文献比照

佛教寺院发展史上较为著名的有关汉地佛教寺院完整布局的图录资料中，由曾为西明寺上座沙门的盛唐高僧道宣所著的《关中创立戒坛图经》在成书年代和所记地域方面与本文的研究较为接近。

《关中创立戒坛图经》大约成书于公元 667 年初，其主要目的是宣说戒律、规范戒坛制度，仅在第四节"戒坛高下广狭"部分简要地将祇园精舍的布局描述出来，并附有一图（图 1-11 ）。而道宣同年夏完成的《中天竺舍卫国祇洹寺图经》虽然不存附图，但是对于寺院本身的布局描写及其所蕴含的宗教象征意义却比较详尽，可以与前部图经的附图相互参照。不过，前后两图经在具体建筑（或院落）的名称以及方位描述上并不完全一致，这可能因为后者所记是祇园精舍的盛况（"经律大明寺之基趾。八十顷地百二十院准的。东西近有十里。南北七百余步。"[①]），而前者则是经历了大约二十次重建后的现状（"今约祇树园中。总有六十四院"[②]），但是，关于中央"佛院"的建筑配置情况却基本吻合，仅繁简不同。由于莫高窟净土变相中反映了以"佛院"为主要对象的寺院局部，因此，就将前面所梳理的经变壁画反映出的殿阁布局情况，与《关中创立戒坛图经》附图中所表现的相应内容（以下简称"《戒坛图经》附图"）加以对比讨论。

第一，从佛院的整体意象来看，《戒坛图经》附图与盛期的净土变相颇有相似之处，即纵向轴线上前置一座单层佛殿，其后为一座双层楼阁式佛殿，两侧围绕这两座正殿散布若干两两对称相向的楼阁式建筑。这种前后两座大殿分别为单层和多层的形象在莫高窟的净土变相中也很常见，而且，《戒坛图经》中特意说明此后殿为"说法大殿"，这也与目前的一些学者的观点一致[③]。

第二，不论是净土变相，还是《戒坛图经》附图，佛寺主要纵轴两侧均分布大量多层楼阁式建筑，而且后者在主轴线两侧还标明了专门的塔院。一般认为，这一时期的塔随着其重要性的减弱和佛殿功能的加强，逐渐偏离佛寺主要轴线的中央。而大量楼阁式建筑的出现可能反映出在这样一个过渡时期，人们仍然习惯于由塔、楼、阁等高耸的建筑形象所营造出来的佛寺氛围，因此，在不断探索佛塔的新的布置方式的同时，在正殿的两侧仍多设楼阁式配殿。

第三，在《戒坛图经》附图中，不论是"前佛殿"还是"后说法大殿"，都与两侧对应多重楼阁组成"一殿二阁"的组合形式，这也与莫高窟经变壁画所表现出的大多数建筑背景中的殿阁布局大体相似。佛寺中"一殿二阁"的布局，有研究认为在隋代就已经广为流行，是"一正两厢"式汉地传统院落内典型建筑布局模式的一种具体表现。[④]《戒坛图经》附图与莫高窟经变壁画中所表现的"一殿二阁"的院落布局也从一个方面印证了这一点。

第四，连廊与建筑的关系方面，莫高窟经变壁画中比较重视通过横、纵向连廊将正殿与侧殿连接起来构成半围合的殿前空间，而在《戒坛图经》附图中仅表示为贯通东西的横向连廊以分隔由纵列主轴上的建筑所标示出的各进院落。但是，仍然可以看出，连廊在明确院落空间中的重要性。

①　[唐] 道宣 . 中天竺舍卫国祇洹寺图经（1 卷）. 大正藏，诸宗部，第 45 册 .

②　[唐] 道宣 . 关中创立戒坛图经并序（1 卷）. 大正藏，诸宗部，第 45 册 .

③　宿白 . 隋代佛寺布局考 . 考古与文物，1997（2）：31–32.

④　萧默 . 敦煌建筑研究 . 北京：机械工业出版社，2003：37–38.

第五,《戒坛图经》附图中在单层"前佛殿"和其后的"后说法大殿"之间还有一座七重塔,在莫高窟经变壁画中鲜有这种布置。

第六,从功能分区的角度看,《戒坛图经》(包括《中天竺舍卫国祇洹寺图经》)都严格贯彻"佛僧不同院"的布局原则,因此,在中央佛院中不曾出现任何僧众的生活用房。但是,莫高窟有关经变壁画中常出现的将主要建筑围合在内的半室外连廊形象,在归义军时期有的变成全室内的廊屋形象,空间围合状态的改变可能暗示了对应功能的转变。在现存的日本佛寺中,前佛殿后讲堂的布局也比较常见,同时,围绕讲堂经常建有连续的僧房,如,前面已经提到的东大寺(图 3-28),而基本同期建成的唐招提寺(图 3-44(a))则是由僧房和食堂共同围合的,又如法华寺(图 3-44(b))虽然不是围合关系,但是僧房也被布置在靠近讲堂的正后方。这都说明在佛寺的实际使用中,为了让建筑的实际使用者尽可能接近功能用房,如讲堂等,僧侣的生活用房很可能采用就近布置的原则。尽管在道宣描述的理想佛寺中,佛与僧的"生活区域"应该严格分开,但在实际佛寺运行中,将僧众生活区靠近讲堂布置可能更符合实际使用者的需求,也就是说,在设置相对独立的专门僧院的同时,还可能存在将僧房相对分散布置于僧众主要进行修行课业活动的讲堂等殿阁周边。因此,净土变相中的大量连廊有可能关联着实际佛寺中被僧众使用的生活用房也并非不可能。

由此可见,《关中创立戒坛图经》的文字和附图所记述的很多内容,确实与前述由莫高窟经变壁画和石窟形制所反映的佛寺院落内主要殿阁的空间关系有诸多吻合,在一定程度上也印证了由此进行的有关佛寺院落的殿阁配置与布局的推测。

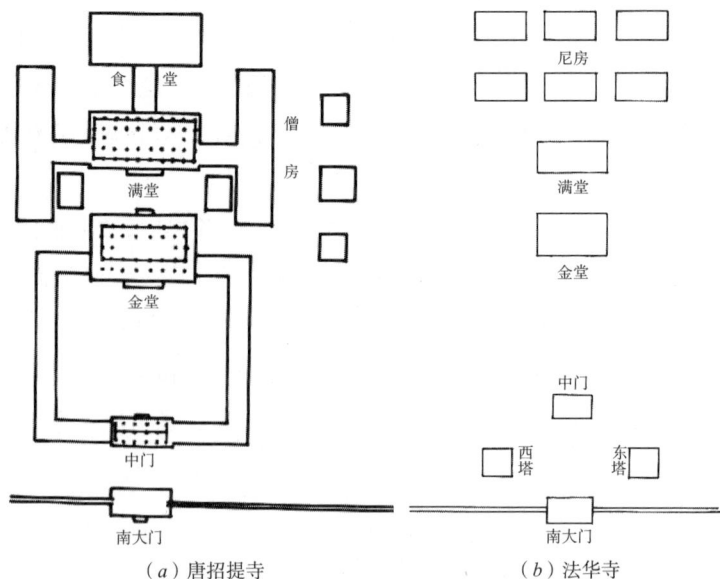

图3-44 日本佛寺中僧众生活用房与讲堂的位置关系
(资料来源:森郁夫.日本古代寺院造营の研究.东京:法政大学出版社,1998)

(a)唐招提寺　　(b)法华寺

第4章 佛寺院落的空间组合——
对石窟与壁画的整体讨论①

　　汉地佛寺早在公元4、5世纪就已经确立了多重院落空间的组织模式。通常来说,一座具有相当规模的佛教寺院不可能仅由单个院落组成,这就意味着当时佛寺的布局往往会依据一定的规划原则和空间逻辑对若干相对独立的院落加以组合与排布。

　　在前面的章节中,我们通过对莫高窟主室佛教主题的探究,讨论了佛寺院落中主要殿阁的配置可能,并且从莫高窟经变壁画中建筑空间的复原出发,进一步推测了佛寺院落的空间关系。基于上述研究,本章将分析莫高窟的单窟空间结构和多窟连通关系,从佛寺院落间的纵向组织和横向扩展两方面来探讨一种整体布局生成的可能性,进而落脚于整合石窟与壁画两类研究对象的实例分析中。

4.1 佛教石窟与佛教寺院的关联

4.1.1 辨析:"窟"·"寺"·"院"

1."窟"之释义

　　《康熙字典》:"【广韵】【集韵】【韵会】【正韵】苦骨切,音。【篇海】窟,室也,孔穴也。【礼·礼运】昔者先王未有宫室,冬则居营窟。【左传·襄三十年】郑伯有为窟室,而夜飲酒。【史记·专诸传】公子光伏甲士于窟室中。【注】谓掘地为室。又山名。【北史·郑义传】隐居荥阳三窟山。【水经注】唐述山谓之唐述窟。又西一里有时亮窟。又月窟,月所生。又【战国策】苏秦特穷巷掘门。【注】掘郎窟,古字通。又叶丘月切,音阙。【谢灵运·辞禄赋】解龟纽于城邑,反褐衣于丘窟。頮人事于一朝,与世物乎长绝。又叶区乙切,音乞。【苏轼·石炭诗】君知欲斫奸邪窟,楚国何曾斩无极。【六书音义】亦作堀。"②

　　由此可知,"窟"字与佛教寺院之间并未形成特定的对应关系。"窟"只

---

① 本章绘制的佛寺布局平面推测图,其所依据的莫高窟有关经变壁画的原图见附录F。

② 结果来源于:http://tool.httpcn.com/Html/KangXi/32/KOCQKORNCQMEARNF.shtml.

是一种空间类型，首先，其规模一般都不会太大；其次，其大多通过类似"掘"的方式建造，也就是说，大多数情况下，"窟"是指人工建造而非自然形成的洞穴；第三，就功能而言，在人类尚不善于营建时是最为适宜的居住场所，后来又常常成为隐居和躲藏的地方。

2. "寺" 之释义

《康熙字典》："【广韵】【集韵】【韵会】祥吏切，音嗣。【说文】廷也，有法度者也。从寸𡳿声。【徐曰】寸，法度也，守也。【释名】寺，嗣也，官治事者相嗣续于其内也。【唐书·百官表】汉以太常，光禄，勋卫尉，太仆，廷尉，大鸿胪，宗正，司农，少府为九卿。后魏以来，卿名虽仍旧，而所莅之局谓之寺，因名九寺。又【汉书注】凡府廷所在，皆谓之寺。 又汉明帝时，摄摩腾自西域白马驮经来，初止鸿胪寺，遂取寺名，为创立白马寺。后名浮屠所居皆曰寺。又宦寺。【诗·秦风】寺人之令。【传】内小臣也。令，使也。又【周礼·天官】掌王之内人及女宫之戒今。郑注寺之言侍也。○按注疏盖以侍释寺义，非。转音时吏切，读若侍，《正讹》合寺、侍为一，非。【集韵】或作閣。考证：〔【周礼·天官】寺人，掌王之内人。【注】寺之言侍也，取亲近侍御之义。〕谨按此所引文义未全，谨照原增改为：掌王之内人及女宫之戒今。郑注寺之言侍也。"①

由上可知，"寺"字本义就是执法者、实施规则（政策）的人或机构，后来逐渐衍生出"侍"一字，最初被用做君王的贴身侍卫、近臣，逐渐泛指各种随从、侍卫等，而作为佛教寺院的"寺"更可能是沿袭最初寄居的鸿胪寺的命名方式。然而，寺之所以能够用于命名佛教的物化场所，其真正原因则可能在于古代官署系统中，以寺命名的机构是用来专门对应九卿②的办公场所，"然自汉以来，三公所居谓之府，九卿所居谓之寺。"③，而汉明帝将来自西域的高僧摄摩腾、竺法兰尊为六卿，"汉明帝遣使西域求佛、书及沙门图。其形像置于鸿胪寺，以胡人为六卿之爵，改庙曰寺。"④

3. "院" 之释义

《康熙字典》："【唐韵】王眷切【集韵】【韵会】于眷切，音瑗。【说文】坚也。【玉篇】周垣也。亦作寏。【增韵】有垣墙者曰院。【唐书·宣宗纪】作五王院，以处皇子之幼者。又官廨曰院。【唐书·明皇纪】置丽正书院，聚文学之士。又【令狐绹传】绹为翰林学士，夜对禁中烛尽，以金莲花炬送归院。又【南部新书】

---

① http://tool.httpcn.com/Html/KangXi/24/PWKOUYILTBUYBFA.shtml.
② 《周礼·冬官·考工记》"匠人"条谈到建筑宫室规模时说："内有九室，九嫔居之；外有九室，九卿朝焉。九，分其国以为九分，九卿治之。"注云："六卿三孤为九卿。"此指天官冢宰、地官司徒、春官宗伯、夏官司马、秋官司寇、冬官司空以及少师、少傅、少保，合为"九卿"。
③ 钦定四库全书，经部，春秋类，春秋左传要义，卷五.
④ 钦定四库全书，子部，类书类，格致镜原，卷十九.

自唐初来，历五院惟二人，李商隐，张延赏。【注】五院，谓监察殿中侍御史中丞大夫也。又儒者所居曰书院。【方隅胜略】白鹿书院，在庐山。鹅湖书院，在铅山县。又浮屠所居曰僧院。【传灯录】本行和尚云：若有人道得着，老僧分半院与汝同住。又道流所居曰道院。【白乐天·寻郭道士诗】看院止留双白鹤。又【广韵】【集韵】胡官切，音桓。又【集韵】委远切，音婉。义同。"①

　　就《康熙字典》的注解来看，"院"的本意是指被周围的墙所包围的地方。大约因为院落格局早在汉代就已经广泛被接受，并在中国传统建筑布局中的重要地位，所以，"院"逐渐具有了另一种相较更抽象化的含义，即由一群人组成的具有一定职能的官方机构。在唐代，"院"开始用来命名官署之类的机构，比如"五王院""粮料院""书院"。此外，"院"所围合的空间除了居住、办公、教育以外，还可能是市集。"郑锷曰：先儒之说谓，市在一院之内，则宜有门。市者以时入门，市胥执鞭度以守之，市之群吏以旌之令之，市师是时入于思次。"②"此三市，皆於一院内为之，大市于中，朝市于东偏，夕市于西偏，郊特牲所云，是也。"③

　　同时，"院"用做佛教寺院的命名在历史文献中屡见不鲜，极有可能正是源于上述"院"在官方职能机构的命名意义，而与"寺"一起构成了所谓的"官寺"体系。"永安禅院在承天寺垣中，旧号弥勒院。……大中祥符八年又编修景德传灯录，以进敕赐今额，每岁度一僧，至今为禅院。"④ 在这种情况中，还可能包含了一种具体的建置关系，比如，《武林梵刹志》中有许多古寺经历战火毁坏后重新归并，归并后的各寺院大多称为"某院"。"净土禅寺，在县南二里南北乡。五代梁干化二年，吴越王舍基为寺，请额光孝明，因宋大中祥符元年，改今额，元末兵毁。洪武十五年重建，归并于此，曰护法院（在县西二十五里）、曰昭明院（在县西四十五里）、曰开化禅院（在县南二里）、曰善住院（在县南五里）。"⑤

4.1.2　石窟的用途

　　从《四库全书》中检索"石窟"可得结果 593 条，其中，确以"石窟"为一个词组出现的约为 580 条左右。通过对这 580 条检索结果一一辨析可知，历史文献中"石窟"一词所包含的意义主要有以下几种用途（图 4-1）。

　　（1）墓室，约占检索总数的 2.6%。其中，较为可信的一段记载建于《隋

---

① http://tool.httpcn.com/Html/KangXi/39/KOXVILRNXVRNTBTBPW.shtml.
② 钦定四库全书，经部，礼类，周礼之属，周礼订义，卷二十三.
③ 钦定四库全书，经部，礼类，周礼之属，周礼述注，卷九.
④ 钦定四库全书，史部，地理类，都会郡县之属，吴郡图经续记，卷中.
⑤ 钦定四库全书，史部，地理类，古迹之属，武林梵志，卷六.

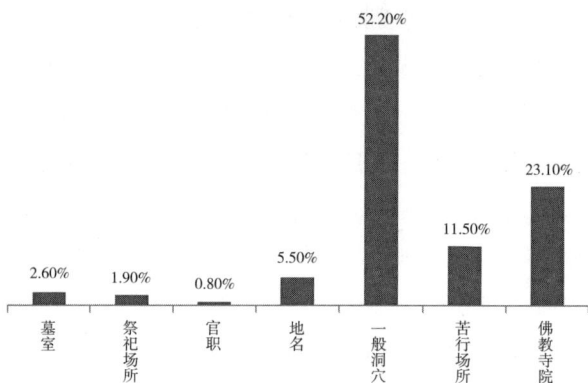

图4-1　历史文献中所记
"石窟"的用途
（资料来源：自绘）

书》："乃衣衾棺敛送往山林，别为庐舍安置棺柩，亦有于村侧瘗之，待二三十丧，总葬石窟。"[①] 由上可知，不晚于隋代，石窟即作为一种丧葬形式而存在。此外，尽管历史文献中有关石窟用做墓室的记载相对并不多见，但是，排除重复的检索结果之后，可以发现，在作为墓室的这种情况中，半数以上的检索条目都与佛教有关，或者是高僧圆寂于石窟中，"不觉徐行约十里许，至大岩前有石窟焉，乃燕寂于中。"[②] 又或是于石窟中发现舍利，"杭州舍利山间，掘基得自然石窟，容舍利函"[③]。综上所述，据现存的中国历史文献记载，作为墓室的石窟不晚于隋代即已出现，但是，后来多为佛教徒所用。

（2）祭祀场所，约占检索总数的 1.9%。就现有检索结果来看，祭祀对象几乎都与自然神有关，偶见与道教、佛教相关的祭祀活动。

（3）官职，约占检索总数的 0.8%，如"石窟丞"，"太府寺统细作、左校、甄官等署，令甄官署又别领石窟丞。"[④] 又如，"石窟巡检"，"数年授湖广永州府仓副使仓，无他储，惟受屯田，子粒封君，出纳平允，能以清约自守，秩满，升广东潮州府石窟巡检，约巡卒举职，近民有讼，多就质焉，皆得理而去。"[⑤] 具体的职能还有待考察。

（4）地名，约占检索总数的 5.5%。如"石窟堡"，"后契丹陷营州，乃南迁，寄治于良乡县，石窟堡为威化县幽州治也。"[⑥] 又如，"石窟溪""石窟泉""石窟山""石窟岩"等。

（5）一般洞穴（避难、避暑、神迹、矿藏、水源地），约占检索总数的 52.2%，具体来看，还可以根据其不同的用途分为三大类，即避灾（躲避兵乱、

---

① 钦定四库全书，史部，正史类，隋书，卷三十一.
② 钦定四库全书，子部，释家类，五灯会元，卷一；子部，释家类，佛祖历代通载，卷四.
③ 钦定四库全书，集部，总集类，释文纪，卷三十八.
④ 钦定四库全书，史部，职官类，官制之属，钦定历代职官表，卷十四.
⑤ 钦定四库全书，集部，别集类，明洪武至崇祯，容春堂集，后集卷七.
⑥ 钦定四库全书，史部，正史类，旧唐书，卷三十九.

祸事、暑气等）、神迹以及水源地（包括矿藏），所占比重基本相当。一般而言，在避灾之用时，以躲避战乱居多，而结果又大多不祥，"（天和二年）唐州山蛮恃险逆命，穆率军讨之，蛮酋等保据石窟一十四处，穆分军进讨，旬有四日，并破之，虏获六千五百人"[①]；在历史文献中，石窟还经常成为出现神瑞异象的场所，比如"今塞府城东北五里有石窟洞石上有龙爪迹"[②]，又如"又曰壶头山，边有石窟，援所穿室也。室内有蛇，如百斛船大，云是援之余灵也。"[③]

（6）苦行场所，约占检索总数的 11.5%，其中，多为禅修的场所，或者孤立于山野，"佛窟寺，一名崇教寺，在牛头山去城三十里，旧传牛头山下有辟支佛窟，宋大明中移郊坛于山之东峰，执事者从事余人游西峰石窟，见一僧趺坐。"[④] 或者附设于佛寺，"沿山一石桥入山径，至花岩寺右，有石窟甚深广，佛书云：唐贞观中法融师居之。"[⑤] 此外，还有一些更为明确的文字记载显示，很可能在印度、西域等佛教东传线路上的前段地区，僧伽在石窟中修行悟道是较为普遍的行为，大概与印度的佛教徒每年夏季进行安居的修行传统[⑥] 有关。"东南上十五里，到耆阇崛山，未至顶三里，有石窟南向，佛坐禅处，西北四十步，复有一石窟，阿难坐禅处。"[⑦] 又有，"从此东北行二十里，到一石窟，菩萨入中，西向结跏趺坐，心念：若我成道当有神验，石壁上即有佛影见，长三尺许，今犹明亮。"[⑧]

（7）佛教寺院，可以看作是前述祭祀场所的一种特指，约占检索总数的 23.1%，可见以石窟作佛寺或石窟为佛寺内的组成部分，在历史文献中的相关记载较为多见。"晋王导以其远对宣阳门，指为天阙，故又名天阙山。梁武帝建寺于石窟下，更名仙窟山，有兜率岩，芙蓉岭，文殊、辟支二洞。"[⑨]

---

① 钦定四库全书，史部，正史类，周书，卷二十九．
② 钦定四库全书，史部，地理类，都会郡县之属，江西通志，卷八．
③ 钦定四库全书，史部，地理类，都会郡县之属，湖广通志，卷十二．
④ 钦定四库全书，史部，地理类，都会郡县之属，景定建康志，卷四十六．
⑤ 钦定四库全书，史部，地理类，都会郡县之属，江西通志，卷十一．
⑥ 梵语 va^rs!ika 或 vars!a，巴利语 vassa。意译为雨期。为修行制度之一。又作夏安居、雨安居、坐夏、夏坐、结夏、坐腊、一夏九旬、九旬禁足、结制安居、结制。印度夏季之雨期达三月之久。此三个月间，出家人禁止外出而聚居一处以致力修行，称为安居。此系唯恐雨季期间外出，踩杀地面之虫类及草树之新芽，招引世讥，故聚集修行，避免外出。四分律删补随机羯磨疏卷四，解释安居之字义，即形心摄静为安，要期在住为居。（摘自百度百科"安居"辞条）
⑦ 钦定四库全书，史部，地理类，河渠之属，水经注，卷一；史部，地理类，河渠之属，水经注集释订讹，卷一；史部，地理类，河渠之属，水经注释，卷一；子部，类书类，太平御览，卷五十．
⑧ 钦定四库全书，史部，地理类，河渠之属，水经注，卷一；史部，地理类，河渠之属，水经注集释订讹，卷一；史部，地理类，河渠之属，水经注释，卷一；史部，地理类，外纪之属，佛国记，佛国记；子部，杂家类，杂纂之属，说郛，卷六十六上．
⑨ 钦定四库全书，史部，地理类，都会郡县之属，江南通志，卷十一．

　　从检索出的相关历史文献中还可以约略推测出，石窟与佛寺的渊源应该也是随佛教东传而自西方外域传入汉地的。在东晋高僧法显的《佛国记》中，有这样一段记录：

　　　　"到耆阇崛山，未至头三里，有石窟南向，佛本于此坐禅。西北三十步，复有一石窟，阿难于中坐禅。天魔波旬化作雕鹫住窟前恐阿难，佛以神足力隔石舒手摩阿难肩，怖即得止，鸟迹、手孔今悉存，故曰雕鹫窟山。窟前有四佛坐处，又诸罗汉各各有石窟坐禅处，动有数百佛在石室前东西经行。调达于山北崄巇间，横掷石伤佛足指处，石犹在。佛说法堂已毁坏，止有砖壁基在。其山峰秀端严，是五山中最高。法显于新城中，买香华油灯，倩二旧比丘送法显上耆阇崛山，华香供养，然灯续明，慨然悲伤，收泪而言：佛昔于此住说首楞严法，显生不值佛，但见遗迹处所而已。即于石窟前诵首楞严，停止一宿，还向新城出旧城北行三百余步道西，迦兰陀竹园精舍，今现在，众僧扫洒精舍。北二三里有尸摩赊那，尸摩赊那者，汉言弃死人墓田，搏南山西行三百步，有一石室，名宾波罗窟，佛食后常于此坐禅。又西行五六里山北阴中，有一石室，名车帝佛泥洹后五百阿罗汉结集经处，出经时铺三空座，庄严校饰，舍利弗在左，目连在右，五百数中少一阿罗汉，大迦叶为上座时，阿难在门外不得入，其处起塔，今亦在。搏山亦有诸罗汉坐禅石窟甚多，出旧城北东下三里有调达石窟，离此五十步有大方黑石昔有比丘在上经行。"[1]

　　由此可知，在法显游历到耆阇崛山的时候，亲眼所见了多处佛教圣迹的遗址，其中绝大部分均以石窟这种建造形式存在。就所记石窟遗迹的功能来看，大多为坐禅修行的场所，而且，这类禅窟很可能围绕一处大型石室分布，这处石室或者类似讲堂，或者类似后来意义的佛殿，相较而言，禅窟规模较小，极可能仅容一人，这样一来就形成了或许可以将距离相近的若干大小石窟（室）视为一个石窟群，相当于一般意义上的一处佛教寺院。

　　在上述历史文献的相关记载中，与"寺"直接相连组成"石窟寺"一词的检索结果约 86 条，占检索总数的 14.8%。"初佛狸讨羯胡于长安，杀道人且尽，及元嘉南寇获道人以铁笼盛之，后佛狸感恶疾，自是敬畏佛教立塔寺浮图。宏父弘禅位后，黄冠素服持戒诵经，居石窟寺。"[2] 可见，在北魏献文帝拓跋弘在位时期（465~471 年）就已经有石窟寺，依据相关文献记载可以推断，此

① 钦定四库全书，史部，地理类，外纪之属，佛国记.
② 钦定四库全书，史部，正史类，南齐书，卷五十七.

处的"石窟寺"应指建于武周山的石窟寺。《魏书》中记载有 6 次帝王巡幸武周山石窟寺，主要集中在献文帝和孝文帝年间，最早的记载是"（皇兴元年八月，公元 467 年 8 月）丁酉，行幸武州山石窟寺。"① 关于武周山石窟寺的建造情况，《魏书》中未见相关记载，仅在后人编撰的《山西通志》中"武周山"一条中有如下文字："武州山在县西二十里，高二里，盘踞三十里，北连雷公山。一峰下有泉，即武州川水之源也。峪中有石窟寺，魏孝文帝尝幸焉，后魏高宗时（公元 452~465 年），僧昙曜请于城西武州塞凿山石壁，开窟五所，镌建佛像各一，高者七十尺，次六十尺，雕饰奇伟，冠于一世。"②

但是，《魏书》对迁都洛阳后营建的伊阙石窟寺（今龙门石窟）的建造则略有记述。如，"景明初，世宗诏大长秋卿白：整备代京灵岩寺石窟于洛南伊阙山，为高祖、文昭皇太后营石窟二所。初建之始，窟顶去地三百一十尺，至正始二年中，始出斩山二十三丈，至大长秋卿王质谓：斩山太高费功难就，奏求下移就平，去地一百尺，南北一百四十尺。永平中，中尹刘腾奏为世宗复造石窟一，凡为三所。从景明元年（公元 500 年）至正光四年（公元 523 年）六月，已前用功八十万二千三百六十六。"③ 又见，"（熙平二年三月，即公元 517 年 3 月）乙卯，皇太后幸伊阙石窟寺，即日还宫，安定王超改封北平王。"④

由上述两处文献记载可知，魏世宗为高祖和文昭皇太后所建的两座石窟应该在 517 年即已完工，而且，由伊阙石窟寺的工程量还可想见武周山石窟的建造也并非易事。

总而言之，作为一种空间类型，石窟的用途不一定都是宗教性的，专门进行佛教活动的石窟仅是其中较为主要的一类。

4.1.3　从"寺""院"到"寺院"

如上所言，"寺"和"院"分别是我国古代官署命名的一类，比如太常寺、鸿胪寺，药院、料院、翰林院。"欧阳公集古录曰，景佑中修大乐冶工拾铜更铸编钟得古钟有铭于腹因存而不毁即宝龢钟也余知大常礼院时尝于太常寺按乐命工叩之"⑤ 在上述这段记载中，可以看出"大（太）常礼院"可能是"太常寺"的一个下属机构，但类似的记载较为少见，所以，"寺"和"院"在行政等级上的区别并不明确。它们用于佛教寺院的名称时也是如此。"弥陀院在涧下村，元

---

① 钦定四库全书，史部，正史类，魏书，卷六.
② 钦定四库全书，史部，地理类，都会郡县之属，山西通志，卷二十一.
③ 钦定四库全书，史部，正史类，魏书，卷一百一十四.
④ 钦定四库全书，史部，正史类，魏书，卷九.
⑤ 钦定四库全书，经部，礼类，周礼之属，周官集传，卷十四.

大德八年建寺,有黄梅,又名梅花寺。"① 仅就这条文献所记而言,这里"寺"和"院"并没有什么区别,因此,"寺"和"院"在命名佛教寺院时的具体限定尚不明确,只能推测,"院"很可能是用来命名组成"寺"的若干空间独立的院落。

因此,"寺"、"院"合而为一词"寺院"用来指代佛教徒进行宗教活动和居住的场所, 也是顺理成章的。但是,"寺院"作为固定词组出现于历史文献中的时间很可能并不早于北宋。一些学者的研究也表明,"寺院"一词出现的较为晚近。②

4.1.4　石窟与寺院的可能关联

1. 石窟与一般佛教寺院的关系

一直以来, 学界对于佛教石窟与佛教寺院的关系并未形成一个明确的结论,一般认为"部分洞窟为一寺,或者持否定态度"。③ 从佛教石窟的起源来看,在印度,最早的佛教石窟应该经历了一个由满足僧侣修行、居住的单一功能发展为开展礼拜、斋忏等综合性佛事活动的过程,而其洞窟形制、空间组合等建筑形态则来源于一般的佛寺,随着佛教传入汉地的佛教石窟正是在此基础上融合汉地建筑文化而逐渐发展成熟的。"作为僧房的毗珂罗窟来源于茅舍草庵,而作为堂殿的支提窟则来源于寺院;而后来的洞窟型制就是这两种形式基础上相互综合、发展和演变的。洞窟的两种建筑型制来源于印度的民间建筑和宫廷建筑;传入中国后,又与中国的传统建筑相结合,就出现了如莫高窟这样的中国佛教石窟。"④

综合现有相关学者的观点,对于佛教石窟与一般佛寺的关系大致可以形成以下认知。

(1)石窟与佛教寺院并无固定的指代关系

从前面的论述来看,不论是石窟与寺院的原始含义及意义演变,还是历史文献中的相关记载,都可以说明,石窟与寺院之间并不存在固定的指代关系。但是,不可否认,石窟用做佛教徒进行活动和居住的场所的情况并不少见。其原因至少应该包括以下几个方面:其一,从历史文献的相关记载中不难看出,在中国固有文化中,对石窟本身的认知经常涉及祭祀、苦行、避难等行为活动,而佛教石窟的主要用途即是礼拜和禅修;其二,石窟作为建筑空间,除了基本的遮风避雨功能之外,还具有符号学的意义,比如坚固对永恒、费力对虔诚、

---

① 钦定四库全书,史部,地理类,都会郡县之属,山西通志,卷一百六十八.
② 段玉明. 中国寺庙文化论. 长春:吉林教育出版社,1999:69-73.
③ 沙武田. 敦煌莫高窟第 72—76 窟窟前殿堂遗址发掘报告. 考古学报,2001(4):508.
④ 马德. 敦煌莫高窟史研究. 兰州:甘肃教育出版社,1996:32.

简洁对超脱,这都与宗教活动对精神层面的需求相吻合;其三,中国的佛教石窟很可能是在佛教东传的过程中吸收异域佛教建筑形式而发展起来的。

(2)单纯以石窟为组成部分的佛寺并不存在

完全以石窟为建筑形态的佛教寺院很可能是不存在的,一般所言的石窟寺,或者是包括了窟上管理机构而言,如莫高窟的窟上管理机构称为寺;或者仅是对一处佛教圣地的命名,如索绪在莫高窟的题词"仙岩寺",因为这一寺名并未出现于任何一处敦煌写卷中;或者是以"寺"的命名对应了在石窟中进行的礼拜、禅修等特定佛事活动,并不是对应一座完整的佛寺。

在爬梳前述历史文献中与佛教寺院直接相关的检索条目可知,石窟寺的出现应不晚于公元 5 世纪下半叶,而且尽管有关"石窟寺"一词的检索条目相对较多,但是,所涉石窟寺几乎集中在山西,即武周山石窟、鹿野苑石窟、伊阙石窟等。这一方面可能反映出,可称之为"石窟寺"的佛教石窟群尽管出现的时间并不晚,但是分布地区十分有限。另一方面,就目前的佛教考古成果来看,佛教石窟在中国的分布较为广泛,成规模的石窟群也并非个例,那么,之所以在历史文献中罕见"石窟寺"的记载,或许也说明佛教石窟通常并不单独作为一座佛教寺院,而仅作为普通佛寺的一个部分被营建和使用,相较而言,非石窟的建筑形态很可能在规模、职能等方面更为重要,故而,很少用"石窟寺"来命名一座佛寺。"莫高窟列于已知敦煌的大寺院之外,莫高窟崖面上的任何一个洞窟,迄今为止,尚不能证明其为敦煌的某一所寺院或者某寺院的组成部分。'以窟为寺'的情况,在莫高窟和敦煌佛教教团之间尚未发现过。"[1]现有对敦煌莫高窟的文献学和考古学研究还发现,与莫高窟关系密切的佛寺更准确的职能是窟上寺院管理机构,如敦煌写卷中经常出现的"乾元寺",它并不是单就莫高窟的称呼,《诸寺付经历》《敦煌诸寺丁壮车牛役簿》等卷子的研究可知,乾元寺就是'窟',或曰'窟寺',但决不是指莫高窟崖面上的某座洞窟,而是敦煌佛教教团设在莫高窟从事窟上诸事务管理的专门寺院。"[2]因为莫高窟的各个洞窟都有各自的窟主、供养人,所以,诸如乾元寺这样设立于莫高窟的佛寺所要进行的日常佛事活动和管理事务不会很多,这也是这类佛寺与一般佛寺在职能上的最大差别。

(3)佛教石窟的营建与存续大多以作功德为目的

就目前对莫高窟洞窟的营建和使用情况的研究来看,至少在南区石窟群,即我们通常所说的莫高窟的范围内,石窟的营建主要出于作功德的目的,而其

---

[1]　马德 . 敦煌莫高窟史研究 . 兰州 : 甘肃教育出版社,1996 : 203.

[2]　马德 . 敦煌莫高窟史研究 . 兰州 : 甘肃教育出版社,1996 : 208.

主要的功能也是围绕这一目的进行的、以礼拜为主的佛事活动。这不仅从目前已有的研究中可以看出，如对莫高窟现存有纪年的碑文的研究，对于《腊八燃灯分配窟龛名数》等相关敦煌写卷的解读，以及后期越来越多的供养人画像及其榜题等，而且，通过一些对于唐代功德寺的研究，我们或许也可以找到这种风气的肇始之处。

顾名思义，功德寺是为作功德而营建的佛教寺院，功德主以皇室及其外戚为主体，"皇家造寺，同官方营寺有区别。它由皇族与外戚，自心发愿、舍宅捐资营造，属于皇家功德寺形制。法琳《辩正论》记述历代造寺，对这两种营造有明确的区分：著于正文的是官廷营寺；著于夹注文的是皇家功德寺。纵观汉唐间的皇家造寺，以东晋、萧梁、隋、唐四朝为盛。"[①] 还有研究进一步指出，功德寺的营建至少包括了两方面的内容，其一是信众通过直接出资或者舍宅为寺的形式表达自己的虔诚和信仰；其二则是进一步提出自己的祈愿和诉求。[②] 因此，功德寺的佛事活动就是围绕上述内容展开的。

一般认为，在莫高窟绵延千年的营建史中，最初确实是出于禅修的需求，而且，伴随禅修活动的进行，还开展了相应的讲经说法活动，这从第 268、第 272、第 275 三窟以及第 285 窟的洞窟形制都可以得到明显的反映。进入隋代以后，莫高窟的佛事活动逐渐发生了转变，这与当时弘扬"禅定双修"的佛教背景有关，主要体现在独立的禅窟与礼拜窟并重。但是，自唐以来，莫高窟的礼拜窟占据了绝对优势，禅窟或者附设于礼拜窟，或者集中设置于北区，莫高窟南区佛事活动的内容也相应变化，即以作功德为目的而开展的斋会、燃灯、写经和礼拜等。莫高窟所反映出的营建动机和使用方式，都在一定程度上与上面提及的功德寺相仿，从这个角度来看，或许中原的功德寺与敦煌的莫高窟之间存在着某种因果联系。

2. 石窟的空间结构与佛寺的空间布局的关系

尽管"以窟为寺"的观点还值得商榷，但是石窟作为佛寺的一部分，一座石窟单独或者结合附建于前部的窟前殿堂，可以被视作一座佛寺中的一座佛殿，这一认识应该是没有争议的，"（讲述佛教洞窟形制的演变）供人们瞻仰礼拜的支提窟，基本上是按照寺院的格局建造的。"[③] 下面针对莫高窟石窟间的空间组合逻辑的探讨，可以看作是基于这一共识的对一种可能性的推想。

第一，石窟形制在一定程度上反映了佛寺主要院落中的空间布局特征。"莫高窟洞窟的建筑结构布局，开始也是来源于佛教寺院、丛林的型制，如北凉三

---

① 张弓 . 汉唐佛寺文化史（上）. 北京：中国社会科学出版社，1997：186.

② 陈瑞霞 . 唐代皇家功德寺研究 . 西安：陕西师范大学，2011：8.

③ 马德 . 敦煌莫高窟史研究 . 兰州：甘肃教育出版社，1996：32.

窟以及北魏的中心柱式窟等。但由于受到崖面上位置、环境等条件的限制，没有地面上的寺院那样完整。"[1] 也就是说，石窟形制可以看作是对现实佛教寺院及与之相关的佛典内容的概括与精炼。

第二，前室、甬道、主室形成的石窟空间组成对佛寺空间布局的体现更可能是局部的，比如某一典型序列、某一主要院落、某一殿阁。就单个石窟而言，则存在尽力模仿木构建筑的趋势，不论是在建筑外观（宿白）[2]，还是窟前建筑的形制（沙武田）[3]，到五代、宋时，更是发展到一个极端。

4.2　佛寺院落的纵向空间组织

在前一章对莫高窟经变壁画有关建筑背景的平面推测复原中，已经可以看出，在盛唐以后的经变壁画中，逐渐出现了一些表现纵向多进院落关系的建筑组群图像。基于上述关于佛教石窟与佛教寺院的关系的讨论，尽管尚不能作出"窟即是寺"的论断，但是，也并不能排除佛教石窟对一般佛寺的空间布局、殿阁配置等方面的模仿与提炼。因此，我们或许可以将石窟空间看作是对一般佛寺的高度概括与浓缩，在这样的假设前提下，下面将从空间序列和功能活动这两个角度来探讨一种可能性，即石窟空间可能对应的佛寺院落空间的纵向组织情况。

4.2.1　空间序列对应的院落组织

"空间序列"意味着以一条运动的轨迹将一系列室内外空间联系在一起，随着人员动线的推移和空间的转换，使用者会获得不同的预期感受。而"空间序列"的要素一般包括空间、路径和感受等。具体来说，一座佛寺的纵向主轴上的空间序列是由从外至内的一系列院落串联形成的。构成佛寺纵向主轴的院落空间，按照其在完整序列中的作用通常可以归入以下几类，即前导段、过渡段、高潮段和结束段。从原理上来说，不同序列节点上的空间特征并不完全相同，大致会涉及使用目的属性、公共/私密属性、交通属性（穿过或停留）、封闭/开敞属性、意义象征属性等多个方面。

莫高窟典型的石窟空间组成由外至内依次为前室、甬道和主室，按照上述空间序列的观点一般分别可对应为前导段、过渡段和高潮段。尽管石窟与一般佛寺的主轴院落相似，同样表现出的是一种尽端式的空间序列，但是石窟空

---

① 马德.敦煌莫高窟史研究.兰州：甘肃教育出版社，1996：39.

② 宿白.中国佛教石窟寺遗迹：3 至 8 世纪中国佛教考古学.北京：文物出版社，2010.

③ 沙武田.敦煌莫高窟第 72—76 窟窟前殿堂遗址发掘报告.考古学报，2001（4）：493-513.

间的重点是进行斋忏、礼拜、观想等佛事活动，其建造目的在于修行与祈愿，而作为石窟高潮空间的主室已经完全可以满足相关功能，因此，没有必要为了完全写仿一般佛寺布局而大费周章地特意开凿出更多院落空间层次。

在佛殿型窟所反映出的空间序列（图 4-2（a））中，使用洞窟的僧俗不论是在渐进的过程中，还是在斋忏、礼拜时，无论是站姿，还是跪姿，都比较容易与正面佛龛中的主尊佛像之间产生良好的视线交流，加之空间形态较为均质，比较适合以静态活动为主的佛事活动。当然，在塔院型窟，尤其是较晚近的背屏式塔院窟中，如果可以将背屏看作是佛寺纵向主轴上的中心佛殿，那么，此时的石窟所对应的佛寺院落布局就与前述图 2-5 中所示非常近似。在此情况下，主室后壁上的内容（壁画或佛龛）也许可以直观认为是整个空间序列的一个结束空间（图 4-2（b））。在这种空间序列中，尽管后部仍然可以设置佛龛，但是信众对此处佛像的观想视线远远超出了正常的视角范围，因此，纵深层次的增加促进了使用者进行更为动态的活动，这种空间形态能够适应更为多样的功能活动，但是空间形态的复合化使每种佛事活动的限定性也相应增加了。

梳理莫高窟隋代至归义军时期石窟组成的遗存情况（表 4-1）可以看出，如果将前室、甬道和主室三部分视作完整的石窟组成，则初唐和盛唐时期的石窟完整性最好，三个组成部分均尚存的石窟占同期石窟总数的百分比分别达到 63.8% 和 65.8%，而隋代石窟的完整性最差，仅为 35.8%，此趋势特点与第 2 章对于石窟主室主尊保存情况的梳理结果基本一致。

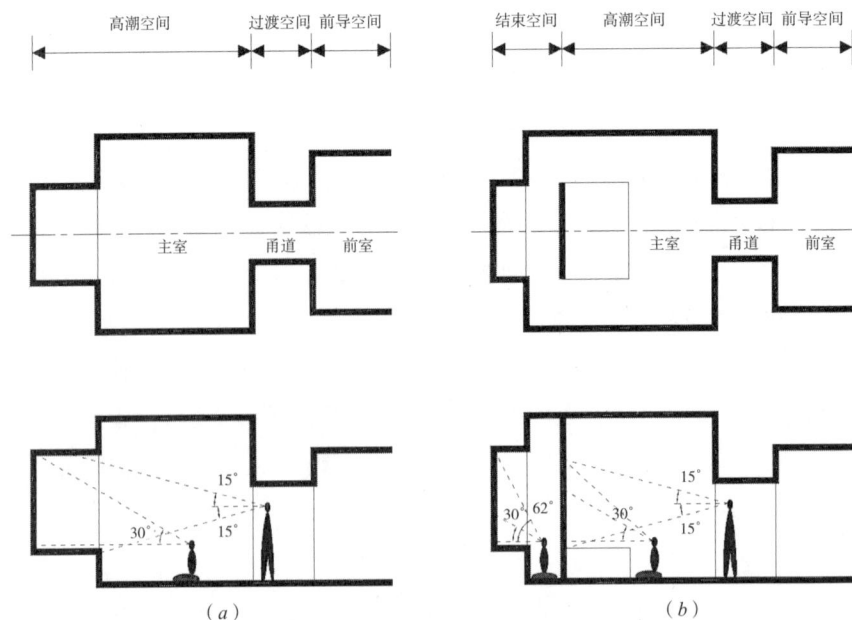

图4-2　石窟的空间序列分析
（资料来源：自绘）

莫高窟隋代至归义军时期石窟组成的遗存情况　　　表 4-1

分期		隋代	初唐	盛唐	吐蕃时期	归义军时期	合计
石窟完整情况	完好	34	30	65	25	44	198
	仅前室不存	20	11	20	17	23	91
	仅存主室	41	6	13	12	43	115
合计		95	47	98	54	110	404

进一步梳理石窟前室和甬道的壁画遗存，可发现非主室部分壁画被重绘的情况十分普遍，并且绝大部分发生在归义军时期。也就是说，在同一位置可能因为历代的重绘出现不同分期的壁画相叠加的情况，只有对重绘部分的壁画进行科学且缜密的剥离，才有可能发现其建造之初的原貌。然而，就目前公布的相关考古成果来看，可掌握壁画分层内容的情况并不多，且多数仅为自然剥落所见。另外，即使前室或甬道空间尚存，其间的塑像多数不存。

按照图 4-2 所示，如果将一处石窟的上述三个组成部分，分别对应一座佛寺某条纵向轴线上的主要院落空间，那么，就需要一定数量的石窟形制和内容遗存都比较完整的研究样本。但是，根据前面对隋代至归义军时期莫高窟有关石窟的空间组成和绘塑内容统计来看，在现已公布的莫高窟资料基础上难以进行有关具体建筑配置的规律性推测。因此，本文研究根据有限的材料仅以数量偏少的完整的单个石窟所具有的上述三个组成部分为核心，辅以相关经变壁画所反映出的相似院落组合情况，对佛寺纵向主轴序列的空间属性进行一些非体系性的探讨。

1. 前导段

前室空间是整个石窟空间组成中直接与室外相接的部分，在这里不仅完成了室内外转换，而且是作为空间序列的起点。石窟常见前室空间大多为半封闭的横向长方形空间，便于汇集人流并通过壁画、塑像等装饰手段为序列的进一步展开进行引导，以及为主要佛事的实施进行一些初步准备，这里同时具有交通节点和内容铺陈的双重作用。石窟的这个部分与一般佛寺中由山门、天王殿及其前广场构成的入口区域的空间属性十分相似，其目的都是通过空间建构来逐步实现由世俗空间向神圣空间的转化。

然而，窟前部分在 10 世纪前期之前并未受到重视，"莫高窟从公元 4 世纪至 10 世纪前期的营造史上，除了大像和部分底层洞窟以外，一般都不在窟前修造木构窟檐和殿堂。"[①] 这从一个侧面也反映出，不论是从宗教活动进

[①]　马德. 敦煌莫高窟史研究. 兰州：甘肃教育出版社，1996：121.

行的序列，还是对建筑空间的塑造，窟前部分（含前室）的意义更多地体现在基本功能上。因此，有学者在对法藏敦煌写本残卷《某氏兄弟内外功德记》（P.3302vl）进行研究 [1] 后认为，此《功德记》中所载"创建三窟（即第27、第29和第30窟）、并立前檐"在当时被视作特殊事件，也就是说，石窟前室的地位得到了加强，作为石窟前导空间的前室部分很可能自公元10世纪上半叶以后在纵向空间序列上的意义逐渐提升。后面关于第331窟的实例研究（详见本章第4节）也印证了这一点。

石窟前室也是最容易受到风沙的侵蚀、最容易坍塌损毁的部分，因此，保存情况大多都不理想。尽管如此，就现存莫高窟前室空间的情况（表4-2）来看，还可有以下发现。

隋代至归义军时期石窟现存前室的布局情况   表 4-2

	Qi	Qii	Qiii	合计
隋代	15	3	16	34
初唐	14	6	10	30
盛唐	34	15	16	65
吐蕃时期	15	4	6	25
归义军时期	26	15	3	44
合计	104	43	51	198

注：1. Qi 对应的前室布局为两侧壁完整，与入口相对的一壁仅开设通往甬道的门洞；
　　2. Qii 对应的前室布局为除入口一面以外的三壁开凿有若干佛龛或洞窟；
　　3. Qiii 对应的前室布局为两侧壁上开凿通道与相邻石窟连通。

第一，前室空间形态的特征反映了佛寺前导空间突出其实用性。隋代至归义军时期石窟现存前室的平面以横向长方形居多，其中的大部分主室直接与室外相接的一整面往往已不存，除了人为破坏外，根本原因是前室的这一面原来是更易损坏的木构建筑。一般来说，木构建筑比砖石建筑更容易建造得华美精细且特征鲜明，从而使石窟在整个崖面上凸显出来，保证了前导空间的易识别性。

石窟前室内部常见有三种布局情况：第一种是两侧壁完整，与入口相对的一壁仅开设通往甬道的门洞（Qi，见图4-3）；第二种，除入口一面以外的三壁开凿有若干佛龛或洞窟（Qii，见图4-4）；第三种，两侧壁上开凿通道与相邻石窟连通（Qiii，见图4-5）。由总数来看，第一种布局的前室较多见，进行分期考察还可以进一步发现：在隋代，甚至到初唐时期，第一种布局的前室

---

① 马德. 敦煌莫高窟史研究. 兰州：甘肃教育出版社，1996.

（a）平面概念图　　（b）石窟实例：第 147 窟
归义军时期

（a）平面概念图　　（b）石窟实例：第 323 窟 初唐时期
第 324 窟 西夏时期
第 325 窟 归义军时期

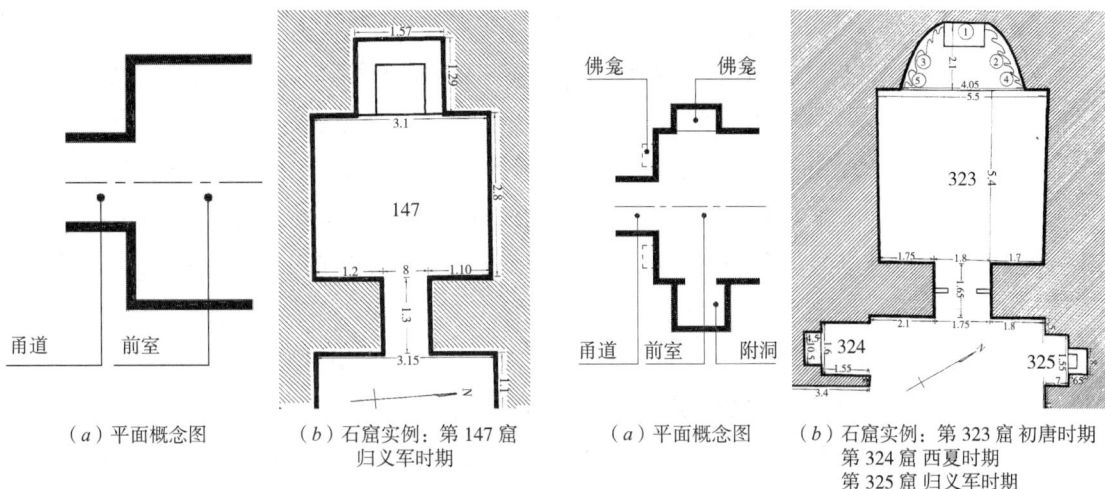

图4-3　隋代至归义军时期石窟现存前室的布局类型之Qi型（上左）
（资料来源：（a）图自绘；（b）图石璋如.莫高窟形（卷二）.台北：中央研究院历史语言研究所，1996：32）

图4-4　隋代至归义军时期石窟现存前室的布局类型之Qii型（上右）
（资料来源：（a）图自绘；（b）图石璋如.莫高窟形（卷二）.台北：中央研究院历史语言研究所，1996：92）

图4-5　隋代至归义军时期石窟现存前室的布局类型之Qiii型（下）
（资料来源：（a）图自绘；（b）图石璋如.莫高窟形（卷二）.台北：中央研究院历史语言研究所，1996：56）

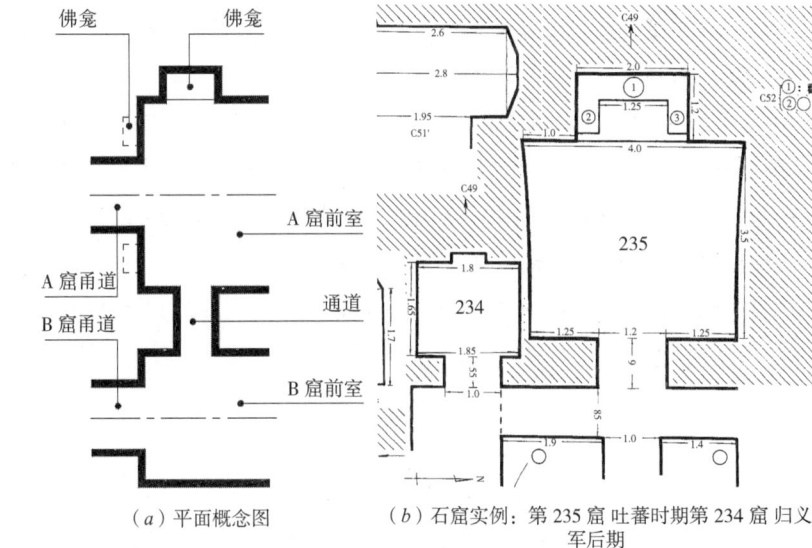

（a）平面概念图　　（b）石窟实例：第 235 窟 吐蕃时期 第 234 窟 归义军后期

和第三种布局的前室在数量上都较多，而盛唐以后第三种布局的前室大幅度减少。或许可如此推测，在隋代至初唐的汉地佛寺中，主轴线院落与其他并列的次要轴线院落之间的联系主要存在两种可能，其一是主轴线与次轴线相邻院落间直接就近设置通道相连，主、次轴线之间的联系密切；其二是通过主轴线院落的前导段分流至次轴线院落，主、次轴线之间的联系较少，各自独立性强。但到了盛唐以后，主、次轴线院落在佛寺布局中的联系可能更加紧密了。

第二，前室装饰题材的变化反映了佛寺前导空间可能的建筑配置情况。尽管现存前室的壁画大多为归义军时期重绘，但结合一些对已剥落显露的下层壁画的记录也可发现，隋代和初唐时期莫高窟前室的壁画题材还是以千佛和说法图为主的，偶见维摩诘经变；进入盛唐，在延续前代壁画题材的基础上，密教类观音经变和天王图像开始出现于前室壁画中，文殊变与普贤变也有成对出现在与甬道相通的门洞两侧的情况；吐蕃时期以来，供养人、供养比丘、供养菩萨等用以明确造窟世俗目的的图像开始绘制于前室各壁；当然，以上各期石窟的前室中均遗存有大量归义军时期重绘的壁画，加上归义军时期石窟前室的壁画遗存，很容易看出这一时期前室壁画的主要内容与此时敦煌佛教的信仰特点相吻合，即仍然为主流的净土信仰，并且由前期以祈愿往生为主，逐渐转变为追求现世护佑和往生归宿并重，其具体表现就是药师类图像、地藏类图像和观音类图像的增多。其他的如龙王礼佛等新出现的壁画内容也反映了当时普通信众对现世利益的关注。由此或许可以推测，在佛寺前导空间的建筑配置上，当时很可能在过渡性院落与前导院落之间的交界处设置有专门体现现世关怀的殿阁，如天王殿、观音殿、地藏殿，或者在前导院落两侧殿宇中分别供奉天王、观音、地藏等。

　　第三，前室与主室的对位关系反映了佛寺总体布局中平行多轴线间可能的组织关系。通过对隋代至归义军时期有关前室保存情况的梳理可以发现，以同一个前室空间来组织多个石窟主室的情况很常见，一方面，其中规模较小且形制简单的附洞式石窟可以看作是佛寺前导空间中的一座建筑；另一方面，同一前室面宽内并列的多个规模、形制都比较相似的石窟，还可能反映了当时大型佛寺的多路轴线院落共同拥有一个前导空间的布局特点。比如，前面提到的第 27、第 29 和第 30 窟在不晚于公元 10 世纪的时候就曾修建了共用的窟前木构前室（图 4-6）。

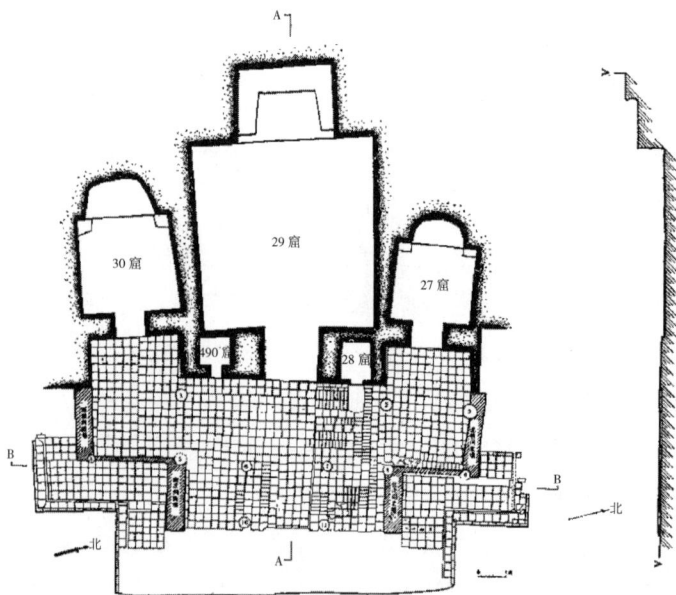

图4-6　共用前室的多窟组合 第27窟 盛唐时期；第29、30窟 归义军时期
（资料来源：潘玉闪，马世长．莫高窟窟前殿堂遗址．北京：文物出版社，1985：67）

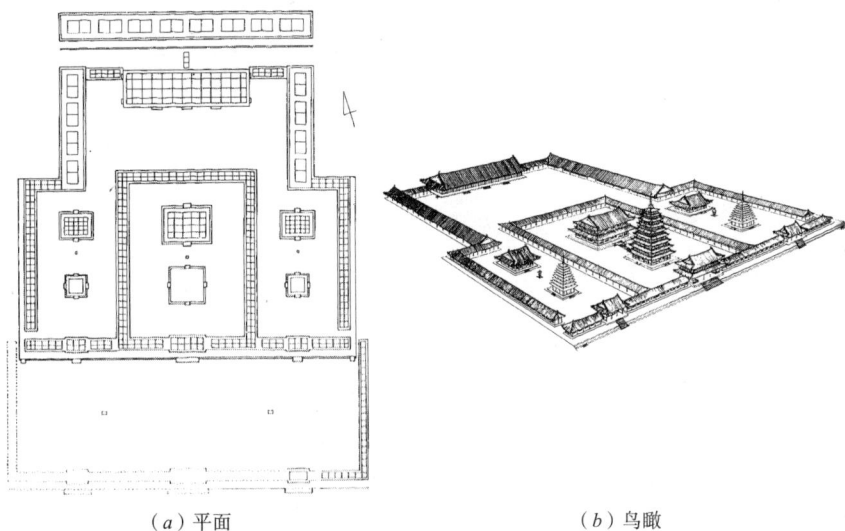

（a）平面　　　　　　　　　　（b）鸟瞰

图4-7　韩国益山郡弥勒寺复原图
（资料来源：尹张燮，柳沢俊彦. 韩国建筑史. 东京：丸善株式会社，1997）

这在年代接近的佛寺院落实例中仍可见相似的遗存。例如，建于公元 7 世纪初的韩国益山郡弥勒寺，在一个完整的前导空间之后，院落分成三路平行纵向轴线继续向纵深延展，然后在三路纵轴的正殿之后，院落再次合三为一（图 4-7）。

2. 过渡段

相对而言，石窟的甬道空间近似于一种穿过式的线性空间形态，主要作用是为到达序列中的高潮做进一步的铺陈和准备。这部分大致可以对应一般佛寺中居于主要正殿所在院落与天王殿所在院落之间的空间。

隋代至归义军时期石窟现存的甬道空间绝大多数为单纯的线性空间，具有明确的将人员由前室引导至主室的趋向，也有一些在甬道两侧壁开凿佛龛或附洞的情况，但所开佛龛或附洞从其石窟分期来看，均为归义军时期开凿。由此可以推测，进入归义军时期以后，佛寺过渡空间的功能有所扩充，相应地，在具体对应佛寺的布局中不仅仅局限于原有空间的交通联系功能，而是增加了对应的建筑配置，使得前导空间和高潮空间之间的过渡具有更加丰富的体验。根据对隋代至归义军时期有关石窟内容的梳理，也可以就甬道所对应的当时佛寺纵向轴线序列上的过渡院落空间中的建筑配置进行一定推测。

第一，初唐石窟的甬道两侧壁及顶部的壁画题材已出现有天王图像，当然也有千佛等此时期较盛行的壁画内容，至盛唐时期，天王图像又有增多，同时还出现了接引佛、地藏、供养人（菩萨、比丘）等在后代较主流的甬道壁画题材。这可能反映了唐前期的佛寺对过渡性院落空间的营造还处于摸索阶段，表现在这一时期莫高窟甬道壁画题材仍缺乏较为明确的主题，但是很可能已经出现了两侧殿供奉天王像的建筑布局的可能性，但是与主要正殿院落的空间

159

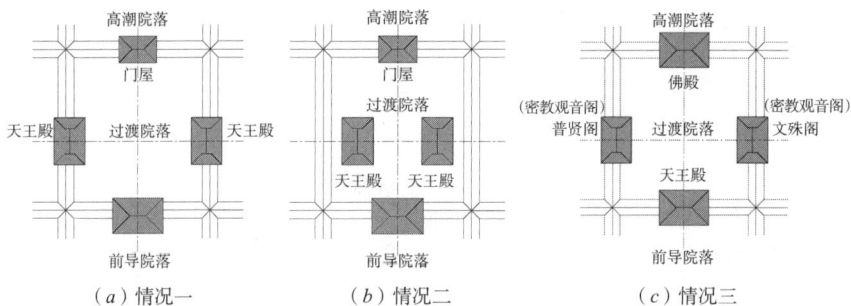

图4-8 莫高窟反映的佛寺过渡院落布局推测
（资料来源：自绘）

（a）情况一　　　　（b）情况二　　　　（c）情况三

连接节点仍为门屋，甚至可能仅由半开敞连廊自然过渡（图 4-8（a）、（b）），这在盛唐和吐蕃时期的一些净土变相中也有所体现（图 4-9）。

第二，归义军时期甬道内的壁画内容已基本固定，即顶部为地藏十王厅变相、佛教史迹画（包括瑞像图）、接应佛、药师佛等；两侧壁以供养人（菩萨、比丘）为主，也常伴有文殊变和普贤变组合、密教类观音经变等。由此可以推测，所对应的同期佛寺过渡性院落的建筑配置已经逐渐成熟，其正面与主要正殿院落相接的节点位置会有一座佛殿，其中可能供奉地藏十王、药师佛、接引佛，也可能是释迦佛，但佛殿规模应该小于高潮院落的正殿；而过渡性院落正殿两侧不再布置供奉天王的侧殿，而可能是文殊阁与普贤阁对峙，或者会是供奉密教类观音的殿阁（图 4-8（a））。

**图4-9 观无量寿经变
中唐 第237窟 南壁**
（资料来源：施萍婷 主编.阿弥陀经画卷（敦煌石窟全集 5）. 香港：商务印书馆（香港）有限公司，2002：222）

3. 高潮段

相对而言，石窟主室空间是较为静态的空间，在经历了前面两个具有强烈导向性的空间的引导后，这里就是导向的目标所在，这个空间允许或鼓励人们充分停留并开展主要活动。大多数情况下，此空间高潮的形成势必具有一个实体的或心理的中心。石窟的主室空间很可能反映的是佛寺主要正殿所在院落的空间形态，也是整个佛寺纵向主轴线序列上的高潮段。同时，根据其中所容纳的不同功能活动可以进一步细分为佛殿型、塔院型、僧院型以及讲堂型，从而反映出更为具体的空间形态。有关详细情况见后面的专门讨论（本章4-2节）。

4. 结束段

如前所述，莫高窟对应佛寺纵向主轴序列上可能存在的结束空间在隋代至归义军时期并不普遍具有，但如图 4-2（b）所示的结束段形态大致可能对应佛寺中两种结束空间布局。其一是结束空间与高潮空间并没有严格的分界，在隋代前后可能主要表现为以塔为中心的主要院落内中心塔之后的空间，其二是高潮空间与结束空间分别对应两个前后相邻的院落。这在同时期的净土变相中也有类似的布局图示，例如盛唐时期第148窟东壁观无量寿经变（图4-10）等。

图4-10　观无量寿经变（局部）　盛唐 第148窟东壁

（资料来源：施萍婷 主编.阿弥陀经画卷（敦煌石窟全集5）.香港：商务印书馆（香港）有限公司，2002：188）

受到石窟空间与壁画表现形式的局限，这部分院落主要建筑的功能性质尚不明确，但是，通过对同时期的日韩佛寺遗迹的考察，以讲堂为中心的建筑配置在此部分出现的可能性较大。

4.2.2　功能活动对应的院落形态

前面已经对隋代至归义军时期一般佛寺院落主轴空间序列的布局特征，

对照莫高窟有关石窟进行了讨论，在通过相似建筑手段塑造神圣空间的过程中，佛教义理的阐释与变迁以及对信众感受的利用与引导都贯穿在其中。然而，作为一处以使用而非单纯纪念为主的建筑空间，不同的功能活动对其规模、形制、流线组织等的要求，也应该会在一定程度上影响着佛寺中不同职能院落的空间形态。

依据本研究所采用的石窟分类方法，莫高窟现存石窟的类型主要涉及佛殿型、塔院型、僧院型三种。回顾前面已经分析讨论过的内容可以发现，相对于单纯以石窟主室的形制要素的分类方法，以功能为线索进行讨论更容易理解石窟形制与内部活动之间的关系，下面就以功能活动这条动态的线索，通过分析有关石窟空间中绘塑组合与石窟形制的整体性，推测当时佛寺主轴空间序列上的院落空间属性及其与特定的宗教活动之间的关联。

1. 佛殿型：忏仪道场

佛殿型窟对应的石窟形制，基本上都是使后壁开凿的佛龛内或砌筑的佛坛上的佛像成为整个石窟的中心，在此进行的佛事活动以龛（坛）前礼拜斋忏为主（图 1-3）。一般来说，在典型的佛殿型窟的主室中，主尊是后壁佛龛内或佛坛上供奉的佛像，两侧壁大多绘制主题鲜明的经变画，也有相向开凿佛龛者，不仅与主尊共同营造出理想的神圣空间，较为形象地阐释与所施行忏仪相符的佛教义理，也有助于信众更好地进入仪式所设定的情境中。此时此地，佛殿型窟中的绘塑组合与石窟空间也融为一体，共同促使对应的佛事活动得以有效进行（图 4-11）。

2. 塔院型：绕塔礼忏

塔院型窟所对应的同期莫高窟石窟形制有三种，分别为中心柱式、中心坛式和背屏式。前面已经分析过这三种形制在不同时间段的分布规律及其所反映的佛寺院落布局的流变情况，相应地，这种类型的佛寺院落空间所容纳的活动也随着时间推移而有所变化，大致来说，从隋代以前偏重于绕塔而行的忏仪活动，发展为以相对静态的殿前法事活动为主（图 4-12）。

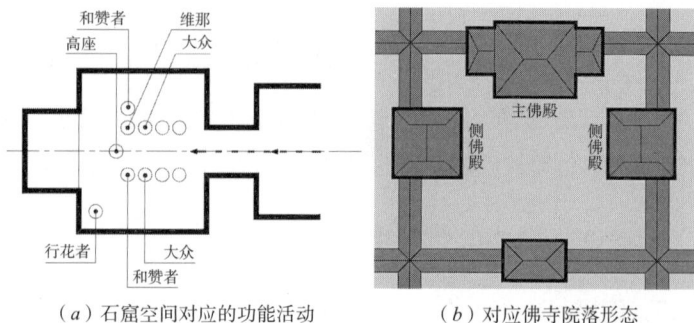

图4-11 功能活动对应的院落形态之佛殿型窟（资料来源：自绘）

（a）石窟空间对应的功能活动　　（b）对应佛寺院落形态

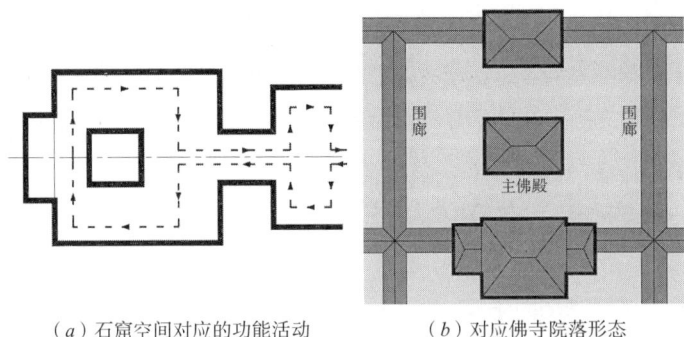

（a）石窟空间对应的功能活动   （b）对应佛寺院落形态

图4-12 功能活动对应的院落形态之塔院型窟（资料来源：自绘）

3. 僧院型：礼佛禅修

僧院型石窟相对于前两种类型而言，是更生活化和世俗化的空间。目前莫高窟遗存的僧院型石窟主要分布在发掘较晚的北区，本文研究所涉及的南区石窟中并不多见。就现有南区相关石窟遗存来看，僧院型石窟也大致经历了一个由盛转衰的发展过程。

西魏时期的第 285 窟主室两侧壁分别开凿有四个大小相仿的禅窟，而主室后壁中央圆龛中塑有一尊倚坐说法佛，在主室平面中心还筑有佛坛，推测这是一处宣讲佛法和自行修悟并重的僧院型禅窟（图 4-13）。这样的石窟规模与形制都反映了当时敦煌佛教注重佛教学术和禅观修行的风气。

进入隋代以后，僧院型石窟功能更为简化，面积不大，窟室内也不设置佛龛（坛），装饰题材相对简单，更容易出现单一主题的壁画组合，而且，通常是作为佛殿型窟或塔院型窟的附洞出现，也没有单独的甬道和前室部分。例如，初唐时期的第 213 窟就开凿于同期的第 212 窟（佛殿型）前室的侧壁上，平面为正方形，面积仅约 $1m^2$，窟室内的壁面绘画主题均为千佛（图 4-14）。一方面这可能是因为当时莫高窟在整体功能分区上更为明确，北区生活窟对日常生活的保障日益完善；另一方面还折射出莫高窟的营建后期开窟的目的逐渐

图4-13 功能活动对应的院落形态之僧院型窟（左）

（资料来源：（a）图石璋如.莫高窟形（卷二）.台北：中央研究院历史语言研究所，1996；71；（b）图自绘）

图4-14 第212、第213窟 初唐时期（右）

（资料来源：石璋如.莫高窟形（卷二）.台北：中央研究院历史语言研究所，1996；171）

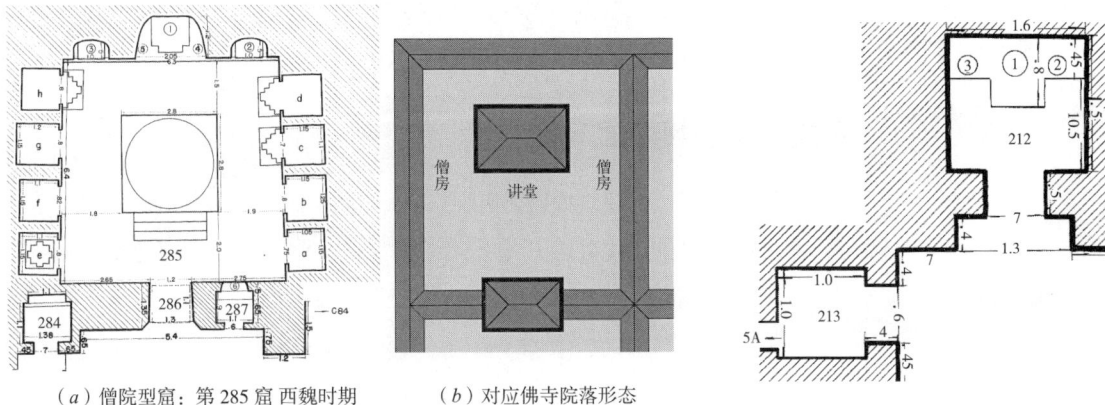

（a）僧院型窟：第 285 窟 西魏时期   （b）对应佛寺院落形态

转为礼拜和作功德，也就是说，由于这时敦煌佛教已不再局限于僧侣阶层内部，而盛行于敦煌地区的各个社会阶层，开窟的出资人也逐渐以地方望族、平民邑社等世俗人群为主，因此，专门用于僧侣禅修的僧院型石窟日益萎缩。

4.3 佛寺院落空间的横向扩展

莫高窟的营造历时千年，大大小小近五百个洞窟先后开凿于长约 1.5km、高度 10~40m 不等的崖面上。敦煌虽然自汉武帝以后一直是丝绸之路上的重要城镇，但是，在当时的物质生产力水平下，在荒滩戈壁上开凿这样的石窟不可能是一种个人行为。就莫高窟所反映出来的建造水平可以想见，敦煌很早就应该形成了一套较为完善和有效的营建机制，并拥有一大批得力的施工管理者和工匠。"北凉以来，洞窟营造一般为集体行动，分工负责，流水作业。在一个时期内，一个区域的洞窟由固定的开凿班子造作，他们必须是按顺序开凿，而不能超越。"[①] 也就是说，专事开凿的营造队伍先行开凿出若干大小不一的洞窟，然后才是僧俗信众根据各自的需求、财力出资进行洞内装饰。

这样一来，现存的多个相邻的石窟，尤其是开凿于同一时代的石窟组群，很可能在其建造之初基于统一的规划布局，而这种先期的洞窟规划应该在很大程度上已经考虑了开凿完成后不同出资人的多种需求，从而在洞窟排布的类型上不仅有独立石窟，也有按照佛事活动要求而连通的石窟组。正因如此，我们可以假设在空间组织上存在一定关联性的若干石窟间存在某种组合逻辑，而这种组合逻辑很可能来源于当时一般佛寺的整体布局结构。下面就以石窟组合与经变壁画所反映出的情况对 6~11 世纪一般佛寺横向扩展的可能性展开相关讨论。

在以院落单元组合的佛寺布局中，横向的扩展可能存在两种情况。其一，多个相对独立的院落横向并列，它们既可能像韩国益山郡弥勒寺那样通过一个共同的前导空间进行联系，也可能直接横向串联在一起。其二，多路纵向轴线横向并置，彼此之间的连接方式通常更为多样。

4.3.1 横向组合的可能

通常情况下，佛寺规模最为直观的衡量标准就是纵深发展的院落层次（数量）和横向排列的轴线数量，而院落数量的多少基本可以对应佛寺基址面积的大小，轴线数量还可以作为评判佛寺等级的主要指标。例如，有研究将唐代

---

① 马德. 敦煌莫高窟史研究. 兰州：甘肃教育出版社，1996：64.

长安的主要佛寺按照基址规模分为四个等级 [①]，从"尽占一坊之地"逐级缩减，这也反映出汉地佛寺因各自受推崇、认可的程度差异而导致佛寺总体布局规模的不同。石窟组合内横、纵向多空间的连接关系，有可能在某种程度上反映出汉地佛寺中规模等级与院落数量的这种对应情况。

1. 石窟组合之所见

尽管缺乏确凿的文字证据，但是，莫高窟南区现存的近五百个以非生活用窟为主的洞窟在位置和时间分布上很可能并非完全随机建造的。因此，梳理洞窟间可能的组合关系可以在一定程度上反映其生成机制，进而也为探讨当时一般佛寺院落空间的横向组合可能提供一定参照。

石窟的组合关系所营造出的空间关联可能最接近当时佛寺布局的真实形态。比如，云冈石窟北魏时期的多组双窟，为研究汉地佛寺的核心院落从以塔为中心到以殿为主的过渡形式提供了一种可能性，其中，由中心独塔到殿前两侧双塔，再到核心院落两侧塔院等组合，这些也可在日本和韩国的一些同时期的佛寺遗迹中有一些印证。

然而，在莫高窟石窟中，类似云冈石窟的明显的双窟组合基本不见，更多的是以张大千早期整理莫高窟遗迹时的编号为线索的主附洞式石窟组合。对于莫高窟的研究，在大多数情况下，都是基于单个洞窟为单位来展开的，因为就现有可查的文字记载来看，极少能明确指出某窟是依附于某窟建造的，或者某几窟是作为一个整体建造和使用的。可能正是因为这样，所以，敦煌研究院后来在进行石窟编号的时候摒弃了此前以张大千标号体系为代表的对单个石窟进行人为分组的方式，而将每个洞窟不论大小和相互关系都单独编号。

同时，由于莫高窟的营建历史绵延千年，整体规模较大，石窟形制也比较多样，所以，现存石窟中有许多拥有同一前室空间或者直接在前室、主室部分开凿通道相连的情况，如此串联起的石窟可从两个到几十个不等。尽管这样形成的石窟组合在开凿（建成）年代、石窟形制、面积规模以及使用性质（功能）等方面都不尽相同，但是，在本文对于佛寺院落扩展模式的研究中，仍会尝试将其中一些看成是一座渐次生成的大型佛寺，通过梳理这样的石窟组合中各单个石窟在年代、形制、规模等方面的关系和趋向，进而讨论佛寺生成的历时性和结构性规律。一个石窟内部的绘塑等装饰性要素很难脱离石窟形制和建造年代的限制，而看似独立的单个石窟还可能在选择其建造的崖面位置时就开始受到已有的其他石窟的影响，甚至是考虑了对前代已建成石窟的有选择的利用。

根据已公布的莫高窟洞窟分布位置和平面，石窟组合所反映出的院落横

---

① 宿白 . 试论唐代长安佛教寺院的等级问题 . 文物，2009（01）：27–40.

莫高窟石窟组合对佛寺院落横向组合关系的反映　　　　表 4-3

组合关系		石窟编号
并列轴线	主附洞	152（+153+154）/87（+86）/81（+80+82）/66（+67）/65（+64）/61（+62+63）/59（+58+60）/49（+50）/44（+43）/41（+42）/39（+40）/38（+37）/329（+330）/353（+352）/356（+355+354）/366（+?）/449（+451+453）/456（+455+457+?）/254（+255+253+252）/251（+?+250）/246（+247+245）/223（+224）/225（+226+227+?）/192（+193）/186（+187）/185（+184）/182（+183+181）/180（+179）（共包括 67 处石窟，28 组石窟组合）
	石窟组	127+128/123+124+125/115+116/111（+110）+112+113/234+236/92+93/88+89+91（+90）/78+79/74+75+76/68+69/281+282+283+285（+284+286+287）/288+289+290+291+292+293（+294+295）+296/25+26/318+319+320+321/340+341/358+359+360+361（+362）+363/448+446+445+444（+443）/275（+274）+272（+?+273+?）+268（+271+270+267+269）+266+265+263（+262）/211+212（+213）+215（+214）+216+217+218（+219）+220（+221+222）/205+204+203+202+201（共包括 84 处石窟，21 组石窟组合）
交叉轴线		133（+135+134）/323（+324+325）/342（+343）/12（+11+13）/9（+8+10）/103（+102+104+105+101+106）/464（共包括 21 处石窟，7 组石窟组合）
复杂轴线		130/297（+298）+299+301+302+303（+304）+305+307（+306+308）+309+310+311（+312）+313+314+315（+316）/345+347（+348+349+350）/16（+17）/367+368+369+371（+370）+372+373+374+375+376（+377）+378+379+380+381+383（+382）+384+386（+385）+387+388+389+390+392（+393）+394（+395）+396+397+398+400（+399）+401+402（+403）+404（+405+406）+407（+408）+409（+410）+411+412+413+414+415（+416）+418（+417）+419+420+423（+422+421）+424（+426+425）+427+428（+429+430）+431+432（+433）+435（+434+436）+437+438（+439）+440（+441）+442/199（+198）+197（+191+190）/176（+178+177）+175（+174）+172（+173）+171+170+169+166（+168+167）+165+164（+163）+162（共包括 131 处石窟，6 组石窟组合）
其他		458/459/460/243/242/240（+241+239）/230（共包括 9 处石窟，7 组石窟组合）

注：1. 本表以石璋如的《莫高窟形》一书（台北：中央研究院历史语言研究所，民国 85 [1996]）中的测绘结果为主，参考并补充了段文杰主编《敦煌石窟鉴赏丛书》（兰州：甘肃人民美术出版社）、敦煌文物研究所编《中国石窟·敦煌莫高窟》（五卷）（北京：文物出版社、东京：株式会社平凡社，1984）、《中国石窟》（北京：文物出版社、东京：平凡社，1989）、《敦煌石窟全集》（20 卷）（香港：商务印书馆（香港）有限公司）、《敦煌石窟·莫高窟》（东京：文化出版局，2001）等书中的相关部分。

　　2. 关于主附洞，一般较为普遍采用的敦煌研究院的洞窟编号体系中并没有特别反映主附洞的组合关系，因此，关于石窟之间的这种从属关系的判定并没有一个较为公认的标准，本研究基于石窟对普通佛寺布局关系的反映，主要参考了张大千的莫高窟编号体系对主附洞的判定。

　　3. 表格内容说明，以"152（+153+154）"为例，表示第 152、第 153 和第 154 窟为可能的一组石窟，其中，在张大千编号系统中，第 152 窟为主洞，第 153 和第 154 窟为附洞。

向组织模式主要表现为多轴线之间的组合关系，具体而言，大致可以分为三种，即并列轴线关系、交叉轴线关系和复杂轴线关系（表 4-3）。

　　并列轴线关系在莫高窟中较常见，一方面在具有一定从属关系的主附洞式石窟组中，另一方面许多直接连通的相对独立的石窟间也表现出这种并列关系。相较而言，交叉轴线关系所占比重稍小，且大多出现于主附洞式的石窟组中，但在所有主附洞式的石窟组中，这种布局结构的实例也并不多。复杂轴线关系是对上述两种轴线组合关系的综合，鉴于石窟建造的特点，其表现形式十分有限，但从有限的石窟实例中约略可以看出，佛教寺院在横向扩展时可能反映出的一些布局形态特点。

2. 经变壁画之所见

净土变相所表现的佛寺院落横向组合也可分为并列轴线关系、交叉轴线关系与复合轴线关系三种可能。

汉地佛寺很早就已经确立了院落式的布局模式，通过严整而多变的轴线组织将若干院落紧密结合在一起，展现出井然有序且层次丰富的寺院格局。

通过上面的梳理可以发现，莫高窟的洞窟组合和净土变相可以为研究当

莫高窟净土变相对佛寺院落横向组合关系的反映　　　　表 4-4

布局方式	净土变相	
	变相类别	变相名称
平行轴线	西方净土变	
	弥勒经变	33S–III /231N–IV /358S
	药师经变	
交叉轴线	西方净土变	217N–III/117S–IV/
	弥勒经变	148S–III/ 159S －IV/202S /9R– V_1/138N– V_1/55S– V_3
	药师经变	
复杂轴线	西方净土变	
	弥勒经变	
	药师经变	148E–III

注：1. 本表原始净土变相的获取来源主要为段文杰主编《敦煌石窟鉴赏丛书》（兰州：甘肃人民美术出版社）、敦煌文物研究所编《中国石窟·敦煌莫高窟》（五卷）（北京：文物出版社、东京：株式会社平凡社，1984）、《中国石窟》（北京：文物出版社、东京：平凡社，1989）、《敦煌石窟全集》（20 卷）（香港：商务印书馆（香港）有限公司）、中国敦煌壁画全集编辑委员会编《中国美术分类全集》中的敦煌壁画各卷（天津：天津人民美术出版社，沈阳：辽宁美术出版社）、樊锦诗主编的《敦煌艺术精品》（北京：中国画报出版社，2006）、《敦煌石窟艺术精品丛书》（南京：江苏美术出版社，1998）、《敦煌石窟·莫高窟》（东京：文化出版局，2001）、敦煌研究院和江苏美术出版社合编《敦煌石窟艺术丛书》（南京：江苏美术出版社）以及 ARTStor 数据库。

2. 样本的选取：根据本文涉及的时间范围，自上述来源中可掌握三类净土变相共计102 铺，占莫高窟这一时间范围内净土变相总数的 29%。

3. "净土变相名称"一项的标准编写体例为石窟编号（+）位置 – 分期。相同分期的净土变相在同一栏目中出现时，仅在第一个后部加注分期标识。

4. 位置标识：N 为北壁；S 为南壁；E 为东壁；R 为窟顶。

5. 分期标识：I 为隋代；II 为初唐；III 为盛唐；IV 为吐蕃占领时期，相当于一般历史年代的中唐时期；V 为归义军时期，在敦煌佛教艺术分期中，"归义军时期"涵盖了一般历史年代的晚唐、五代和宋，为了更为细致地看出发展规律，进一步细分为三个子分期，即 V1 对应晚唐时期，V2 对应五代，V3 对应宋代。

时汉地佛寺的布局模式提供形象而丰富的参照样例。当然，这两种研究资料还原佛寺布局的视角不尽相同（三维空间与二维图像），生成机制有所差异，因此所反映出的佛寺布局情况各有侧重。洞窟组合对佛寺布局关系的反映更贴近佛寺实际运作的功能要求，比如礼忏、禅修等宗教活动的开展，同时，由于石窟营建的过程更接近一般佛寺的建造，可以反映出一些具体的空间转承、开合的手法，但是对于人力、物力、金钱的不菲消耗和工程技术的发展水平，也反过来制约了石窟空间的纵深发展和对单体建筑意象的细化。相对而言，净土变相的构思与绘制更为自由和灵活，虽然空间体验不如石窟本身所带来的那么真实，但更容易对一般佛寺布局及其建筑配置、样式的发展趋势做出反应，所反映出的佛寺院落空间更为丰富、更具感染力，然而，由于画幅和主题所限，净土变相对佛寺横向扩展的表现相对较少。

总体来看，石窟组合和经变壁画反映出的佛寺院落横向扩展的可能基本都可归结为三种多轴线组合关系，分别为并列轴线关系、交叉轴线关系和复杂轴线关系。

4.3.2 横向组合的关系

1. 并列轴线关系

无论莫高窟的石窟组合，还是净土变相中的建筑图像，并列轴线关系均反映了佛寺布局中存在至少两条并列的纵向轴线。一般来说，在并列轴线关系的佛寺总平面中，各条轴线之间的联系相对较淡化，具体处理方式也比较直率，而且，每条轴线都反映了一定的独立纵向序列。

第一种情况为双轴并列。以石窟组合为例，双窟的石窟形制一般都相同，且平面布置也十分相似，具体关系又有两种可能：其一是主次有别，通常主室间以通道相互连通，并且大多数双窟组合的主室面积差异明显，如由第 68 和 69 窟构成的双窟组合（图 4-15）；其二是同等并列，并列两轴上的洞窟空间均较为完整，且连通部分多在前室处，如由第 127 和 128 窟构成的双窟组合（图 4-16）。由此也许可以推测，双轴并列的石窟组合所反映的佛寺院落的横向组合关系中，两组并列轴线上的院落空间可能存在主从差异，也可能地位均等，其中，前者两路轴线间的院落联系通常出现在较为重要的位置，而后者两路轴线间的院落联系则相对较弱。

值得一提的是，前一种主次有别的并列轴线关系中，还有一类石窟组是由佛殿型窟和禅窟构成的，如第 220 和第 221 窟，其中，归义军时期的第 221 窟是初唐窟第 220 窟的禅窟，这里的佛殿型窟可以看作是所谓的"佛院"，而禅窟以僧侣坐禅修行为主要功能，应该可以视做"僧院"。这种空间组合逻辑在

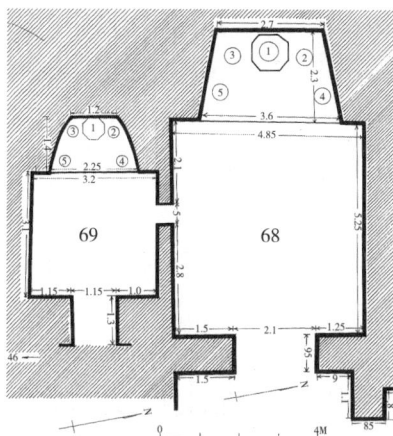

（a）石窟组实例：第 68 窟 初唐时期；第 69
　　窟 吐蕃时期
（资料来源：石璋如．莫高窟形（卷二）．台北：
　　中央研究院历史语言研究所，1996：63）

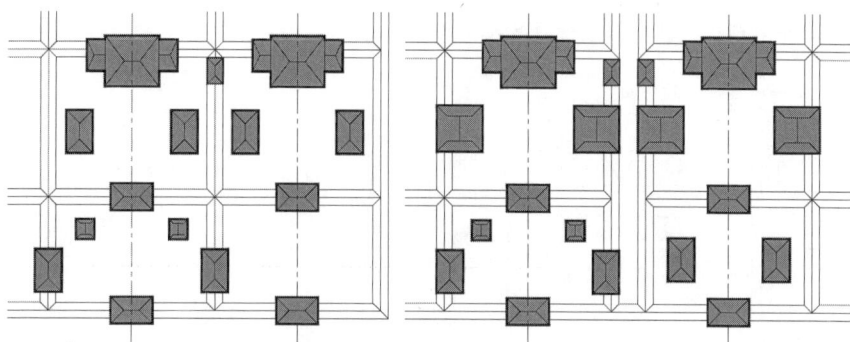

（b）对应佛寺的横向扩展方式（资料来源：自绘）

图 4-15　并列轴线关系
之一

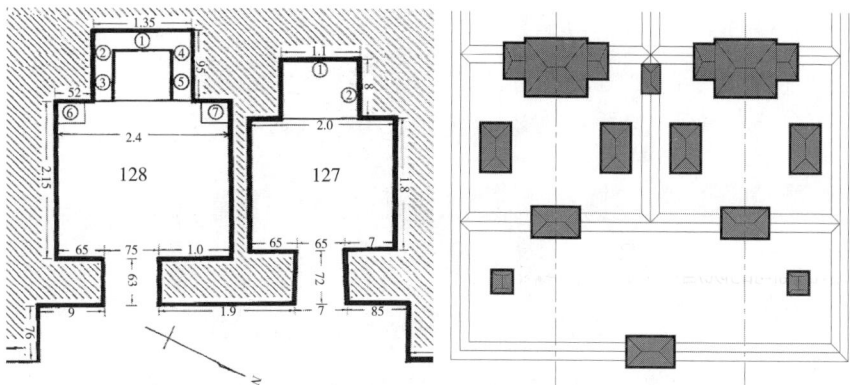

（a）石窟组实例：第 127 和 128 窟 归义军时期　（b）对应佛寺的横向扩展方式（资料来源：自绘）
（资料来源：石璋如．莫高窟形（卷二）．台北：
　　中央研究院历史语言研究所，1996：37）

图 4-16　并列轴线关系
之二

前面提及的《关中创立戒坛图经》附图（图 1-11）中也有体现，即僧院和佛院不能混同，"又宝印经云，……若有新立寺时，比丘启白众僧，其寺内种植所有华果献佛，枝叶子实与现前僧食，并施一切众生，若不尔者，无问道俗食者得罪议。曰，既知三宝各别，不得互用，初立寺时，佛院、僧院各须位别，如似大寺别造佛塔，四周步廊内，所有华果得此物者并属塔用，步廊以外，即属僧用。故十诵律云，佛听僧坊，佛图得畜，使人及象马牛羊等各有所属，不得互用。"[①]

　　第二种情况是三轴并列，其中，三窟的石窟形制大多类似，但具体的平面布置可能存在一些差异。与双轴并列的情况类似，三轴并列的三处石窟可能相对独立，也可能联系密切。前者例如由第 123、第 124 和第 125 窟组成的三窟组合，这三处佛殿型窟均由前室、甬道和主室构成，仅在前室部分贯通（图 4-17）。后者则如由第 74、第 75 和第 76 窟组成的三窟组合，这三处石窟虽然均为佛殿型窟，但主室内的布置各具特点，并且在主室和前室两部分都有连通（图 4-18）。由此可以看出，三轴并列的石窟组合所反映的佛寺院落的横向组合关系，虽然在院落组合的规模上，较前述双轴并列的情况更大，但并列三轴上的院落之间的具体关系与联系方式却大致相仿，即空间组合关系紧密的

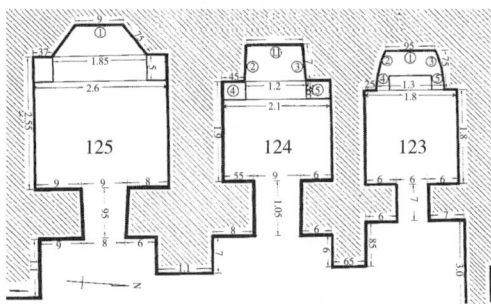

（a）石窟组实例：第 123、124 和 125 窟 盛唐时期
（资料来源：石璋如 . 莫高窟形（卷二）. 台北：中央研究院历史语言研究所，1996：37）

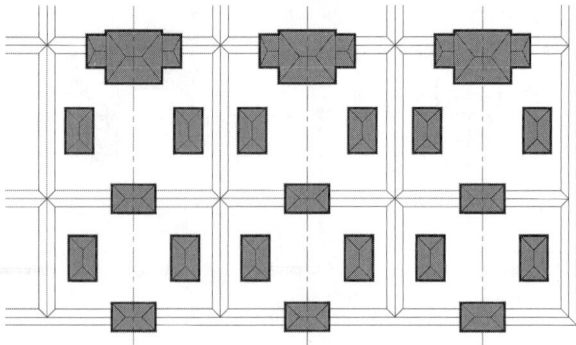

图4-17　并列轴线关系之三

（b）对应佛寺的横向扩展方式（资料来源：自绘）

---

① 钦定四库全书，子部，释家类，法苑珠林，卷七十七.

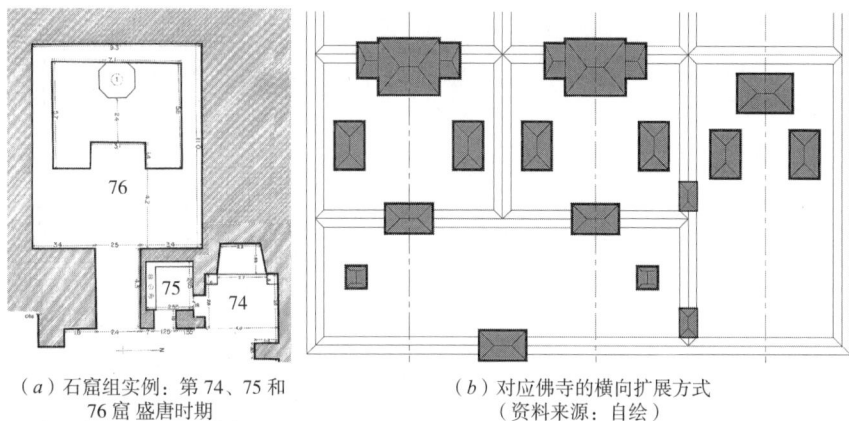

（a）石窟组实例：第 74、75 和
76 窟 盛唐时期
（资料来源：石璋如.莫高窟形
（卷二）.台北：中央研究院历史
语言研究所，1996：61-62）

（b）对应佛寺的横向扩展方式
（资料来源：自绘）

图4-18　并列轴线关系
之四

并列三轴上的院落联系通常出现在较为重要的位置，并且可能多处连通；而相对独立的并列三轴上的院落之间大多仅在前导空间处贯通。

第三种情况是多轴并列，虽然所反映出的佛寺院落组合规模更宏大，但是，在具体组合关系和轴线间的联系方式两方面，不外乎如上述两种并列轴线关系所表现出的特点。

以莫高窟盛唐石窟第 358 窟南壁的弥勒经变（图 4-19）所反映的佛寺布局情况为例，中央是一个由四边围廊（屋）闭合的扁长方形院落，两侧面墙和前面墙的中央分别设置门屋，院内正中靠后有一座三开间的佛殿，为整个院落的主要建筑。此院落两侧分别向外并列布置两路院落，其中可能因为轴线上正殿的建筑开间相同、朝向相同但总面宽均略小，环境意象也更闲适、自然（图 4-20）。或许可以推知，中央院落的地位更为主要，而两侧与之并列的其他轴线上的院落相对次要，甚至可能为辅助性的功能院落，比如僧院等。

又如第 281、282、283 和 285 窟（含第 284、286 和 287 窟）的多轴并列石窟组合（图 4-21），其中，第 281 和 282 窟均为隋窟，第 283 窟

图4-19　并列轴线关系
之经变壁画（局部）弥勒
经变 盛唐 第358窟南壁
（资料来源：王惠民 主编.
弥勒经画卷（敦煌石窟全
集6）.香港：商务印书馆（香
港）有限公司，2002：67）

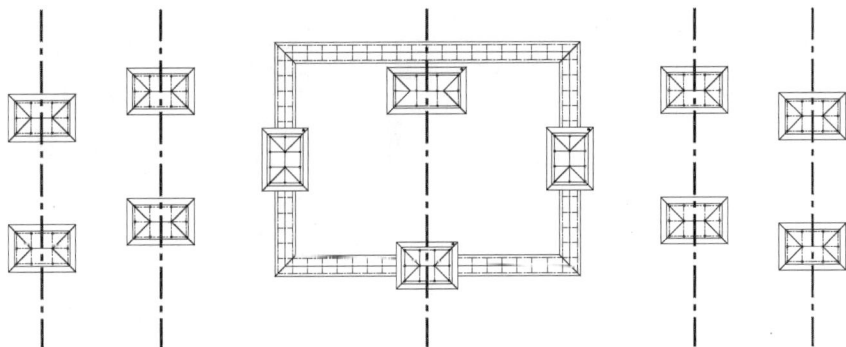

图4-20 并列轴线关系
之经变壁画平面推想图
（资料来源：自绘）

为初唐窟，此三窟均为佛殿型窟，三窟并置且以主室侧壁上的通道相互连通。而第285窟（含第284、286和287窟）为西魏时期的禅窟，前室侧壁有通道与第283窟主室相通。根据第285窟的测绘平面和窟内空间格局可知，第285窟是一座典型的禅院型石窟，周边的小窟围绕一个大型的中央空间分布，中间设置讲坛（或戒坛），这应该是西魏时期建造此窟时的功能设想。但是，随着礼忏活动的兴起，敦煌佛教的禅修风气相应减弱，此窟以西不远处在隋代开凿了第281和282窟两座佛殿型窟以顺应信众礼拜观想、布施功德的要求。或许可以进一步推测，到了初唐，借由第283窟的开凿使用，将前述两组石窟联系在一起，最终形成了一个在功能上具有互补性的石窟组合，即第285窟在原有禅修为主的功能基础之上，增加了为第281、282和283窟的礼拜斋忏活动提供宗教服务的功能。

并列轴线关系的佛寺院落组合并不仅仅可见于敦煌莫高窟的石窟组合和净土变相中，在现存的相关历史文献和同时期日韩佛寺遗迹中也比较常见。

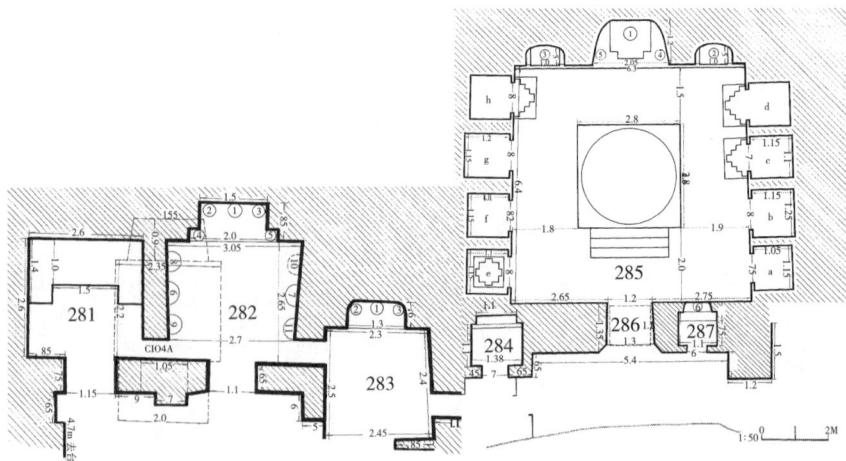

图4-21 并列轴线关系
之石窟组实例：第281、
282、283和285窟（含
第284、286和287窟）
（资料来源：石璋如.莫高
窟形（卷二）.台北：中央
研究院历史语言研究所，
1996：70-71）

　　道宣的《关中创立戒坛图经》的附图（图 1-11）所展现的就是一座以平行轴线关系为主的佛教寺院。这幅平面示意图是道宣根据传闻的祇树园寺改绘而成的，中央占据总面宽近一半的为主要纵向轴线统摄的院落序列，其功能以佛事活动为主，两侧与之平行并置的均为鱼骨型排列的院落组合，院落间在空间形态上基本相同，功能方面既有处于相对次要地位的辅助公共功能，如病院、学院等，也有适宜修行的禅院。然而，更外围的支撑佛寺正常运营的后勤功能区，如厨房、果园、菜地、生活物资库等，在平面布局上则显得较为灵活，尽管在分区上是与主轴线所辖区域并置的，但布局形态却不再像主要区域与辅助功能区那样有明显的平行轴线关系。这或许也说明，石窟组合和净土变相所反映的佛寺布局形态更为理想化，现实的佛寺扩展所展现出的布局形态可能更为丰富。

　　韩国佛国寺是一座至今仍然兴盛不衰的国宝级佛教寺院，位于有韩国"东岳"之称的吐含山山腰处，目前的布局大致形成于公元 8 世纪下半叶前期（相当于中国的中唐时期）（图 4-22）。从图中的基址情况可见，佛寺整体布局较为清晰地反映出两条相互平行的纵向轴线，每条纵轴上串联多个正殿分别形成多层次的空间关系，同时，由此形成的每组院落序列单独设有入口建筑。

2. 交叉轴线关系

　　交叉轴线关系是指以主要的纵向单轴上的某一院落单元为节点，向两侧或单侧横向扩展出新的院落序列，从而使整个布局呈现出交叉关系的主次轴向形态。这种佛寺布局方式在莫高窟的石窟组合和净土变相中均较为少见，其原

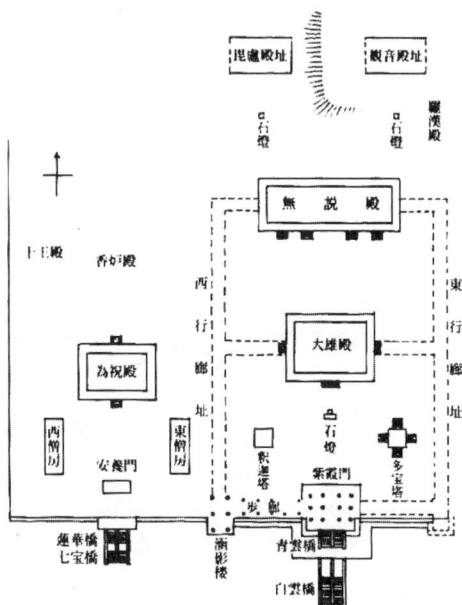

图4-22　韩国佛国寺基址平面图
（资料来源：关野贞．新版朝鲜の建筑と芸术．东京：岩波书店，2005：825）

因大致有二：其一是隋唐至宋，大型都城的城市肌理以棋盘式街道分隔为主，由此形成的街区一般不会太大，因此，从佛寺扩张的可行性而言交叉轴线关系受到现有建成街区的制约相对更大，很难有较大发展。其二是交叉轴线关系为主的佛寺，其交通和功能的组织管理对节点空间的依赖相对较大，灵活性相对较差，相应地，其空间利用率也较低。

由前述对莫高窟的石窟组合和净土变相的图像分析看出，交叉轴线关系的佛寺布局形态大致可以分为两种类型，即以第 148 窟南壁弥勒经变为代表的 I 型（图 4-23）和以第 9 窟窟顶东披弥勒经变为代表的 II 型（图 4-24）。在 I 型佛寺平面推想图中，核心院落正殿的朝向标识出主轴院落的纵向序列，其前部两侧分设侧殿，同时，又以侧殿朝向为次要轴线向正殿两侧的方向继续延伸出一进院落，外围以连续的廊（屋）封闭起来，纵向主轴上的建筑均直接与外围廊相连。II 型佛寺则表现为三个相对独立的并置院落，两侧院内的主要建筑朝向与核心院落中两侧殿的轴线方向一致，中央开间也正落于这条次要轴线上，从而形成了较为明显的横向延伸的空间序列；尽管每个院落都以封闭廊（屋）围合，但主要建筑都位于内部空间中，并不与外围廊直接相连。总的来看，

（a）弥勒经变（局部）盛唐 第 148 窟南壁

（资料来源：王惠民 主编．弥勒经画卷（敦煌石窟全集 6）．香港：商务印书馆（香港）有限公司，2002：61）

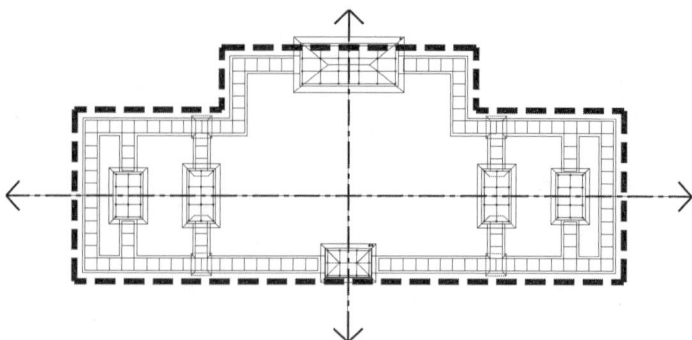

图4-23 交叉轴线关系之I型：以第148窟南壁弥勒经变为代表

（b）对应佛寺的横向扩展方式（资料来源：自绘）

（a）弥勒经变 归义军时期 第 9 窟窟顶东披

（资料来源：王惠民 主编．弥勒经画卷（敦煌石窟全集 6）．香港：商务印书馆（香港）有限公司，2002：68–69）

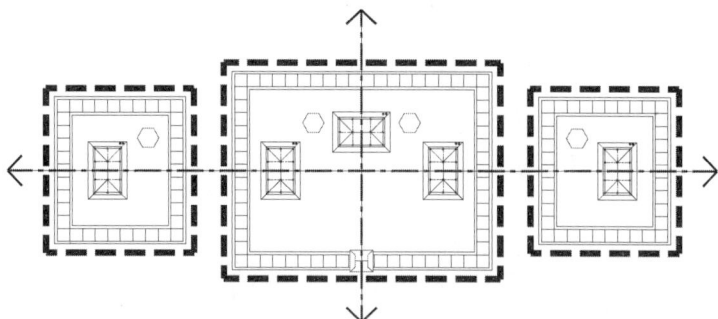

（b）对应佛寺的横向扩展方式（资料来源：自绘）

图4-24　交叉轴线关系之 II 型：以第9窟窟顶东披弥勒经变为代表

不论哪一种具体类型，交叉轴线关系所形成的佛寺整体形态都是以纵向主轴串联起来的鱼骨式结构，相较而言，I 型交叉轴线关系的佛寺整体性较强，主次轴线上的院落间联系密切，而 II 型交叉轴线关系的佛寺在空间布局形态上更独立，可以分解成三个主次分明且各自封闭的院落。

在莫高窟的石窟组合中，这种交叉轴线关系的节点空间大多出现在前室，也有在甬道处，但基本不曾出现于主室中；而净土变相所反映的佛寺布局中，也是在主要纵向单轴上主殿的前部空间。这至少可以说明两点，首先，交叉轴线关系的佛寺中节点空间大多出现在核心院落中；其次，即使不直接在核心院落转换，也会加大核心院落进深或缩小横向次轴的面宽，既保证了核心院落主殿前的必要功能和心理空间要求，也分出了主次。

在日韩同时期的佛寺遗迹中，这种交叉轴线关系为主的佛寺实例也较为少见，这可能也说明了交叉轴线关系在实际佛寺布局中并未得到普遍认可，即使采用也是为了适应基地形状或获得变化的空间体验。

3. 复杂轴线关系

复杂轴线组合是将上述单一的平行或交叉轴线关系再次进行组合，从而形成更为丰富和多变的佛寺总平面结构，这可能对应了较为大型的佛寺规模。

这种佛寺总体布局关系很少见于净土变相，仅在第 148 窟东壁所存的盛唐时期的药师经变中可窥一斑，但是，在石窟组合中较为常见。从表 4-3 中可以发现，可知平面测稿的莫高窟中共有 131 处石窟分成的 6 个石窟组合，同时具有多组平行轴线关系和交叉轴线关系。除第 130 窟以外，其他 5 组皆由两处以上石窟组成，它们彼此连通，而且连通的部位大多发生在主室或前室。此外，石窟群的形态大多包括了多个分期的石窟，使我们可能发现更为形象的佛寺扩张的动态过程。

以第 345、第 347、第 348、第 349 和第 350 窟的组合来看，后 4 处石窟是以第 347 窟为主布置的主附洞式石窟组。如果按照本文第 3 章所述，将每个石窟的主室空间对应佛寺的核心院落，那么，这 5 处石窟所反映的佛寺布局结构就可以认为是较为典型的复杂轴线关系（图 4-25）。

首先，第 345 窟和第 347 窟的形制、规模和主室内的绘塑分布大致相同，并且拥有共同的前室空间，因此，可以看作是两列分别为纵向单轴串联起来的

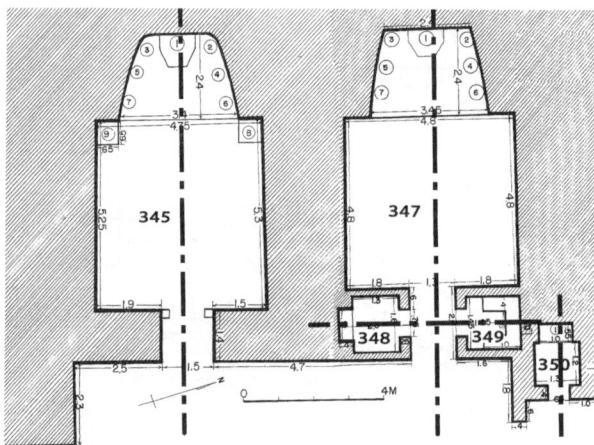

（a）石窟组实例：第 345、第 347 窟 盛唐时期；第 348、第 349 窟归义军时期；第 350 窟 西夏
（资料来源：以中央研究院历史语言研究所 1996 年出版的石璋如《莫高窟形（卷二）》中相应图片为底图绘制）

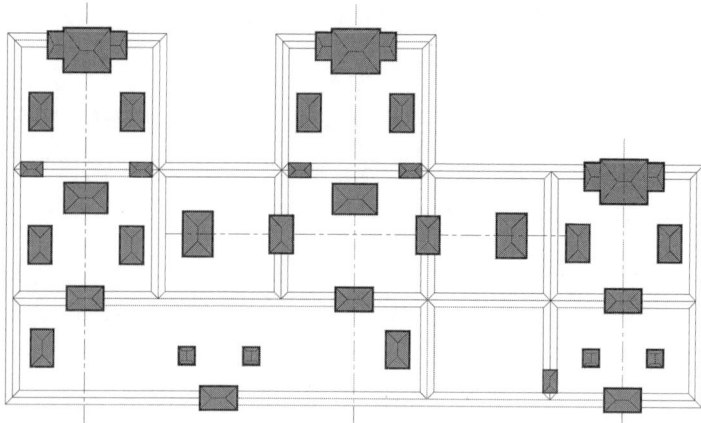

图 4-25 复杂轴线关系　　　　　　（b）对应佛寺的横向扩展方式（资料来源：自绘）

院落序列平行并置，通过同一个前导空间联系在一起。其次，规模明显小于前两窟的第 348 窟和第 349 窟，也都属于佛殿型窟，相对开凿于第 347 窟的甬道两侧，构成横向展开的轴线关系，与第 347 窟主室所确立的纵向轴线垂直，呈现出轴线交叉的布局结构。这既可以看作是主轴线序列上过渡院落中对峙的两座佛殿，也可以认为是向主轴线两侧翼延伸出的两个别院。最后，第 350 窟虽然与第 345 和第 347 窟的主室形制相同，轴线方向一致，但规模仅与第 348 或第 349 窟相当，因此，更有可能对应佛寺次要轴线上的某个别院。

　　此外，再考察上述 5 处石窟的分期年代还可以发现，第 345 和第 347 窟均为盛唐石窟，第 348 和第 349 窟为归义军时期开凿，而第 350 窟则建于西夏时期，结合前面对于这 5 处石窟的布局结构分析，可以非常生动地反映出佛寺规模不断扩张的轨迹（图 4-26）。相较于石窟组合的生长情况，佛寺的规模扩张所受到的影响因素应该更为复杂，但是也正因如此，石窟组合可能表现出佛寺布局结构的建构方面所隐含的生成规律。

　　以图 4-26 所反映的情况来看，绝大多数情况下，一座特意为之的佛教寺院应该是从主要纵向轴线的确立开始的，寺院发展的早期可能同时形成一条

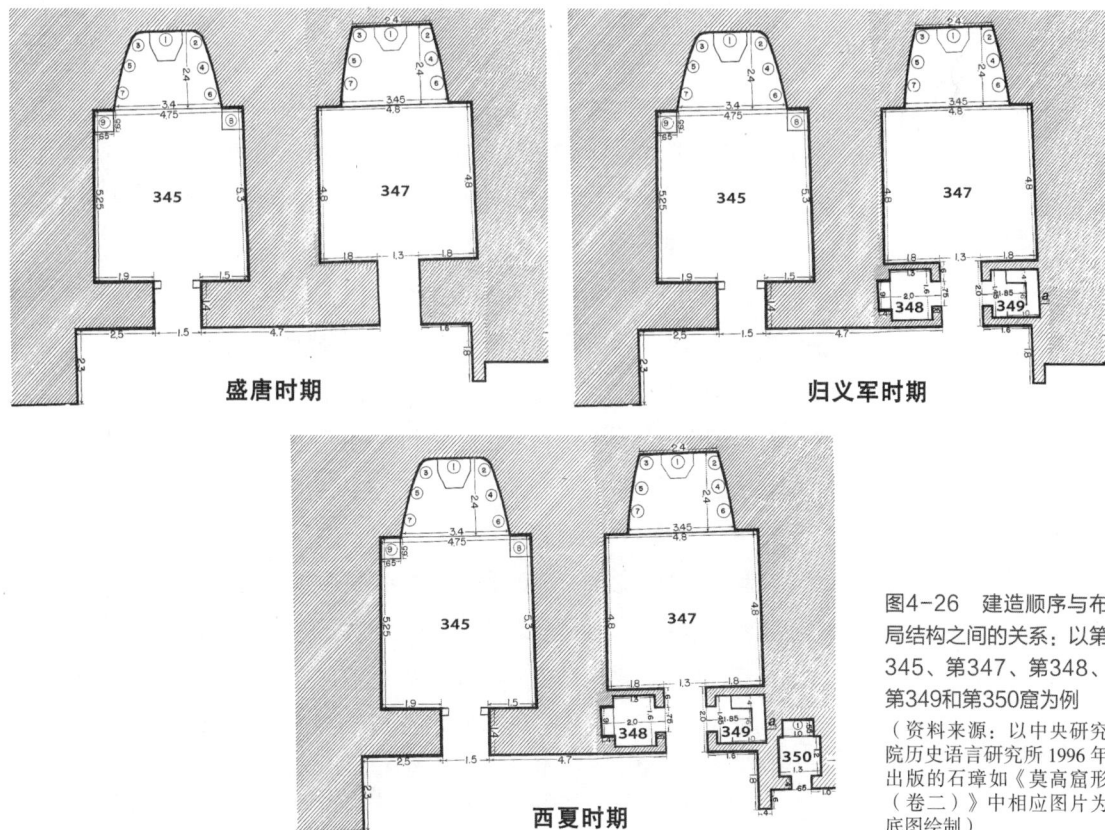

图4-26　建造顺序与布局结构之间的关系：以第345、第347、第348、第349和第350窟为例

（资料来源：以中央研究院历史语言研究所1996年出版的石璋如《莫高窟形（卷二）》中相应图片为底图绘制）

以上的平行并置的纵向轴线，这多条轴线上的院落序列所表现的规模和形制由
于是同期通盘构思的，比较可能出现基本相似的面貌；随着寺院功能的不断完
善，新扩建的部分更容易选择建在相对较主要的纵向轴线上，但是，由于已建
成部分的限制，出于完善现有寺院功能和需求而新建的部分在规模和形制上都
可能不会超过该条纵向主轴上的核心院落，它们大多只是原有部分的补充或增
容，必须从属于原有部分才能发挥作用；其与主轴序列的联系，既可以是如图
所示第 348 和第 349 窟那样，通过主轴上的过渡空间形成与之垂直交义的横
向次轴，也可以是如图所示第 350 窟那样，与纵向主轴并列，通过在交界部
分的围墙（廊、屋）处直接设置门洞实现连通。

4.4 作为空间整体的绘塑组合与石窟形制——以第 331 窟为例 [①]

就某个特定的洞窟来说，其中的绘塑组合和石窟形制应该存在某种密切
的逻辑关系。从这一角度来看，壁画是对石窟空间的拓展和延伸，其所代表的
虚拟空间与洞窟本身所形成的实体空间，共同构成了对特定佛教主题的体现，
也为具体忏仪活动得以实施提供了必要的场所环境。因此，这种逻辑关系首先
反映在佛教寺院的建筑配置和空间组织上。但是，在借助石窟形制及其内部壁
画的整合研究来探讨佛寺布局时，至少存在两个不确定因素。

其一是完成时间顺序的不确定性。据现有的石窟分期和考古成果来看，
莫高窟的绝大部分洞窟在最初建造时，石窟空间和内部绘塑是同步完成的。然
而，莫高窟营建史绵延千年，各代固然都有新建活动，但改建和扩建活动也十
分活跃，现存的莫高窟大多都在建成后经历过至少一次改建。这些改建活动的
最主要内容就是修补甚至重绘石窟内部的壁画。就现存石窟内容而言，石窟空
间和内部绘塑在时间节点上的不一致性较为普遍，在这个时间跨度中相应的佛
教信仰在意识形态和实践活动方面都可能发生了变化，这就使得石窟形制和内
部壁画的整合缺乏一致的研究背景。

其二是义理逻辑关系的不确定性。尽管一个以宗教活动为主要目的的石
窟建造在其构思策划之时就应该遵循某种义理原则，但是，由于上述时间关系
上的不同步可能使得这种义理上的逻辑关系出现改变。另外，即使是同时建造
完成的石窟，也有可能因窟主或实际督建石窟的人的佛教造诣，以个人喜好而
非完整的佛教义理逻辑为主导进行题材选择。因此，石窟中佛教图像的题材选

---

① 本节主要内容在 2011 年清华大学建筑学院博士生论坛演讲交流，2013 年发表于《建筑史》
   第 30 辑。

取和具体的石窟空间之间可能并非基于同一套既成的义理体系，而且，即使是内部的绘塑组合也并不一定都能明确其中统一的义理逻辑。

尽管石窟形制及其内部壁画的整体研究至少要面对上述两种不确定性的制约，还需要更多的考古成果的支撑和相关学科研究的借鉴，但是不能否认，单窟的石窟形制及其内部壁画至少在建成时，仍然很有可能基于一套自闭的佛教义理体系，表达特定的宗教信仰，并满足一定的宗教活动。

本文选取在完成时间上基本同步，并且能够较为典型的反映出一定佛教信仰趋向的石窟样本——第 331 窟，尝试进行石窟形制及其内部壁画的整合研究。

敦煌莫高窟第 331 窟约建于初唐（公元 684 年之前），石窟空间及内部主要绘塑均保存较完整，并且其中以西方净土变和弥勒经变等为主的壁画组合，较为典型地反映了基于华严思想和禅净双修背景而形成的以西方净土代表"十方"、以弥勒净土代表"三世"的义理逻辑。

4.4.1　敦煌莫高窟第 331 窟概况

第 331 窟坐西朝东，由外至内依次为前室、甬道、主室（见图 4-27）。

前室较浅，顶部西披为五代绘制的说法佛三铺；西壁开甬道连通主室，开口上方有五代所绘地藏、水月观音，开口两侧各绘天龙八部；南、北壁为五代所绘天王。前室整体保存情况不佳，除开口南侧的天龙八部壁画在 1923 年被美国人华尔纳揭取盗走外，其余壁画尚可辨识。

甬道为盝形顶，中央为五代所绘十一面观音变一铺，南、北披各绘跏坐佛六身。值得注意的是甬道南、北壁的壁画已探明为两层绘画叠压，表层为五代绘供养人，底层则为初唐绘天王像。

主室为方形平面，是主要礼忏空间（图 4-27）。窟顶覆斗形，中央绘有牡丹团花，四披分绘千佛（图 4-28）；主室西壁开有一个斜顶敞口龛，龛外有两尊清代所塑天王像，龛外南侧绘文殊变一铺，北侧绘普贤变一铺，龛内有初唐塑一结跏趺坐佛、二弟子、二结跏趺坐菩萨，另有清代增塑二立菩萨；主室东壁甬道开口上方绘有法华经变一铺（图 4-29），开口两侧分绘说法图；

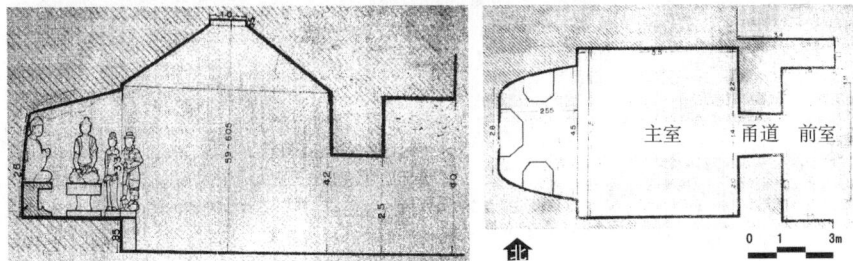

图4-27　莫高窟第331窟平剖面

（资料来源：石璋如．莫高窟形（二）．台北：中央研究院历史语言研究所，1996）

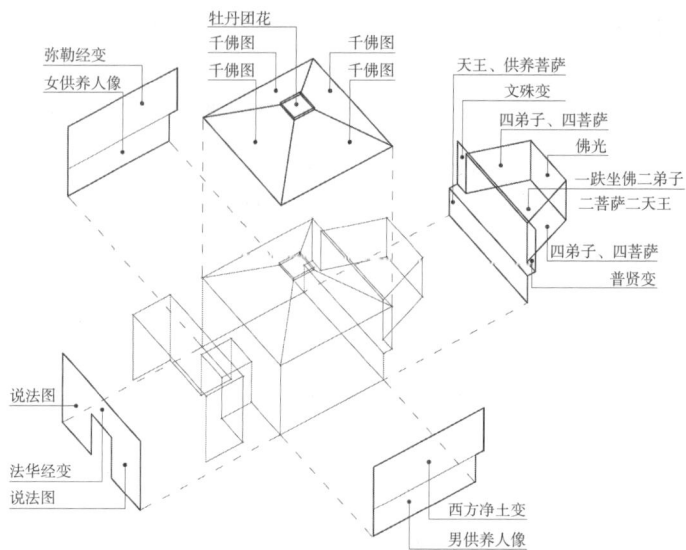

图4-28 莫高窟第331
窟绘塑组合示意图
（资料来源：自绘）

图4-29 莫高窟第331
窟主室东壁甬道开口上
方的法华经变
（资料来源：贺世哲.法华
经画卷（敦煌石窟全集7）.
上海：上海人民出版社，
2000）

图4-30 莫高窟第331
窟主室南壁弥勒经变
（资料来源：王惠民.弥勒
经画卷（敦煌石窟全集6）.
香港：商务印书馆（香港）
有限公司，2002）

图4-31　莫高窟第331窟主室北壁西方净土变

（资料来源：施萍婷. 敦煌石窟全集5: 阿弥陀经画卷. 香港：商务印书馆（香港）有限公司，2002）

主室南壁为弥勒经变一铺（图 4-30），下绘供养人及侍女；主室北壁为阿弥陀经变一铺（一说为无量寿经变，图 4-31），下绘供养人。主室的主要绘塑保存情况相对较好，画面也较完整。

4.4.2　石窟空间的有关礼忏活动

就第 331 窟而言，其佛龛平台距地 0.85m，释迦佛头部距地面约 3.2m，礼拜者以礼忏仪式中常用的跪姿和站姿均可以自然注视佛像。前述礼忏次第包含的两次"行道"并不是固定中心的绕行，而是按照一定动线行进，即所谓的"撒花供佛"（图 1-3），对第 331 窟这样的小型石窟来说，要满足基本的礼忏活动，采取方形窟平面较之早期流行的中心柱窟具有更大的适用性。只有约 5.5m 见方的龛前空间，却至少可容纳 10 人左右展开相应的忏仪活动，这样的人数规模也与一些礼忏法的基本要求符合。

更重要的是，既然存在这样的礼忏动线，第 331 窟的经变壁画也就并非仅仅是作为一般的窟内背景画面，而是通过建筑实存化的方式来表达佛国净土，这本身其实就应当包含着将方龛礼忏空间向画面深处延展，并将画面内容介入实际空间环境中的意图。另外，由于有关经变画面恰当地采取了一种类似高视点"一点透视"的建筑空间构图，在小窟里创造了明确的空间深度，试图扩展寺（窟）院的空间层次，甚至达到了更为确定的建筑意义。显而易见，一方面，这些画面空间本身可能也具备了一定的礼忏功能；另一方面，有关画面也很可能是将经文描述未详的佛国净土通过世人共识的常见佛寺布局模式进行实存化反映。

4.4.3 第 331 窟反映的佛寺布局

第 331 窟主室西壁龛内的结跏趺坐佛一般判定为释迦佛，而龛外南北两侧绘有文殊、普贤二菩萨，由于释迦佛的法身即为《华严经》中的毗卢遮那佛，那么这样的绘塑组合表达的应当是"华严三圣"主题，也明确了本窟（寺）的基调。而类似的主题在对面的东壁开口上部法华经变中也有表达，其中骑狮文殊和乘象普贤分列于释迦佛和多宝佛并坐的七宝塔两侧。

已有学者注意到，在敦煌石窟壁画中，第 331 窟首次将阿弥陀经变（西方净土变）与弥勒经变、法华经变组合在一个石窟空间中，其后直至归义军时期，这三种经变仍常绘于一窟之内[①]。显然，第 331 窟有关的绘塑组合方式可能包含当时较为普遍的佛教信仰基础，其中可能就有在敦煌地区颇为流行的鸠摩罗什译本《法华经》的影响因素，正如前面所说，这部《法华经》同时兼具西方净土和弥勒净土的思想。而以主室南壁的西方净土（阿弥陀经变、无量寿经变和观无量寿经变三者均反映西方净土）代表"十方"，以主室北壁的弥勒净土代表"三世"的组合，结合上述"华严三圣"主题，直接对应的就是隋代以后华严十方三世思想在净土信仰及其修行方式中逐渐盛行的背景。[②] 这表明第 331 窟的整体营建构思具有缜密的佛教义理逻辑，也很可能反映了当时佛寺布局的一些情况。

1. 石窟空间反映的佛寺平面布局

第一，山门地位的变化。

前面提到，第 331 窟甬道的南、北壁在初唐时绘有天王像。按照山门往往即为天王殿的理解，此时的山门就是甬道开口位置，如果将其视做一个独立空间或是建筑单体，则此时的山门在佛寺中的地位并不突出，而且第 331 窟主室的经变画中甚至未见明确的山门情况。又结合第 331 窟前室主要绘于五代时期的有关壁画内容反映了更大规模和更高地位的山门空间，可知从初唐至五代，天王的位置从局促的甬道移到了相对宽阔的前室空间，有关壁画的规模和内容也相应有所扩展。由此或许可以推测，佛寺山门的地位在 10 世纪前期较初唐有了一定提升。前面提到的第 27、第 29 和第 30 窟修建统一窟前建筑的事件也说明了这一点。

就整个佛寺平面布局的而言，不晚于 10 世纪上半叶，佛寺平面布局的整体性（尤其对于较大规模寺院）可能通过山门地位的提高而更加完善。

---

① 贺世哲.敦煌石窟全集 7·法华经画卷.上海：上海人民出版社，2000：40.

② 赖鹏举.唐代莫高窟的多重"华严"结构与"中心坛场"的形成 [J].圆光佛学学报，2002（7）：97-111.

第二，多路院落的关系。

基于对于唐长安一些佛寺的局部考古勘探，一般认为唐代前后的佛教寺院多为多院落式的组合模式。第 331 窟的西壁可以视做一座现实佛寺主轴线上的大殿，可称为"三圣殿"，也可代表主轴线上以"华严三圣"为主题的一路建筑院落。而北壁和南壁的经变画可以视做分列主轴线两侧的两路建筑，分别为反映"十方"与"三世"主题的两个院落。在初唐时期，由于前述的山门空间不突出，很可能这三路建筑各有入口，相对独立，而整个寺院的平面布局整体性也不强；至五代，山门空间的前导作用大大加强，三路建筑可能共用一座恢弘的山门，通过进入山门后的空间相互连通，这就使得三条轴线之间的关系更加密切，同时又主次有别，佛寺平面布局更为规整。

2. 经变壁画反映的佛寺平面形态

前面有所提及，在《佛说阿弥陀经》《佛说无量寿经》《佛说观无量寿经》以及《佛说观弥勒菩萨上生兜率陀天经》等经文中有关净土、佛国的描绘大多只是罗列出其中的种种宝相，用以渲染"极乐世界"、"净土庄严"的氛围，实际上对于建筑和布局的记录甚少甚微，不足以提供转化为准确建筑形象形制的文字信息，因此敦煌石窟经变画中的建筑图像主要应来源于现实中的佛寺。另一方面，经变画是经过选择、引用、重组后的再创作，画师或供养人通过壁画着重在于传递一种宗教意象。因此，对于经变画的建筑解读，应当注重对其中已经形成一定共识的建筑配置意象和佛寺布局模式的提取，而不必苛求其图像细节的真实性。

通过对第 331 窟南壁和北壁经变画进行平面还原和构图分析，可以对其中所反映出的佛寺平面形态加以推测（图 4-32 和图 4-33）。敦煌经变画所反映的佛寺主体大致包括一条纵向轴线串联在一起的上、中、下三个部分，下部通常不布置佛、菩萨，而是伎乐、飞天或供养人。上、中两段均由左、中、右三组平台组成，中间平台的图像可以视做寺院中轴线上的一进院落或是其中

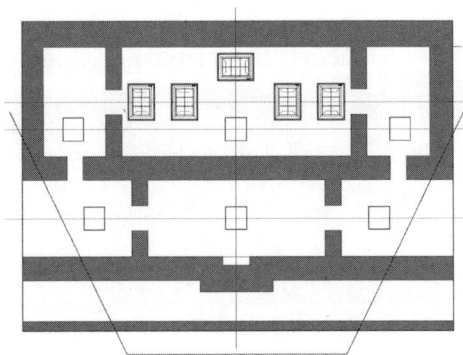

图4-32　依据南壁弥勒经变所绘平面布局推测图（左）
（资料来源：自绘）

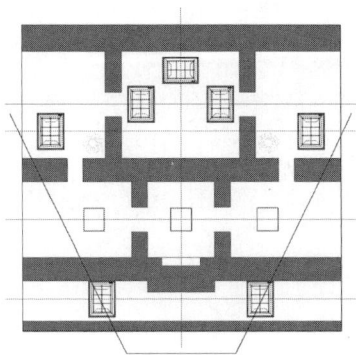

图4-33　依据北壁西方净土变所绘平面布局推测图（右）
（资料来源：自绘）

的正殿，而左右两侧平台的图像则可以理解为主轴线院落的配殿，甚至代表了次要轴线上的一组建筑或一进院落。总体来说，经变画中所表现出的佛寺平面具有单一轴线的形态，但是每一层次又向两旁发展出配殿（院）。

4.5 小结

佛教寺院除了具有一般意义上的功能分区以外，其执行宗教功能的主要区域的建筑配置往往可能取决于佛寺所进行的宗教活动的要求。第 331 窟的绘塑组合关系及其可能反映的寺院布局情况正是基于净土礼忏仪而建立的。由于石窟的营建不可能完全对应现实的佛寺布局一一铺陈，因此，我们或许可以将有关经变画等分别视做一个延伸到真实空间以外的实存化的虚拟空间，那么通过观想者的修持行为也会与石窟空间建立起一种逻辑联系，从而为寺院赢得更为广阔的空间印象。

值得注意的是，以莫高窟为研究对象的佛寺院落空间布局探讨需要具有一种整体观念，即将石窟各要素，包括空间、形制、塑像和壁画，整合在一起统筹考虑，才能将所见的图像资料还原成尽可能贴近现实的佛寺布局面貌。这是因为相对于普通佛寺的建造和扩展，石窟的营建更可能基于某种特定的佛教主题而策划和实施，也就是说，石窟在建造之初就根据这一主题所决定的义理逻辑、礼拜忏仪等对石窟形制、空间利用、绘塑组合、装饰题材等各方面有着通盘考量，石窟可以看作是一座反映了理想建造范式的微缩佛寺。

总之，从隋代至归义军时期莫高窟的石窟组合情况分析，汉地佛寺主要通过复杂而有序的轴线组织来实现其规模的扩张。具体来讲，就是按照一定的功能关系和义理逻辑，在纵列单轴的基础上，灵活运用并列和交叉这两种基本的轴线组合关系进行并置、叠加，以形成"庭院深深、井然有序"的佛寺整体布局。同时，也反映出尽管存在上述轴线组合的可能，但实际上，每种轴线关系的可实施性并不相同，大致来看，并列轴线关系更容易在佛寺院落横向扩展的时候被采用。

另外，实际佛寺的布局结构和最终规模总是经年累月不断扩展的结果，如果说佛寺空间对其方圆一定范围内的街坊具有一种集聚效应，体现在对特定社会、文化、意义的场所化，那么佛寺规模的扩张则显示了寺院本身的生命力。这在莫高窟的石窟组合中也可以得到形象的体现。

第5章 结论

自公元 4 世纪开始，敦煌莫高窟的营建历史绵延千年，创造出以石窟相关遗存为代表的辉煌的敦煌佛教艺术，为研究当时的社会、文化、宗教、经济等多方面内容提供了丰富的学术资料。本文研究的讨论重点是 6~11 世纪佛寺的空间布局，而作为主要研究材料的莫高窟有关史料，在时间和空间上所具有的独特意义紧密地契合了本文的研究方向。首先，莫高窟佛教石窟艺术遗存的高峰是隋代至归义军时期，约为公元 581~1036 年，基本涵盖了汉传佛教中国化的全过程，是中国佛教史上的重要阶段。其次，作为莫高窟的所在地，敦煌是千余年来佛教东渐之路上的枢纽，其社会文化又长期处于中原政权的控制下，敦煌佛教所反映出的主导特征与中原佛教是一脉相承的。

敦煌莫高窟的佛教石窟艺术遗存在很大程度上是当时对佛寺空间的提炼和写仿，以及对佛国净土的理解和描绘。因此，本文研究重点是具体通过对莫高窟石窟形制、壁画和塑像等遗存来了解 6~11 世纪佛寺院落的空间布局特征。

本研究借鉴了其他学术领域对莫高窟的有关思考，将构成石窟形制、壁画、塑像等内容要素综合起来，主要以建筑史方法展开针对石窟空间的整体探析。具体而言，又大致可以分为三个不同的层次，即基于主室内绘塑组合与空间形态的整体研究、基于石窟由外至内的多个空间及其内容要素的整体研究，以及对于石窟组合情况的探讨。这种整合石窟空间的系统观念，才更有可能还原石窟壁画以及绘塑组合作为内部装饰出现的真正意图和作用，由此得到的有关佛寺布局的情况也可能与佛教义理、信仰思潮之间建立对应的逻辑关系。

5.1 佛寺院落的殿阁配置与信仰主题

从莫高窟石窟形制的分类特点分析可以看出，隋代至归义军时期的莫高窟，佛殿型窟占绝大多数，其中，数量最多的主壁（主尊）开一龛的佛殿型窟所反映的佛寺院落空间关系为"一正两厢"式的殿阁布局。通过梳理以主尊塑像为线索的隋代至归义军时期莫高窟主室绘塑的组合情况，并讨论绘塑组合对应的信仰主题，可以明确同期佛寺院落可能的主题内容，进而与佛寺布局及其主要殿阁配置建立历史关联。

就主尊塑像的情况来看，隋代至归义军时期莫高窟主室主尊均以跏坐佛和倚坐佛为主，而前者数量又均多于后者。因此，仅凭正面主尊佛的不同还不能了解石窟的整体信仰情况。在进一步考察与主尊塑像配伍的两侧壁画题材的发展特征之后，主室相关绘塑组合反映的信仰主题才可能得以明确，并呈现出较为清晰的发展脉络。总体来看，隋代至归义军时期莫高窟主室绘塑组合所反映出的信仰主题较为稳定。首先，以千佛图为载体的涅槃思想存在相对较早，在隋代应该是其发展最为兴盛的时期，至初唐时期所占比重仍较大，但已经体现出一种信仰转变时期的过渡性特征，并且在随后逐渐衰微；其次，净土类三佛体现的净土信仰从初唐兴起，至盛唐达到高潮。此外，在吐蕃时期以后，密教影响逐渐加重，虽然信仰主题更加多样化，但净土信仰一直都处于较为明显的主导地位。

按照不同时间段中信仰主题的发展特点，进一步讨论了当时佛寺院落的主要殿阁可能的不同配置组合。

第一，隋代至初唐：涅槃思想及其反映的殿阁配置。

（1）如果正殿主尊为释迦佛，两侧配殿的主尊情况可能有两种，或者左右均为千佛，或者分别为千佛与弥勒佛，后者在一定程度上反映出初唐时期主流信仰改变的过渡特点。此外，还可见基于竖三世佛体系的主室绘塑组合，可以看作是明确了两侧壁千佛主尊的绘塑组合所反映的佛寺院落内主要殿阁的配置情况，即正殿主尊为释迦佛，两侧配殿的主尊分别为过去某佛和未来佛弥勒佛。

（2）如果正殿主尊为弥勒，两侧配殿的主尊则均为千佛。

第二，初唐以后：净土信仰及其反映的殿阁配置。

（1）如果正殿主尊为释迦，两侧配殿的主尊情况也可分为两种，或者分别为阿弥陀佛与弥勒佛组合，或者为阿弥陀佛与药师佛组合。由于阿弥陀佛和药师佛所住持的净土都具有明确的方位指向，因此，在上述佛寺院落主要殿阁的配置模式中，阿弥陀佛一般供奉于西侧配殿内，而药师佛和弥勒佛则多供奉于东侧配殿中。

（2）如果正殿主尊为弥勒，两侧配殿的主尊分别为阿弥陀和释迦。

第三，归义军时期：密宗影响加强及有关殿阁配置。

两侧壁均绘有密教类观音经变的绘塑组合在莫高窟盛唐石窟中就见遗存，但是直到归义军时期的主室中才又明显增加。推测此时的佛寺院落，可能因为佛教密宗的影响而存在一种新的殿阁配置模式，即两侧配殿皆供奉密教观音，而正殿主尊可能为释迦佛或者密教观音。

还有一种情况，虽然石窟样本少见，但是因其反映出的信仰主题可能具有的深厚义理支持也应该给予一定的关注，比如这一时期先后兴盛的两种主流信仰——涅槃思想和净土信仰，究其义理体系间的逻辑关系其实是十分密切的，相应地，以此为主题的佛寺院落可能就是表现为如下殿阁配置组合，即正殿主尊为涅槃式释迦佛，两侧配殿的主尊分别为阿弥陀佛、弥勒佛、药师佛此净土类三佛中的一种。通过对敦煌莫高窟主室内容的整体研究，一方面，可以有助于梳理出佛寺院落中主要殿阁的配置可能，另一方面，也印证了有关佛教义理对佛寺院落空间的影响。佛教信仰通过院落主题与佛寺布局之间建立的历史关联，也为我们全面理解佛教寺院空间提供了更为深刻的维度。

5.2　佛寺院落的殿阁布局及空间关系

莫高窟现存经变画的数量较多，尤其以净土变相所占比重最大，以净土变相为主的莫高窟经变壁画中包含了大量同时期的建筑图像。

净土变相所依据的佛经对于净土庄严的表述也是最完备的，不仅有建设净土的本愿，还有建成净土的完备表述。通过从信仰基础和图像特征两方面对于上述莫高窟有关经变壁画进行分析，三种主要净土变相所表现出来的净土意象大同小异。而莫高窟其他有关经变中的建筑场景，无论是画面构图，还是建筑形象都与净土变相的相似，并且几乎都可在净土变相中找到相应图像原型。

在对已公布的以建筑组群为背景的隋代至归义军时期莫高窟经变壁画进行系统梳理的基础上，对其中的建筑图像进行建筑图示化的还原与推测，以进一步探讨其所反映出的佛寺院落空间布局的模式与演变。这部分研究所涉及的莫高窟经变壁画以净土变相为主，这不仅因其遗存数量最多，而且，更重要的是其在本文所涉及的公元 6~11 世纪的时间范围内所表现出的完整性，即三种主要净土变相在这一时间段所对应莫高窟的五个艺术分期（隋代、初唐、盛唐、吐蕃时期、归义军时期）中都有遗存。

以建筑组群为背景的莫高窟经变壁画反映的佛寺院落内主要殿阁间的空间关系主要分为三种类型。

第一，主辅单体组群型包括的 7 种子类型（即 A1~A7 型）。

隋代即已出现的 A1 型和 A2 型是最基本的模式，沿着这样两种院落空间的布局思路，分别在纵深方向和面宽方面进行拓展，即产生了 A3 型、A4 型、A6 型，其中，又以基于 A2 型发展起来的 A3 型和 A4 型出现较早且实例较多。除了通过增加对峙侧殿的层次来丰富基本型所对应的院落空间外，到了吐蕃时期，随着连廊这种建筑元素在佛寺布局中大量且成熟的应用，主辅单体组群型也结合连廊出现了空间围合感和领域感更强的子类型，即 A5 型。进入归义军时期以后，还在 A5 型布局模式中简单的一字型连廊的基础上，进一步增加了端部节点的处理，形成了 A7 型，使得院落空间的形态更为完善和丰富。同时，也出现了在纵轴方向串联多组基本型而形成的多进院落组合的佛寺空间关系，不仅表明画师在经变壁画的绘制中运用建筑组群的技巧日臻圆熟，而且也反映出主辅单体组群型布局模式在院落组合中的诸多可能性。

第二，廊连接组群型布局模式大致存在 13 种子类型，即 B1~B13 型。

初唐时期出现的 B1 型和 B2 型是最为基本的模式，但这两种院落空间的布局思路在后续发展过程中并不均衡，B1 型不仅实例数少，而且也没有较大的发展，仅产生出 B11 型一种衍生类型。相较而言，B2 型受到了更为普遍的应用并衍生出三种各具特色的子类型，即 B3 型、B5 型和 B7 型。由之后廊连接组群型在莫高窟经变壁画中的表现来看，B3 型无疑为更加多变和灵活的殿阁空间关系提供了更多的可能性。

连廊是廊连接组群型殿阁布局的主要特征元素，由隋代至归义军时期莫高窟经变壁画反映出的具体变化形式大致有几种，其一为弧线形或斜线型；其二为 L 形；其三为折线形；其四为一字形；其五为十字形；其六为组合形，其中又以 L 形外廊的实例最多且变化最为丰富。

第三，进入吐蕃时期，莫高窟经变壁画所反映出的殿阁布局模式开始以复合型组群为主。

具体来说，按照 A 型和 B 型的组合关系，复合型组群主要可分为六种子类型，即 A 型和 B 型呈互相嵌套的状态（C1 型）；B 型将 A 型完全包含在其围合的空间内（C2 型）；B 型正殿前部两侧分置独立的殿阁，并处于 B 型围合的空间之外，如果将 B 型看作一个整体，则呈现出 A 型的基本布局特征（C3型）；B 型正殿前部两侧分置独立的殿阁，并处于 B 型围合的空间之内（C4 型）；A 型位于 B 型正上方，彼此相对完整（C5 型）；A 型位于 B 型正下方，彼此相对完整（C6 型）。复合型组群的殿阁布局模式中，院落空间的特色除了体现在主辅单体组群型和廊连接组群型的组合关系之外，更多的变化要依赖于后者的具体形态。

综上所述，佛寺院落的主要殿阁布局，最晚在隋代就已经基本确立了"一正两厢"式的主辅单体组群型模式，并且一直影响着后代的殿阁布局。而在初唐时期，外廊的出现使得院落内主要殿阁之间的联系更为紧密，院落空间更为封闭，相应出现的廊连接组群型殿阁布局模式在后代更是变化纷呈，从而衍生出融合上述两种的复合型殿阁布局模式。

5.3　佛寺院落的扩展方式与空间组合

汉地佛寺早在公元 4、5 世纪就已经确立了多重院落空间的组织模式。通常来说，一座具有相当规模的佛教寺院不可能仅由单个院落组成，这就意味着当时佛寺的布局往往会依据一定的规划原则和空间逻辑，对若干相对独立的院落进行组合与排布。基于对佛教石窟与佛教寺院的关系的讨论，大致可以认为，尽管"窟即是寺"的说法还有待商榷，但是，在实物遗迹缺乏的研究现状下，佛教石窟仍然可能在一定程度上反映着当时一般佛寺中空间布局、殿阁配置的某些特征。因此，我们或许可以将石窟空间看作是对一般佛寺的高度概括与浓缩，在这样的假设前提下，从空间序列和功能活动这两个角度来探讨一种可能性，即石窟空间可能对应的佛寺院落空间的纵向组织和横向扩展情况。

佛寺院落的纵向组织形成了纵向单轴上的多进院落，从空间序列的角度来看，由外至内依次为前导空间、过渡空间、高潮空间和结束空间；而从功能活动的角度考察，则至少可能存在佛殿型、塔院型、僧院型三种具体的院落形态。处于不同空间序列和功能活动的节点上的佛寺院落，具有不同的院落空间特征。

佛寺院落的横向扩展，在以院落为单元的佛寺整体布局中，主要意味着多轴线之间的组合。多轴线组合方式大致有三种，即并列轴线关系、交叉轴线关系和复杂轴线关系。

第一，并列轴线关系根据所涉及的轴线数量还可以进一步分为双轴并列、三轴并列与多轴并列三种情况。这三种并列轴线关系，虽然在所形成的院落整体规模上不尽相同，但是，并列轴线上的院落之间的具体关系与联系方式大致相仿，即空间组合关系紧密的并列轴线上的院落联系，通常出现在较为重要的位置，且可能多处连通，不同轴线存在一定的主从之别；而相对独立的并列轴线上的院落之间大多仅在前导空间处贯通，不同轴线的地位基本等同。

第二，交叉轴线关系的佛寺院落组合中，节点空间大多出现在较为重要的院落中。在实际佛寺遗址中，这种交叉轴线关系对应的佛寺实例较为少见，这可能也说明了交叉轴线关系在实际佛寺布局中并未得到普遍认可，即使采用也可能是为了适应基地形状或获得变化的空间体验。

第三，复杂轴线关系的意义不仅在于获得更为丰富的空间层次，还在于其所蕴含的佛寺规模扩张的生成机制。大多数情况下，一座特意为之的佛教寺院应该是从主要纵向轴线的确立开始的，寺院发展的早期可能同时形成多条平行并置的纵向轴线，这多条轴线上的院落序列所表现的规模和形制由于是同期通盘构思的，比较可能出现基本相似的面貌；随着寺院功能的不断完善，新扩建的部分更容易选择建在相对较主要的纵向轴线上，但是，由于已建成部分的限制，出于完善现有寺院功能和需求的目的而新建的部分，在规模和形制上都可能不会超过该条纵向主轴上的核心院落，它们大多只是原有部分的补充或增容，必须从属于原有部分才能发挥作用；其与主轴序列的联系，既可能是通过主轴上的过渡空间形成与之垂直交叉的横向次轴，也可以是与纵向主轴并列，通过在交界部分的围墙（廊、屋）处直接设置门洞实现连通。

尽管石窟形制及其内部壁画的整体研究要面对一些不确定性的制约，还需要更多的考古成果的支撑和相关学科研究的借鉴，但是不能否认，单窟的石窟形制及其内部壁画至少在建成时仍然很有可能基于一套自闭的佛教义理体系，以表达特定的宗教信仰，并满足一定的宗教活动。本文选取在完成时间上基本同步，并且能够较为典型地反映出一定佛教信仰趋向的石窟样本——初唐第 331 窟，尝试进行石窟形制及其内部壁画的整体研究。

总之，从隋代至归义军时期莫高窟的石窟组合情况来看，佛寺院落主要依靠复杂而有序的轴线关系来实现多院落的组合，具体来讲，就是按照一定的功能关系和义理逻辑，在纵列单轴的基础上，灵活运用并列和交叉这两种基本的轴线组合，形成"庭院深深、井然有序"的佛寺总体布局。相对而言，并列轴线关系更容易在佛寺规模扩展的时候被采用。

此外，实际佛寺的布局结构和最终规模总是经年累月不断扩展的结果，如果说佛寺空间对其方圆一定范围内的街坊具有一种集聚效应，体现在对特定社会、文化、意义的场所化，那么佛寺规模的扩张则显示了寺院本身的生命力。

5.4　有待深入的研究方向

第一，本文研究的时间范围设定为 6~11 世纪，对应敦煌莫高窟艺术分期则是从隋代至归义军时期（公元 581~1036 年）的历史阶段。一方面是由于此前的十六国、北朝时期与此后的西夏、元代，莫高窟的相关遗存数量并不多，研究材料有限导致研究深入难度较大，但是，作为佛教发展史上一个特定历史阶段的实物遗迹，上述时期莫高窟相关内容也具有同样的研究价值。期待学界同仁能给予更大的关注。

第二，由于众所周知的原因，有关敦煌莫高窟的遗存内容十分庞杂，而且非常珍贵，虽然近年来出版了不少以图像资料为主的集成性文献，但是，仍然有为数不少的遗存内容有待发掘整理并公布。笔者对莫高窟相关研究资料的获取条件有限，本文研究中所掌握的莫高窟有关石窟形制、塑像、壁画主要都来源于多年来公开发行的相关出版物，其中相当一部分资料的获取还有赖于笔者曾就学过的宾夕法尼亚大学图书馆丰富而开放的馆藏及其所支持的相关学术数据库。因此，笔者希望随着对莫高窟发掘整理工作的逐步深入，能够获取更多的原始资料，以便本文相关部分的研究更为系统，从而更可能得出体系性的阐释或结论。此外，笔者掌握的莫高窟的遗存内容也并非经历了亲身的考古发掘所获得，基本都是经过有关学者有选择的整理而辑录出版的，因此，限于目前研究水平，学者在整理中对材料的误读可能会影响本文研究过程中对莫高窟相关遗存内容的判断和分析。这也需要依赖今后围绕莫高窟的发掘和研究不断完备来相应调整和修正。

第三，在思考本文所应采取的学术视野及研究方法的过程中，受到了诸多相关研究领域学术成果的启发，在整个课题研究和论文写作中亦借鉴了其中许多前辈学者的真知灼见，因此，笔者也希望本文研究能够抛砖引玉，成为后来有关研究的一点参考。另一方面，由于本文研究的深入程度，甚至核心观点的基准点，都离不开宗教学、图像学、文献学、敦煌学等相关学科的支持，尤其如宗教信仰的发展、佛教义理的阐释、莫高窟遗存塑像的佛号判定、洞窟之间的关联性等专门研究，所以，受到这些相关学科现有研究的制约，本文从中借鉴的一些看法和解释很可能具有一定的片面性。有理由相信，在目前学术繁荣、百家争鸣的研究背景下，随着相关领域研究的不断深入，本文的研究也会不断修正，也更加坚实。

第四，目前已经发掘并有报告公布的同时期汉地佛寺遗迹较少。现存汉地佛寺中尽管不乏建造历史可追溯至本文研究的时间范围之内，但是，目前相关研究十分有限，而这部分工作更是浩若烟海，需要依靠众多同好学人的共同而持续的努力。为了在一定程度上弥补这些缺憾，本文研究过程中，大多引用了发展脉络清晰且布局变化不大的同时期日韩佛寺遗迹作为例证。然而，同时期的汉地佛寺遗迹才是相对更可靠的直接证据，近期有关辽上京佛寺、北朝赵彭城佛寺等的考古发掘对佛寺布局的研究有可能具有重要意义，期待将来能有更多相对完整的佛寺遗址得到发掘，以不断充实本文研究的实例证据。

这是一条没有终点且并不平坦的探索之路，一路上，既有无边风景，也有无数旁岔，但是只要坚持不懈地思考、求知若渴地学习、小心谨慎地求证，再加上一点点电光火石的灵感，以笔为犁，与友为邻，就能与真理更加靠近。

附录A 佛教宇宙观简述

　　作为一个发展成熟、体系完备的世界性宗教，佛教对于宇宙的认识和构建也有其自身的考虑。总的来说，佛教认为宇宙是由无数个自成一体的小世界按照不同的层级结构组成的，即一千个"小千世界"构成一个"中千世界"，而一千个"中千世界"则成为一个"大千世界"。如是由"小千世界"、"中千世界"到了"大千世界"所形成的佛教对于宇宙横向结构的描述，一般统称为"三千大千世界"，这是个概说，用以概括无边、无量、无数的空间范围。

　　　　"佛言。比丘。如一日月所行之处。照四天下。如是等类。四
　　　　天世界。有千日月所照之处。此则名为一千世界。……。此千世界。
　　　　犹如周罗（周罗者隋言髻）。名小千世界。诸比丘。尔所周罗一千世界。
　　　　是名第二中千世界。诸比丘。如此第二中千世界。以为一数。复满千界。
　　　　是名三千大千世界。诸比丘。此三千大千世界。同时成立。同时成
　　　　已而复散坏。同时坏已而复还立。同时立已而得安住。如是世界。
　　　　周遍烧已。名为散坏。周遍起已。名为成立。周遍住已。名为安住。
　　　　是为无畏一佛刹土众生所居。"[1]

　　而佛教宇宙观中的竖向层级是以通常所说的"三界"来建构的，由下自上分别为欲界、色界和无色界，一共有 28 层天，具体的空间层次详见附表 A。关于"三界"的有关论述，现存佛教经典中并不少见，比如，隋代阇那崛多等所译的《起世经（10 卷）》（大正藏，阿含部，第 1 卷），《法华经》中也有一些描述，但是，以唐代般刺蜜帝所译《大佛顶如来密因修证了义诸菩萨万行首楞严经（10 卷）》（大正藏，密教部，第 19 卷）最为详尽。简而言之，"三界"可以看作是修行所达到的不同境界，但是，佛教的最终目标并不是停留在"三界"中的某一层中，而是跳出"三界"。

　　　　"三界者。欲界色界无色界也。由地狱以上。上极六欲天。统
　　　　为欲界。以皆有男女情欲也。由六欲天以上。以次递上。复有初禅

---

① ［隋］阇那崛多等 译. 起世经（10 卷）·卷一. 大正藏，阿含部，第 1 册.

三天。二禅三天。三禅三天。四禅九天。统为色界。以惟有色身。并无男女情欲也。由色界天以上。以次递上。复有四空天。统为无色界。以并无色身。惟有魂识如鬼神也。"[1]

佛教宇宙观所反映的空间层级关系（由下自上）　　　附表 A

界	层		
欲界	地居		
	虚空段		
	四天王天		
	忉利天		
	须夜摩天		
	兜率天		
	化乐天		
	他化自在天		
色界	初禅天	梵众天	
		梵辅天	
		大梵天	
	二禅天	少光天	
		无量光天	
		光音天	
	三禅天	少净天	
		无量净天	
		遍净天	
	四禅天	福生天	
		福爱天	
		广果天	
		无想天	
	不还天	无烦天	
		善见天	
		善现天	
		色究竟天	
无色界	空处		
	识处		

---

① [清] 王耕心.摩诃阿弥陀经衷论（1卷）.新纂续藏经，中国撰述·方等部疏.

续表

界	层
无色界	无所有处
	非想非非想处

（表格来源：自绘）

注：本表主要根据唐代般刺蜜帝所译《大佛顶如来密因修证了义诸菩萨万行首楞严经
（10 卷）》（大正藏，密教部，第 19 卷）相关内容整理而成，还参考了隋代阇那崛多
等所译《起世经（10 卷）》（大正藏，阿含部，第 1 卷）、清代王耕心所著《摩诃阿
弥陀经衷论》（新纂续藏经，中国撰述·方等部疏）以及丁福保所编《佛学大词典》
等的相关内容。

"欲界"主要包括下层地狱、中层人界以及上层六欲天，佛教中还有一种
从轮回途径或众生类型的角度进行阐释的"欲界"组织结构，即"六道"，分
别为天道、人道、修罗道、畜生道、饿鬼道、地狱道。

上述的横向空间与竖向层级结合起来，就形成完整的佛教宇宙观。

"凡一天一地。一日一月。一须弥山。上自初禅天梵天以下。
下自铁围山焰摩罗王地狱界以上。为一小世界。如此千小世界。
有一二禅天覆之。是为一小千世界。积此小千世界至一千。有
一三禅天覆之。是为一中千世界。则百万小世界矣。积此中千世
界至一千。有一四禅天覆之。是为大千世界。则十万万小世界矣。
一大千世界。通为一佛化度之境。亦名三千大千世界者。繁复不
厌之词也。"[1]

也就是说，由四禅天以上诸天所覆的一个大千世界，就是一般所说的"一
佛一世界"，"列明一佛刹者。于三千大千世界。为一佛刹一佛之化境也。"[2] 因
此，阿弥陀佛的西方净土和药师佛的东方净琉璃世界至少应该在色界的四禅
天之上。

由此看来，前述正文中所说的"娑婆世界"是一种狭义的解释。广义上，
它是释迦佛所化度的一小世界，也称为"堪忍世界"，意思是佛菩萨为了度化
有情众生甘愿深陷秽土，并忍受其中污浊恶趣的侵袭。在《华严经》所构建的
莲华藏世界中，娑婆世界位于第十三重，高度可达色究竟天，这与上面"一佛
一世界"的范式颇为吻合，也可以认为是对较为广义的"娑婆世界"的描述。
如此一来，弥勒净土所处的兜率天也处于"娑婆世界"之中。

"第十三重香水海。正是此娑婆世界之中香水海。名无边妙
华光。此是最中央香水海。最中央世界种。名娑婆。有十三佛刹

---

① [清]王耕心.摩诃阿弥陀经衷论(1卷).新纂续藏经,中国撰述·方等部疏.
② 遂甯广德寺沙门 永光 录集,仁寿松风寺沙门 惟静 较证.大方广佛华严经纲目贯摄卷第一//[清]
永光 录集.华严经纲目贯摄(1卷).卍新纂续藏经.

微尘数世界。周匝围绕。在此海中。安布而住。……如此世界中。有四大洲。即四部洲。八中洲。数万小洲。正中是须弥山。有小轮围山。周匝围绕。下有地轮水轮。金轮即是火轮。火轮下风轮。再下虚空。从地轮上。是虚空中有日月星辰。空尽入天界。此一重天名帝释天。正名忉利天。再上一重名夜摩天。复上一重兜率天。复上一重名化乐天。复上一重名他化天。次第而上。乃至色究竟天。复上四方皆是虚空。又名四空天。于此而止。故名一重世界一重天地。宽则东西相对七十二万里。南北相对六十四万里。高从地际。至色究竟天止。"①

① 遂宁广德寺沙门 永光 录集, 仁寿松风寺沙门 惟静 较证 . 大方广佛华严经纲目贯摄卷第一 //[清] 永光 录集 . 华严经纲目贯摄（1 卷）. 卍新纂续藏经

附录B　净土与净土信仰

1. 净土：大乘佛教之"彼岸世界"

净土，在佛教典籍中被描绘成异常美妙、快乐、幸福、脱离了一切恶行、烦恼和垢染的处所，也是诸佛与菩萨居住的地方。"净土即佛国，全称清净土、清净国土、清净佛刹，又称净刹、净界、净国、净方、净域、净世界、净妙土、妙土、佛刹等等"①。而与之相对的，就是"秽土"，最常见的就是"娑婆世界"，通常即指充满了烦恼、苦难、污秽的凡人所居住的世界，位于欲界的中层地居②。大乘佛教所宣染的"净土"世界为深受现世苦难困扰的广大信众指出了一个美妙殊胜的彼岸。"离净土就无大乘，净土是契合乎大乘思想的。"③

实际上，关于"净土"所包含的确切含义，即使在大乘佛教界内部也众说纷呈，莫衷一是④。一般认为，净土亦有不同层次，而每个净土都对应特定的佛，常见的如，阿閦佛净土、药师佛净土、阿弥陀佛净土。然而，佛国和净土在某些情况下也并不能等同。也就是说，虽然有佛的地方就是佛国，但是，有一种观点认为佛国并非都是净土，还要看佛的教化和众生接受善法的程度和善缘的深浅。人们出于对释迦佛作为先觉的认识和对其所居国土的向往而产生崇拜与信仰，还有一种典型的观点认为释迦佛只是佛陀的人间化身，大乘佛教所记述的佛传故事无不在传达着"人人都会成佛"的信息。故而，在此基础上

---

① 陈扬炯.中国净土宗通史.南京：凤凰出版社，2008：1.

② 佛教对于宇宙的空间构成具有自成体系的论述，详见附录A。

③ 释印顺.净土新论//净土与禅.北京：中华书局，2011：5.

④ 净土的观念常见的有如下五种。第一，一境一佛，一佛一净土。第二，佛国均为秽土，据鸠摩罗什译《大智度论》卷四："十方世界有老、病、死、婬、怒、痴等诸苦恼，以是故，佛应出其国，如经中说。无老、病、死、烦恼者，诸佛则不出世。"（此处还包含了一个观点，即有佛的世界就是佛国，于是，也有人说，只要有佛的地方就是净土，无处不净土。）第三，吉藏的五种佛土：净、不净、不净净、净不净、杂土。（《大乘玄论》卷五"净土门"，也见于《华严游意》《维摩经义疏》，但此说法未见流行。）第四，李通玄的十种净土（唐，《新华严经论》卷六"明净土权实"）：《阿弥陀经》净土；《无量寿观经》净土；《维摩经》净土；《梵网经》净土；摩醯首罗天净土；《涅槃经》中所指净土《法华经》三变净土；灵山会所指净土；唯心净土、毗卢遮那所居净土。（此说法未被佛教界所接受。）第五，灵山净土：指释迦说法地之一的灵鹫山，源于《法华经·如来寿量品》，如本的文献和佛教绘画中有若干"灵山净土图"。第六，十方净土：其中包含几种互相矛盾的说法，一则为十方均有佛国；二则为只存在时间意义上的诸佛，不存在空间意义上的十方佛；三则为因着十方世界的苦才有佛的出现，则十方世界皆非净土。（王惠民.敦煌净土图像研究//佛光山文教基金会 编辑.中国佛教学术论典81.高雄：佛光山文教基金会，2001：1-6）

更广泛的观点是只要有佛陀在的地方，即使是娑婆世界也可以是佛国。

简而言之，广义的"净土"是"三千大千世界,无处不净土";而狭义的"净土"则仅指那些得以不退转的由特定佛陀住持的上部天界。

在大乘佛教中所流行的"佛国净土"也有多种，比较常见的有西方净土（西方极乐世界、阿弥陀佛净土、阿弥陀净土）、弥勒净土、药师佛净土（东方净琉璃世界）等，本文所说"净土"主要就指上述三种。在此范畴内，还有阿閦佛净土、文殊菩萨净土、唯心净土、灵山净土、莲华藏世界等。

净土的观念以有关十方诸佛世界及诸佛在各净土教化众生的内容普遍存在于大乘经典中，如《法华经》《华严经》《大般若经》《大宝积经》等经，其目的都是鼓励众生发愿往生净土，获得彼岸重生。可以说，佛国净土是大乘佛教思想密不可分的部分，体现了自利与利他的完美结合。

正因"净土"观念在佛教史上如此受重视，以此为视角来考察佛教寺院在不同历史时期的发展情况就具有更加重要的意义。

2. 净土信仰：作为汉地佛教的核心内容

在佛教信仰的早期阶段中，出于对佛陀涅槃后第一次结集（公元前 468 年）所形成的佛教经典的不同理解[1]，原始佛教（公元前 6~5 世纪）在第二次结集（公元前 370 年左右）后，分裂为上座部和大众部，并由此进入到部派佛教（公元前 4~ 公元 2 世纪初）阶段，佛教学说日渐纷繁驳杂。后来，上座部向瑜伽行派（汉地佛教有宗）发展，而大众部则发展为中观派（汉地佛教空宗）。按照信仰发展的一般认识来看，如果将部派佛教看作是向大乘佛教（公元 2 世纪初至今）的过渡阶段，那么，大众部思想就可以称之为大乘思想的滥觞。不晚于公元 2 世纪初，为了摆脱只注重自身修行的局限性，大乘佛教着重宣扬释迦在世时所秉持的大慈大悲菩萨行，以此自利、也利他，最终实现大乘佛教的终极理想就是与有缘众生一起出离秽土，往生净土，这应当便是净土信仰的早期源头。

净土信仰就是围绕佛国净土产生的祈愿、修行、阐释等的佛教思想和活动。在佛教信仰发展历程中，这种对"彼岸世界"的信仰形成了一股具有持久生命力和强大感召力的净土思潮，并贯穿着大乘佛教的根本教义，而且伴随佛教在中国的传播和发展，逐步构成了汉传佛教最重要的部分之一，为后世广大僧众信徒所向往追随，甚至直接导致了中国佛教净土宗的确立。

具体来说，我们可以从以下三个方面进一步理解净土信仰。

---

[1]　上座部与大众部的主要分歧有三个方面，首先是哲学思想，即"法"与"我"的真伪有无、"心性"的净与不净；其次是宗教理想，上座部认为佛陀仍然是人，而大众部提出了"超人间佛陀"和"超自然佛陀"的主张；最后就是关于戒律持守的严格程度。

第一，净土信仰产生于佛本生故事的本愿。所谓"本愿"是指为了成佛（或补处菩萨）在勤修菩萨行的同时，以誓愿的形式所预设的条件，其内容一般包括两部分，即化度众生的种种利好和未来所成就佛国的蓝图，如阿弥陀佛的四十八愿、药师佛的十二大愿等。佛的本生故事记录了佛在过去世行菩萨行的事迹，其共同点在于都体现了大乘佛教的根本精神，即"上求菩提，下化众生"，这是被称为"总愿"的本愿。各具特色的"别愿"性质的本愿与"总愿"相比，较为具体，但均符合以建设净土为主旨的基调。总愿和别愿相互影响、相互吸收，汇成了一股本愿思潮，进而成为净土信仰发展成熟的内在动因。

第二，净土信仰将修行法门不断简化。尽管在不同的相关佛经中，往生净土的法门不尽相同，但由于上述本愿思想的存在，使得净土信仰的修行法门特别强调在自力的基础上借助他力的往生途径，也就是说，修持者不用自身获得圆满的觉悟，只要一心称诵、观想，就可以因为佛或菩萨的回向发愿而得以往生净土。这无疑为佛教的普及流行大开方便之门，区别于其他宗派完全依靠自力求得智慧与觉悟的"难行道"，净土信仰所宣称的这种以他力为主之"易行道"修行简单、目标明确，也是净土信仰得以深入人心的直接原因。

第三，多种净土优劣之争。前面已经提到，大乘佛教中所宣说的"净土"多种多样，这就使得有关净土的优劣之争一直不断。莫高窟净土变相主要涉及有三种净土，（1）西方净土；（2）弥勒净土；（3）药师净土其共同优势在于，一旦得以往生则不会再受死生轮回之苦。在佛教宇宙观中，西方净土和药师净土所处的空间[①]在真正出离婆娑世界以外的四禅天之上，而弥勒净土所处的兜率天尽管也在娑婆世界之上，但仍然属于欲界。对不同净土所处空间层级的不同最直接的影响就是往生条件的不同，因此，一般认为弥勒净土更易往生。另外，从对于现世利益的关照方面来看，虽然药师净土相对兴起得较晚，但是，它却是以上三种净土中最注重现实利益的净土信仰。总的来说，诸净土之孰优孰劣，既受到整个佛教传播的大背景的影响和佛教发展程度的制约，也根据信众对于相关义理的理解而具有一定的典型色彩。

综上所述，净土信仰无疑是以大乘佛教经典为主要依据的汉地佛教的核心内容之一，"净化身心与庄严国土，实是大乘佛教的核心论题。"[②]

---

① 见附录 A。
② 仁俊.仁俊法师序 //[日] 望月信亨.净土教概论.释印海 译.台北；华宇出版社，1987.

附录C　敦煌历史年表[1]

敦煌历史年表

附表C

历史时代	起止年代	统治王朝及年代	行政建置	备注
汉	公元前111~公元219	西汉 公元前111~公元8	敦煌郡敦煌县	始设郡
		新 公元9~23	敦煌郡敦煌亭	
		东汉 公元23~219	敦煌郡	25年窦融据河西复敦煌郡名
三国	公元220~265	曹魏 公元220~265	敦煌郡	
西晋	公元266~316	西晋 公元266~316	敦煌郡	
十六国	公元317~439	前凉 公元317~376	沙州、敦煌郡	336年始置沙州，莫高窟始建
		前秦 公元376~385	敦煌郡	
		后凉 公元386~400	敦煌郡	
		西凉 公元400~421	敦煌郡	400~405为西凉国都
		北凉 公元421~439	敦煌郡	
北朝	公元439~581	北魏 公元439~535	沙州、敦煌镇、义州、瓜州	444年置镇，516年罢，为义州；524年复瓜州
		西魏 公元535~557	瓜州	
		北周 公元557~581	沙州鸣沙县	563年改鸣沙县，至北周末
隋	公元581~618	隋 公元581~618	瓜州敦煌郡	
唐	公元619~781	唐 公元619~781	沙州、敦煌郡	622年设西沙州，633年改沙州，740年改郡，758年复为沙州
吐蕃	公元781~848	吐蕃 公元781~848	沙州敦煌县	
张氏归义军	公元848~910	唐 公元848~907	沙州敦煌县	907年唐亡后，张氏归义军仍奉唐正朔
西汉金山国	公元910~914		国都	

① 樊锦诗 主编.敦煌石窟全集20：藏经洞珍品卷.香港：商务印书馆（香港）有限公司，2005：95.

续表

历史时代	起止年代	统治王朝及年代	行政建置	备注
曹氏归义军	公元 914~1036	后梁 公元 914~923	沙州敦煌县	
		后唐 公元 923~936	沙州敦煌县	
		后晋 公元 936~946	沙州敦煌县	
		后汉 公元 947~950	沙州敦煌县	
		后周 公元 951~960	沙州敦煌县	
		宋 公元 960~1036	沙州敦煌县	
西夏	公元 1036~1227	西夏 公元 1036~1227	沙州	
		蒙古 公元 1227~1271	沙州路	
蒙元	公元 1227~1402	元 公元 1271~1368	沙州路	
		北元 公元 1368~1402	沙州路	
明	公元 1404~1644	明 公元 1404~1524	沙州卫，罕东卫	1516 年吐鲁番占；1524 年关闭嘉峪关
清	公元 1644~1911	清 公元 1715~1911	敦煌县	1715 年清兵出嘉峪关收复敦煌一带，1724 年筑城置县

资料来源：施萍婷 . 阿弥陀经画卷（敦煌石窟全集 5）. 香港：商务印书馆（香港）有限公司，2002，原表由《敦煌石窟全集》编辑委员会（马德执笔）根据史苇湘《敦煌历史大事年表》制表。

附录D 隋代至归义军时期莫高窟主室主尊情况简表

表格说明:

1. 本表主要依据《敦煌石窟内容总录》(1996 年版)的记录由著者统计而成。

2. "主尊推断"项所涉及的主要研究成果有贺世哲的《关于敦煌莫高窟的三世佛和三佛造像》、王惠民的《敦煌净土图像研究》、赖鹏举的《敦煌石窟造像思想研究》等。

莫高窟隋代石窟主室主尊情况简表

附表 D1

序号	窟号	主尊	主尊推断
1	56	一佛阿难迦叶三菩萨	释迦佛
2	59	一佛二弟子	
3	206	一跌坐佛二弟子二菩萨	释迦佛
4	243	一跌坐佛三菩萨	释迦佛
5	244	一跌坐佛阿难迦叶二菩萨	释迦佛
6	253	一佛二弟子一菩萨	
7	262	一跌坐佛二弟子二菩萨	释迦佛
8	266	一倚坐佛	弥勒佛
9	276	一跌坐佛一弟子一菩萨	释迦/弥陀/弥勒
10	278	一佛二弟子二菩萨	
11	280	一立佛阿难	
12	282	一跌坐佛二弟子二菩萨	释迦佛
13	292	一立佛二菩萨	三世佛或弥勒三会
14	293	一佛二菩萨二弟子	
15	295	一佛二弟子	
16	302	一佛二菩萨(四面皆是)	
17	304	一倚坐佛阿难迦叶二菩萨	弥勒佛
18	309	一跌坐佛(一铺五身)	
19	310	一倚坐佛一菩萨	弥勒佛
20	311	一跌坐佛二弟子四菩萨	

续表

序号	窟号	主尊	主尊推断
21	313		三世佛
22	314	一跏坐佛	
23	315	一倚坐佛二菩萨	弥勒佛
24	378	一跏坐佛	
25	379	一跏坐佛二弟子	
26	380	一跏坐佛二弟子二菩萨	
27	383	一跏坐佛二弟子二菩萨	三世佛
28	388	一跏坐佛二弟子四菩萨	
29	389	一佛二弟子二菩萨	
30	390	倚坐菩萨二弟子四菩萨	弥勒菩萨
31	392	一跏坐佛二弟子四菩萨	三世佛
32	396	一跏坐佛二弟子四菩萨	
33	397	一佛二弟子四菩萨	
34	398	一跏坐佛二弟子四菩萨	
35	399	一跏坐佛	
36	401	一跏坐佛六菩萨	三世佛
37	402	一佛	三世佛
38	403	一跏坐佛	
39	404	一跏坐佛一菩萨	
40	405	一倚坐佛一菩萨	弥勒三会
41	406	一倚坐佛	弥勒佛
42	407	一佛一弟子四菩萨	
43	408	一跏坐佛	
44	410	一倚坐佛二菩萨一弟子	弥勒佛
45	411	一跏坐佛	
46	412	一跏坐佛八弟子	
47	414	一跏坐佛	
48	416	一倚坐佛二弟子二菩萨	
49	417	一跏坐佛二弟子二菩萨二半跏坐菩萨	
50	418	一跏坐佛二弟子二菩萨	
51	419	一跏坐佛二弟子二菩萨二半跏坐菩萨	
52	420	一跏坐佛二弟子四菩萨	
53	421	一跏坐佛	
54	422	一倚坐佛二弟子二菩萨	弥勒佛
55	423	一倚坐佛二弟子二菩萨	弥勒佛

续表

序号	窟号	主尊	主尊推断
56	425	一趺坐佛二弟子四菩萨	
57	427	一立佛二菩萨	卢舍那
58	433	一趺坐佛二菩萨	
59	434	一趺坐佛二菩萨	
60	436	一佛二弟子二菩萨	

莫高窟初唐石窟主室主尊情况简表 附表 D2

序号	窟号	主尊	主尊推断
1	57	一趺坐佛二弟子四菩萨	释迦佛
2	58	一趺坐佛二菩萨	
3	68	一佛二弟子二菩萨	
4	70	一趺坐佛三菩萨	
5	71	一趺坐佛二弟子二菩萨	释迦佛
6	77	一坐佛二弟子二菩萨	
7	78	一佛二弟子	释迦佛
8	96	一倚坐佛	弥勒佛
9	202	一趺坐佛二弟子二菩萨二力士	
10	203	一立佛倚山像二菩萨	
11	204	一趺坐佛二弟子四菩萨	释迦佛
12	205	一趺坐佛二弟子四菩萨	卢舍那佛
13	207	一趺坐佛二弟子二菩萨	
14	209		释迦佛
15	220	一佛二弟子二菩萨	释迦佛
16	283	一趺坐佛二弟子二菩萨	
17	287	一趺坐佛	
18	321	一趺坐佛二力士	
19	322	一趺坐佛二弟子二菩萨二天王	释迦佛
20	323	一倚坐佛二弟子二菩萨	
21	328	一趺坐佛二弟子四菩萨	
22	329	一趺坐佛二弟子四菩萨	
23	331	一趺坐佛二弟子二菩萨二天王	
24	332	一立佛二菩萨	释迦佛
25	333	一趺坐佛二弟子二菩萨	
26	334	一佛二弟子二菩萨二天王	

续表

序号	窟号	主尊	主尊推断
27	335	一跌坐佛一弟子四菩萨	
28	338	一倚坐佛	弥勒佛
29	340	一佛二弟子二菩萨	
30	341	一跌坐佛二弟子四菩萨	释迦佛
31	342	一佛	
32	371	一跌坐佛	
33	373	一跌坐佛	释迦佛
34	375	一跌坐佛二弟子四菩萨	释迦佛
35	381	一跌坐佛二弟子二菩萨	释迦佛
36	386	一跌坐佛二弟子四菩萨	

莫高窟盛唐石窟主室主尊情况简表　　　　　　　附表 D3

序号	窟号	主尊	主尊推断
1	26	跌坐佛	
2	27	跌坐佛	释迦佛
3	32	塑佛一身	
4	34	跌坐佛	释迦佛
5	39	坐佛二弟子	
6	41	佛阿难迦叶	释迦佛
7	44	二佛	
8	45	跌坐佛二弟子二菩萨二天王	阿弥陀佛
9	46	跌坐佛二弟子二菩萨二天王	阿弥陀佛
10	47		阿弥陀佛
11	65	一佛二弟子	
12	66	跌坐佛二弟子二菩萨二天王	释迦佛
13	79	一佛二弟子四菩萨二天王	
14	87	一倚坐佛二弟子二菩萨二天王	弥勒佛
15	88	跌坐佛阿难迦叶	释迦佛
16	91	一倚坐佛二弟子二菩萨二天王	弥勒佛
17	103	一跌坐佛二菩萨	
18	113	一倚坐佛阿难迦叶二菩萨二天王	弥勒佛
19	116	一坐佛阿难迦叶二菩萨	释迦佛
20	117	一倚坐佛二弟子一菩萨	弥勒佛
21	122	佛一铺五身	

续表

序号	窟号	主尊	主尊推断
22	125		阿弥陀佛
23	130	倚坐弥勒像	弥勒佛
24	148	涅槃像	释迦佛
25	164	一佛	
26	166	一倚坐佛二菩萨	弥勒佛
27	171	一跌坐佛二菩萨	
28	172	倚坐佛二弟子二菩萨二半跏菩萨二天王	弥勒佛
29	180	一倚坐佛	弥勒佛
30	185	一跌坐佛二弟子	释迦佛
31	188	一佛四弟子	
32	194	一倚坐佛二弟子二菩萨二天王二力士	弥勒佛
33	199	一跌坐佛	阿弥陀佛
34	215	一跌坐佛二弟子二菩萨	释迦佛
35	217	一跌坐佛	阿弥陀佛
36	225	一倚坐佛二弟子一菩萨	弥勒佛
37	264	一跌坐佛二弟子二菩萨二天王	释迦佛
38	319	一跌坐佛二弟子二菩萨二天王	
39	320	一佛二弟子二菩萨	
40	345	一跌坐佛一弟子四菩萨	
41	347	一跌坐佛二弟子	
42	374		阿弥陀佛
43	384	跌坐佛二弟子二菩萨二供养菩萨二天王	释迦佛
44	387	一跌坐佛二弟子二半跏菩萨二胁侍菩萨	
45	444	二弟子二菩萨一天王二供养菩萨	
46	445	一跌坐佛二弟子二菩萨二天王	
47	446	一跌坐佛二弟子二菩萨二天王	阿弥陀佛
48	458	跌坐佛二弟子二菩萨二天王二供养菩萨	
49	460	一倚坐佛二弟子二菩萨二天王	弥勒佛

莫高窟吐蕃时期石窟主室主尊情况简表　　　　　　附表 D4

序号	窟号	主尊	主尊推断
1	69	佛二弟子二菩萨	
2	92	一跌坐佛	
3	93	唐塑三身	
4	112	佛二弟子二菩萨	释迦佛

续表

序号	窟号	主尊	主尊推断
5	144	一趺坐佛二弟子二菩萨	释迦佛
6	158	释迦涅槃像	释迦佛
7	159	阿难迦叶二菩萨二力士	释迦佛
8	197	一倚坐佛一弟子一菩萨	弥勒佛
9	200	一趺坐佛	
10	231	一趺坐佛一弟子	释迦佛
11	235	一佛二菩萨	
12	240	一倚坐佛	弥勒佛
13	363	一倚坐佛二弟子二菩萨二天王	
14	365	七禅定佛	
15	368	一倚坐佛	
16	468	一菩萨二弟子	

莫高窟归义军时期石窟主室主尊情况简表　　　　附表 D5

序号	窟号	主尊	主尊推断
1	9		药师佛
2	12		释迦佛
3	14		释迦佛
4	18	一趺坐佛一弟子二天王	释迦佛
5	30	一铺五身（释迦、阿难为唐塑）	释迦佛
6	40	一佛二菩萨	
7	55	三倚坐佛三菩萨一弟子二力士	弥勒三会
8	72	佛二弟子二菩萨	
9	85	释迦、迦叶	释迦佛
10	98	趺坐佛	
11	99	趺坐佛二弟子二菩萨二天王	释迦佛
12	108	一趺坐佛二弟子四天王	
13	138	一趺坐佛	
14	139	一禅定佛	
15	146	一趺坐佛	
16	152	阿难迦叶文殊普贤	释迦佛
17	156	一倚坐佛	弥勒佛
18	160	一释迦坐像二弟子一菩萨一天王	释迦佛
19	192	一趺坐佛阿难	
20	196	一趺坐佛阿难迦叶一半跏菩萨一天王	释迦佛

序号	窟号	主尊	主尊推断
21	224	一倚坐佛一天王	弥勒佛
22	230	二弟子一菩萨	
23	233	释迦文殊普贤二弟子六菩萨四力士	释迦佛
24	234	千手眼观音像	
25	256	一跌坐佛	
26	261	一跌坐佛二菩萨二半跏菩萨二天王	
27	409	一跌坐佛一菩萨二天王	
28	459	一佛二弟子一菩萨一天王	

附录E 隋代至归义军时期莫高窟主室壁画题材简表

表格说明：

1. 本表主要依据《敦煌石窟内容总录》（1996 年版）的记录由著者统计而成。

2. "石窟形制"项按照功能性质分为三型，分别为佛殿型（A 型）、塔院型（B 型）、僧院型（C 型）。

3. "主尊推断"项所涉及的主要研究成果有贺世哲的《关于敦煌莫高窟的三世佛和三佛造像》、王惠民的《敦煌净土图像研究》、赖鹏举的《敦煌石窟造像思想研究》等。

4. "后壁"、"左侧壁"、"右侧壁"、"前壁"项分别表示四壁的壁画情况，具体字母含义如下：

B 报恩经变 B1 宝雨经变 E 阿弥陀经变 F 法华经变

F1 佛顶尊胜陀罗尼经变 F2 梵网经变 F3 佛教史迹画

F4 佛教戒律画 G 观无量寿经变 G1 密教观音类经变

H 华严经变 L 楞伽经变 L1 劳度叉斗圣变 J 净土变

J1 维摩诘经变 J2 金刚变 J3 金光明经变 M 弥勒经变

M1 密教经变 M2 密严经变 N 涅槃经变 P 普贤变 Q 千佛

S 说法图 S1 思益梵天问经变 T 天请问经变 W 文殊变

X 降魔变 Y 药师经变

莫高窟隋代石窟主室壁画题材简表　　　　　附表 E1

序号	窟号	石窟形制	后壁	左侧壁	右侧壁	前壁
1	56	A+ 三龛	Q	Q	Q	Q
2	59	A+ 一龛	Q	Q	Q	Q
3	62	A+ 一龛	Q	Q	Q	Q
4	206	A+ 一龛	J1	S+Q	S+Q	Q
5	243	A+ 一龛	观音	?	G1	
6	244	A+ 三龛		立佛二菩萨	弥勒立像二菩萨	S
7	253	A+ 一龛				

序号	窟号	石窟形制	后壁	左侧壁	右侧壁	前壁
8	255	A+ 一龛	飞天 / 菩萨	Q	Q	
9	262	A+ 一龛			Q	
10	266	A+ 一龛	Q	Q	Q	Q
11	274	A+ 一龛		Q	Q	
12	276	A+ 一龛	W+J1	S	S	天王
13	277	A+ 一龛	Q	Q	Q	
14	278	A+ 一龛	菩萨	S	S	七佛 / 天王
15	279	A		Q+S	Q+S	Q/ 天王
16	280	A		Q	Q	Q
17	282	A+ 一龛		Q	Q	Q
18	284	A+ 一龛		Q+S	Q+S	Q
19	292	B	Q	Q/ 立佛	Q/ 立佛	
20	293	A+ 一龛	Q	Q	Q	Q
21	295	A+ 一龛	菩萨弟子	Q+S	Q+S	Q
22	302	B	Q（药师）	Q	Q	S
23	303	B	Q	Q	Q	Q
24	304	A+ 一龛		Q	Q	Q
25	305	B	Q/ 跌坐佛	Q/ 倚坐佛	Q/ 倚坐佛	Q+S
26	306	C	J	E	E	七佛
27	307	A+ 一龛	S	J	J	S+J
28	308	C	S	J	J	供养菩萨
29	309	A+ 一龛	菩萨	S	S	七佛
30	310	A+ 一龛		说法佛	禅定佛	菩萨 / 天王
31	311	A+ 一龛	Q	Q+S	Q+S	Q
32	312	A+ 一龛	Q	Q	Q	Q
33	313	C	S	S	S	七佛 / 天王
34	314	A+ 一龛	Q	Q+S	Q+S	Q+BU7+S
35	315	A+ 一龛	菩萨	Q	Q	
36	318	A+ 一龛	Q	Q	Q	
37	376	A+ 一龛	听法菩萨	J	J	Q+S
38	378	A+ 一龛	听法菩萨	J	J	J
39	379	A+ 一龛	禅定佛	G	Q+S	Q
40	380	A+ 一龛	J1	Q+S	Q	Q+S
41	383	A+ 三龛	佛传	Q/ 交脚菩萨	Q/ 跌坐佛	Q

续表

序号	窟号	石窟形制	后壁	左侧壁	右侧壁	前壁
42	388	A+ 一龛	Q	Q	Q	Q
43	389	A+ 一龛	菩萨	Q+S	Q+S	Q
44	390	A+ 一龛	七佛	S	S	佛
45	391	A+ 一龛	S	S	S	
46	392	A+ 一龛	菩萨	Q	Q	Q+S
47	393	A	E	Q	Q	Q
48	394	A+ 一龛	释迦 / 多宝	S	S	Y+ 天王
49	395	A+ 一龛		G1	G1	Q
50	396	A+ 一龛	Q	Q+S	Q+S	Q
51	397	A+ 一龛	Q	Q+S	Q+S	Q
52	398	A+ 一龛		S	S	
53	399	A+ 一龛	药师佛	J	J	供养菩萨
54	400	A+ 一龛		E	Y	J
55	401	A+ 三龛	Q	Q+ 交脚菩萨	Q	七佛 +S+Q
56	402	A+ 一龛		Q+S	Q+S	Q
57	403	A+ 一龛		Q	Q	Q
58	404	A+ 一龛	Q	Q+S	Q+S	Q
59	405	A+ 一龛		Q+S	Q+S	Q
60	406	A+ 一龛	Q	Q	Q	Q
61	407	A+ 一龛	Q	Q	Q	Q+S
62	408	A+ 一龛	趺坐佛			药师 +W+P
63	410	A+ 三龛	Q	Q	Q	
64	411	A+ 一龛	Q	Q	Q	
65	412	A+ 一龛	Q	Q	Q	
66	413	A+ 一龛	Q	Q	Q	
67	414	A+ 一龛	Q	Q		
68	415	A+ 一龛	菩萨	J	J	
69	416	A+ 一龛		Q		
70	417	A	J1	Q	Q	
71	418	A+ 一龛	天王	Q+Y	S+E	五佛
72	419	A+ 一龛	J1	Q+S	Q+S	Q
73	420	A+ 三龛	J1	Q/ 趺坐佛	Q/ 趺坐佛	Q+S
74	421	A+ 一龛	Q	Q	Q	
75	422	A+ 一龛	Q	Q	Q	
76	423	A+ 一龛		Q+S	Q+S	Q

续表

序号	窟号	石窟形制	后壁	左侧壁	右侧壁	前壁
77	425	A+ 一龛	Q	Q+S	Q+S	Q
78	426	A+ 一龛		S	S	
79	427	B	Q+S	Q+S	Q+S	Q
80	429	A	Q+S	Q	Q	Q
81	433	A+ 一龛		Q	Q	Q
82	434	A+ 一龛		Q	Q	Q
83	436	A+ 一龛		Q		
84	456	A+ 一龛	G1+W+P	L	F2	观音 / 地藏

莫高窟初唐石窟主室壁画题材简表　　　　附表 E2

序号	窟号	石窟形制	后壁	左侧壁	右侧壁	前壁
1	57	A+ 一龛		Q	Q	Q
2	58	A+ 一龛		S	S	S
3	60	A+ 一龛	Q	Q	Q	
4	68	A+ 一龛	W+P			
5	70	A+ 一龛		J+S+Q	J+S+Q	
6	71	A+ 一龛		M	E	
7		A		S	S	S
8		A+ 一龛		E	M	七佛 +G1
9	96	A– 大佛窟				
10	202	A+ 一龛	W+P	M	十方诸佛	S+Y+E/ 天王
11	203	A+ 一龛	J1	S+Q	S+Q	Q+ 天王
12	204	A+ 一龛	Q	S+Q	S+Q	Q
13	205	B	M+W+P	S+E+G1	E+S	十方诸佛
14	207	A+ 一龛	观音	S	S	七佛
15	209	A		S	S	S
16	210	A+ 一龛	Q+S	Q	Q	Q
17	211	A+ 一龛	趺坐佛	E	E	七佛
18	212	A	S	菩萨 +Q	三佛	
19	213	C	Q	Q	Q	
20	220	A+ 一龛	W+P	E	Y	S+J1
21	283	A+ 一龛	菩萨	S+Q	S+Q	
22	287	A+ 一龛		S+Q	S+Q	Q
23	321	A+ 一龛	Q	B1	E	S+G1

续表

序号	窟号	石窟形制	后壁	左侧壁	右侧壁	前壁
24	322	A+ 一龛	J1	S+Q	Q+E	S
25	323	A+ 一龛		Q+F3	Q+F3	Q+F4
26	328	A+ 一龛		J	J	J
27	329	A+ 一龛	Q	E	M	S
28	331	A+ 一龛	W+P	M	E	F
29	332	B	菩萨	N	J1	观音 / 菩萨
30	333	A		菩萨弟子	菩萨弟子	Q
31	334	A+ 一龛	Q	Q+J	Q+E	Q
32	335	A+ 一龛	大势至观音	E	J1	S
33	338	A+ 一龛	大势至观音	S+Q	S+Q	S+Q
34	339	A+ 一龛		S+Q	S+Q	Q
35	340	A+ 一龛		S+Q	S+Q	Q
36	341	A+ 一龛		E	M	S
37	342	A+ 一龛	W+P	L1	J1	G1
38	371	A		S	S	七佛 + 菩萨
39	372	A+ 一龛	菩萨	E	S	地藏 + 坐佛 + 药师佛
40	373	A+ 一龛	Q	S+Q	S+Q	七佛 / 天王
41	375	A+ 一龛		S+Q	S+Q	Q+ 天王
42	381	A+ 一龛	Q	S+Q	S+Q	菩萨
43	386	A+ 一龛	Q	Q+E+M	Q+Y+T	Q+W+P+G1

莫高窟盛唐石窟主室壁画题材简表 　　附表 E3

序号	窟号	石窟形制	后壁	左侧壁	右侧壁	前壁
1	23	A+ 一龛	地藏 + ?	F	F	F
2	26	A+ 一龛	菩萨	Q+	Q+	Q+S
3	27	A+ 一龛		J	J	菩萨
4	31	A+ 一龛	立佛	卢舍那佛	B	S+ 帝释天
5	32	A+ 一龛		S+ 观音地藏	七佛 +S+ 观音菩萨	G1+ 地藏 + 药师佛 + 菩萨
6	33	A+ 一龛	菩萨	M	Q+S	观音 + 地藏
7	34	A+ 一龛		J	J	听法菩萨
8	38	A+ 一龛		J	J	七佛 +S
9	39	B	Q	Q	Q	Q+W+P

序号	窟号	石窟形制	后壁	左侧壁	右侧壁	前壁
10	41	A+一龛		Q+S	Q+S	Q
11	44	B	Q+N	Q+G	Q+J	T+J
12	45	A+一龛	地藏 + 观音	G1	G	G
13	46	A+三龛	观音 + 大势至	涅槃 +Q	七佛 +Q	Q
14	47	A+一龛	观音 + 大势至	G1（五代）	G1（五代）	菩萨
15	49	A+一龛		Q	S+Q	Q
16	65	A+一龛	菩萨	J	J	
17	66	A+一龛	执花 + 观音		G	Q
18	75	A+一龛		Q	Q	S
19	79	A+一龛		Q	Q	Q
20	80	C	Q	Q	Q	
21	83	A+一龛		J	J	S
22	84	A+一龛		J	J	
23	87	A+一龛		J	J	
24	88	A+一龛	W+P	E	Y	
25	89	A+一龛		Q	Q	
26	91	A+一龛		G	M	
27	103	A+一龛		F	G	J1
28	113	A+一龛		G	M	G1
29	116	A+一龛		G	M	Q
30	117	A+一龛	地藏 + 观音	G	M	G1
31	118	A+一龛	供养菩萨 + 力士	G	Y	一佛二菩萨 + 南北天王
32	119	A+一龛	比丘	莲池菩萨	莲池菩萨	七佛 + 莲池菩萨
33	120	A+一龛	地藏 + 药师佛	G	S	N+ 南北天王
34	121	A+一龛	W+P	S	S	J1
35	122	A+一龛	菩萨 + 观音	S	G	S+ 地藏 + 观音
36	123	A+一龛		E	M	七佛 + 天王
37	124	A+一龛	菩萨	S	E	S+ 菩萨
38	125	A+一龛	大势至 + 观音	S	S	Q
39	126	A+一龛	观音	G	G	S+G1+ 观音地藏
40	129	A+一龛	菩萨 + 力士	G	M	Q+G1
41	130	A-大佛窟				
42	148	A	N	G1+M+W+N	G1+T+N+P	G1+G+Y

213

续表

序号	窟号	石窟形制	后壁	左侧壁	右侧壁	前壁
43	162	A+ 一龛	Q	Q	Q	Q
44	164	A+ 一龛	水月观音	Y+E	E+Y	禅定佛 /W+P
45	165	A+ 一龛	听法菩萨	E	?	S+W+P
46	166	A+ 一龛	地藏菩萨 + 药师佛	佛菩萨组	Q+S	佛菩萨组
47	170	A+ 一龛	菩萨	M	B	三佛 + 天王
48	171	A+ 一龛	药师佛 + 观音	G	G	G
49	172	A+ 一龛	执幡天女	G	G	J+W+P
50	175	A		佛菩萨弟子	佛菩萨弟子	南北天王
51	176	A+ 一龛		G	Q	G1+Q
52	179	C	S	S	S	佛菩萨组
53	180	A+ 一龛	W+P	Y	G	佛菩萨组 +G
54	182	A+ 一龛	Q	Q	Q	Q
55	185	A+ 一龛		Q+S	G1	N+P+W
56	188	A+ 一龛	菩萨	G	G	S+ 南北天王
57	194	A+ 一龛	供养人	J1	G	Q
58	199	A+ 一龛	观音 + 大势至	千佛 + 观音 + 菩萨	G	Q
59	208	A+ 一龛		G	M	Q+ 菩萨
60	214	A+ 一龛	菩萨	Y	S	菩萨
61	215	A+ 一龛	大势至 + 文殊	M	G	佛菩萨组
62	216	A+ 一龛	菩萨 + 鬼卒	Q	Q	S
63	217	A+ 一龛	大势至 + 观音		G	F
64	218	A+ 一龛	趺坐菩萨	G	M	七佛
65	219	A+ 一龛		Q	Q	
66	225	A+ 三龛	观音	地藏 / 观音		佛菩萨组
67	264	A+ 一龛	Q	Q	Q	Q
68	319	A		Q	Q	
69	320	A+ 一龛	观音	S	G	Q
70	345	A+ 一龛	飞天	Q	Q	Q
71	347	A+ 一龛	Q	Q	Q	Q
72	374	A+ 一龛	大势至 / 观音	S	S	S+ 天王
73	384	A+ 三龛	趺坐佛	G1	G1	七佛 +Q
74	387	A+ 一龛	Q	Q+?	Q+?	S+Q
75	444	A+ 一龛		Q+S	Q+S	

续表

序号	窟号	石窟形制	后壁	左侧壁	右侧壁	前壁
76	445	A+ 一龛		E	M	Q
77	446	A+ 一龛	卢舍那佛 + 药师佛	G	M	Y+W+P
78	450	A+ 三龛	S	S	S	S
79	458	A+ 一龛			S	
80	460	A		S	S	G1+S

莫高窟吐蕃时期石窟主室壁画题材简表　　　　附表 E4

序号	窟号	石窟形制	后壁	左侧壁	右侧壁	前壁
1	7	A+ 一龛	十二大愿 + 十六观	Y+M	G+T	J1
2	69	A+ 一龛		J	J	S
3	92	A+ 一龛		G	Y	W+P
4	93	A+ 一龛			M	
5	112	A+ 一龛	W+P	J2+G	B+Y	X+G1
6	133	A+ 一龛	?+M	?+J2	J1	
7	134	A+ 一龛	W+P	Y	G	
8	135	A+ 一龛	菩萨	T	J2	天王
9	144	A+ 一龛	W+P	F+G+J2	H+Y+B	G1
10	151	A+ 一龛	菩萨	J	J	供养菩萨
11	153	A+ 一龛	S	P	W	S+ 供养菩萨
12	154	A+ 一龛	坐佛	Y+J2+M+F	G+B	S+J2
13	155	A+ 一龛	药师佛 + 地藏	G	M	
14	158	A	J			G1+S1+J2
15	159	A+ 一龛	W+P	F+G+M	H+Y+T	J1
16	186	A+ 一龛		J1	M1	S
17	191	A		G	M	
18	197	A+ 一龛	多子塔	地藏 +菩萨 + 千佛	G	G1+ 菩萨
19	200	A+ 一龛	Q+W+P	G+B	Y+M	G1
20	201	A+ 一龛	跌坐佛	G	G	S+ 南北天王
21	222	A+ 一龛	五台山图 + 天王	M	Y	W+P
22	226	A+ 一龛	菩萨	S	S	
23	231	A+ 一龛	W+P	G+F+T	Y+H+M	B+J1

续表

序号	窟号	石窟形制	后壁	左侧壁	右侧壁	前壁
24	235	B	Y	E	E	S+G1
25	236	A+一龛	W+P	G+L	Y+J2	J1
26	237	A+一龛	W+P	F+G+M	H+Y+T	J1
27	238	A+一龛	W+P	G+B	Y+M	B
28	240	A+一龛	J1	G+T	Y+J2	
29	258	A+一龛	菩萨	B	G	S+G1
30	358	A+一龛	W+P	G+M	Y+T	S+G1
31	359	A+一龛	W+P	E+J2	Y+M	J1
32	360	A+一龛	W+P	释迦曼陀罗+G+M	G1+Y+T	
33	361	A+一龛		E+J2	Y+M	G1
34	363	A+一龛	菩萨	J	J	七佛+药师佛
35	365	A	七佛+Q	J	J	J
36	366	A+一龛	供养菩萨	供养菩萨	供养菩萨	W+P
37	368	A+一龛	药师佛	J	J	S
38	369	A+一龛	W+P	?+J2+E	E+Y	J1
39	370	A+一龛	Q+W+P	G	Y	S+G1
40	449	A+一龛	卢舍那佛+药师佛	F+G+T	H+Y+M	B
41	467	A+一龛	Q	Q	Q+S	
42	468	A+一龛	W+P	G	Y+S+G1	
43	471	A+一龛	跌坐佛	E	Y+H	G1
44	472	A+一龛	P	F	H	G1

莫高窟归义军时期石窟主室内容简表　　　　　　　　　　　附表 E5

序号	窟号	石窟形制	后壁	左侧壁	右侧壁	前壁
1	5	A+一龛	W+P	M+E+B	T+Y+?	J1
2	6	A+一龛	W+P	M+F	Y+H	J1
3	8	A+一龛		G	Y	S
4	9	B	L	L1	J1	W+P
5	12	A+一龛	W+P	F+G+M	H+Y+T	J1+B
6	14	B	Q	G1*4	G1*4	二佛/W+P
7	15	A+一龛		G+?	Y	
8	16	B	Q	Q	Q	Q

续表

序号	窟号	石窟形制	后壁	左侧壁	右侧壁	前壁
9	18	A+一龛	W+P	G+M	Y+J2	J1
10	19	A+一龛	W+P	G	B	G1
11	20	A+一龛	W+P	G+B	Y+M	G1
12	22	B		Y+B	G+?	J1
13	25	A+一龛	W+P	L1	J1	G1
14	29	A+一龛	Q	Q	Q	Q
15	30	A+一龛		J	J	S+G1
16	35	A+一龛	Q	Q	Q	Q
17	40	A		菩萨	菩萨	菩萨
18	54	A+一龛	W+P	G1	G1	G1
19	55	B	L1	G1+B+G+M	F1+S1+Y+T	J3+M2
20	61	B	五台山图	L+M+E+F+B	M1+T+Y+H+S1	J1
21	72	A+一龛	W+P	刘萨诃因缘变相	M	L1
22	82	A+一龛	菩萨	G1	G1	
23	85	A	L1	B+E+J2	M2+Y+S1	J2+J1
24	94	B	Q	Q	Q	Q
25	98	B	L1	M+E+F+B	T+Y+H+S1	J1
26	99	A+一龛	W+P	G1	G1	G1
27	100	A+一龛	W+P	B+E+M	S1+Y+T	J1
28	107	A+一龛		Y+T	E+M	G1
29	108	A	L1	M+E+F+B	?+Y+H+S1	J1
30	127	A+一龛	W+P	五如来变	H	坐佛 / 观音
31	128	A+一龛	W+P	Y+T	E+M	G1
32	132	A+一龛	G	Y	J1	
33	136	A+一龛	听法菩萨	E	E	S
34	138	B	Y	L+J2+E+F+T	J2+B+Y+H+M	J1+B
35	139	A		T	J1	G1+ 菩萨
36	140	A+一龛	药师佛	J	J	南北天王
37	141	A+一龛	W+P	G+B	Y+M	G1+T+B
38	142	A+一龛	莲池菩萨	E	E	S
39	145	A+一龛	W+P	G+J2	Y+B	G1
40	146	B	L1	M+E+F+B	T+Y+H+S1	J1
41	147	A+一龛	W+P	G+M	Y+J2	S+G1
42	150	A+一龛	W+P	J2+J1	M2+ ?	M+E+Y
43	152	B	Q	Q	Q	Q

序号	窟号	石窟形制	后壁	左侧壁	右侧壁	前壁
44	156	A+ 一龛	W+P	S1+E+J2	B+Y+T	J2+J1
45	160	A	菩萨弟子	G	Y	W+P
46	161	A	G1	W	P	观音 / 菩萨
47	163	A+ 一龛	W+P	G1	G1	
48	167	A+ 一龛	W+P	G	Y	
49	168	A		M	?	天王
50	173	A+ 一龛	菩萨	Y	E	
51	174	A+ 一龛	菩萨	菩萨	S+ 菩萨	菩萨
52	177	A+ 一龛	W+P	Y	G	
53	178	A+ 一龛	南北天王	G1	G1	
54	187	A		菩萨弟子	菩萨弟子	菩萨
55	192	A+ 一龛	W+P	E+M	Y+T	G1
56	193	A+ 一龛		S	S	
57	196	B	L1	F+E+J2	H+Y+M	M1+W+P
58	198	A+ 一龛	天王	J2	M	G1+W+P
59	221	A	S	W	P	
60	224	A+ 一龛	听法菩萨	E	J	S
61	227	A+ 一龛	W+P	E	Y	Q
62	229	A	Q	Q	Q	
63	230	A+ 一龛	W+P	J	J	G1
64	232	A+ 一龛	W+P	G+H	Y+F	G1
65	233	B	Q	Q	Q	Q
66	234	A	G1	G1	G1	比丘
67	256	B	Q	Q	Q	Q
68	261	A		F	H	W+P
69	325	A+ 一龛	菩萨	S	S	
70	336	C		G1	G1	观音
71	337	A+ 一龛	W+P	Y	G	
72	343	A+ 一龛	菩萨	G	Y	
73	348	A+ 一龛	供养菩萨	S	S	
74	351	A+ 一龛	Q	Q	Q	Q
75	409	A+ 一龛	W+P+Q	Q	Q	Q
76	452	A+ 一龛	天王	E	Y	
77	454	B	L1	L+G+B+T	F1+S1+Y+F2	
78	459	A+ 一龛	W+P	L	F	
79	473	A+ 一龛	P	G	Y	

附录F　正文中所绘平面推测图的莫高窟壁画原图

　　正文第 3 章和第 4 章中，依据莫高窟有关经变壁画的建筑背景绘制了多幅佛寺院落布局的平面推测图，本附录将上述平面推测图所依据的对应经变壁画原图全部列出，并且按照其对应的平面推测图在正文中出现的先后顺序排列。

图F-1　弥勒经变 隋代第419窟窟顶后平顶（正文图序：图3-9（b））
（资料来源：王惠民 主编．弥勒经画卷（敦煌石窟全集6）．香港：商务印书馆（香港）有限公司，2002：40-41）

图F-2　弥勒经变 隋代第433窟窟顶后平顶（正文图序：图3-10（b））
（资料来源：王惠民 主编．弥勒经画卷（敦煌石窟全集6）．香港：商务印书馆（香港）有限公司，2002：38-39）

图F-3　弥勒经变 初唐
第331窟南壁（正文图
序：图3-11）

（资料来源：王惠民 主编 .
弥勒经画卷（敦煌石窟全
集6）. 香港：商务印书馆（香
港）有限公司，2002：49）

图F-4　无量寿经变 初
唐 第331窟北壁（正文
图序：图3-12）

（资料来源：施萍婷 . 阿弥
陀经画卷（敦煌石窟全集5）.
香港：商务印书馆（香港）
有限公司，2002：44）

图F-5　报恩经变 吐蕃时期 第154窟北壁（正文图序：图3-13）

（资料来源：莫高窟第一五四窟附第二三一窟（敦煌石窟艺术）. 南京：江苏美术出版社出版，1994）

图F-6　思益梵天请问经变 归义军时期 第156窟南壁（正文图序：图3-14）

（资料来源：莫高窟第一五六窟、第一六一窟（敦煌石窟艺术）. 南京：江苏美术出版社出版，1995）

图F-7 思益梵天请问经变 归义军时期 第61窟北壁（正文图序：图3-15（*a*））

（资料来源：敦煌石窟鉴赏丛书：第61窟（二辑十分册）．兰州：甘肃人民美术出版社，1992）

图F-8 思益梵天请问经变 归义军时期 第85窟北壁（正文图序：图3-15（*b*））

（资料来源：莫高窟第八五窟附第一九六窟（敦煌石窟艺术）．南京：江苏美术出版社出版，1998）

图F-9　弥勒经变 初唐
第338窟西壁龛顶（正文
图序：图3-18）

（资料来源：中国敦煌壁
画全集编辑委员会．中国敦
煌壁画全集5：敦煌初唐．
沈阳：辽宁美术出版社，
天津：天津人民美术出版
社，2006：125）

图F-10　弥勒经变 初唐
第341窟北壁（正文图
序：图3-20）

（资料来源：孙毅华，孙
儒僩主编．敦煌石窟全集
21：石窟建筑卷．香港：商
务印书馆（香港）有限公司，
2003：76）

图F-11　观无量寿经变
盛唐 第113窟北壁（正
文图序：图3-21）

（资料来源：施萍婷.阿弥
陀经画卷（敦煌石窟全集
5）.香港：商务印书馆（香
港）有 限 公 司，2002：
158-159）

图F-12　观无量寿经变
盛唐 第171窟北壁（正
文图序：图3-22）

（资料来源：施萍婷.阿弥
陀经画卷（敦煌石窟全集
5）.香港：商务印书馆（香
港）有 限 公 司，2002：
143）

图F-13　观无量寿经变
盛唐 第148窟东壁（正
文图序：图3-23（a））
（资料来源：施萍婷.阿弥
陀经画卷（敦煌石窟全集
5）.香港：商务印书馆（香
港）有限公司，2002：
188-189）

图F-14　观无量寿经
变 吐蕃时期 第154窟北
壁（正文图序：图3-23
（b））
（资料来源：莫高窟第
一五四窟附第二三一窟（敦
煌石窟艺术）.南京：江苏
美术出版社出版，1994）

图F-15 观无量寿经变 盛唐 第45窟北壁（正文图序：图3-24）

（资料来源：中国敦煌壁画全集编辑委员会.中国敦煌壁画全集7：盛唐.天津：天津人民美术出版社，2006：72）

图F-16 弥勒经变 盛唐 第33窟南壁（正文图序：图3-25）

（资料来源：王惠民 主编.弥勒经画卷（敦煌石窟全集6）.香港：商务印书馆（香港）有限公司，2002：56-57）

图F-17　弥勒经变 盛唐
第116窟北壁（正文图
序：图3-26）
（资料来源：王惠民 主
编．弥勒经画卷（敦煌石
窟全集6）．香港：商务印
书馆（香港）有限公司，
2002：60）

图F-18　观无量寿经变
吐蕃时期 第379窟南壁
（正文图序：图3-29）
（资料来源：施萍婷．阿弥
陀经画卷（敦煌石窟全集5）.
香港：商务印书馆（香港）
有限公司，2002：199）

图F-19　药师经变 吐蕃时期 第112窟北壁（正文图序：图3-30）

（资料来源：王惠民 主编.弥勒经画卷（敦煌石窟全集6）.香港：商务印书馆（香港）有限公司，2002：202）

图F-20　金光明经变 吐蕃时期 第154窟南壁（正文图序：图3-32）

（资料来源：莫高窟第一五四窟附第二三一窟（敦煌石窟艺术）.南京：江苏美术出版社出版，1994）

图F-21 药师经变 归义
军时期 第85窟北壁（正
文图序：图3-33）
（资料来源：莫高窟第
八五窟附第一九六窟（敦
煌石窟艺术）.南京：江苏
美术出版社出版，1998）

图F-22 阿弥陀经变 归
义军时期 第85窟南壁
（正文图序：图3-34）
（资料来源：莫高窟第
八五窟附第一九六窟（敦
煌石窟艺术）.南京：江苏
美术出版社出版，1998）

图F-23　无量寿经变 初唐 第205窟北壁（正文图序：图3-37（a））

（资料来源：孙毅华 孙儒僩主编．敦煌石窟全集21：石窟建筑卷．香港：商务印书馆(香港)有限公司，2003：73）

图F-24　阿弥陀经变 归义军时期 第6窟南壁（正文图序：图3-37（b））

（资料来源：施萍婷．阿弥陀经画卷(敦煌石窟全集5)．香港：商务印书馆（香港）有限公司，2002：84）

图F-25 弥勒经变 盛唐
第208窟北壁（正文图
序：图3-38）
（资料来源：王惠民 主
编．弥勒经画卷（敦煌石
窟全集6）．香港：商务印
书馆（香港）有限公司，
2002：54-55）

图F-26 观无量寿经变
盛唐 第215窟北壁（正
文图序：图3-39（a））
（资料来源：施萍婷．阿弥
陀经画卷（敦煌石窟全集
5）．香港：商务印书馆（香
港）有限公司，2002：
154）

图F-27 观无量寿经变
盛唐 第217窟北壁（正
文图序：图3-39（b））
（资料来源：孙毅华 孙
儒僩主编．敦煌石窟全集
21：石窟建筑卷．香港：商
务印书馆(香港)有限公司,
2003：121）

图F-28 观无量寿经变
盛唐 第66窟北壁（正文
图序：图3-40）
（资料来源：施萍婷．阿弥
陀经画卷（敦煌石窟全集
5）．香港：商务印书馆(香
港）有限公司,2002：
155）

图F-29　观无量寿经变
吐蕃时期　第112窟南壁
（正文图序：图3-41）
（资料来源：施萍婷．阿
弥陀经画卷（敦煌石窟全
集5）．香港：商务印书
馆（香港）有限公司，
2002：216）

图F-30　观无量寿经
变 吐蕃时期 第360窟南
壁（正文图序：图3-42
（a））
（资料来源：施萍婷．阿
弥陀经画卷（敦煌石窟全
集5）．香港：商务印书
馆（香港）有限公司，
2002：220）

图F-31　观无量寿经
变　吐蕃时期　第237窟南
壁（正文图序：图3-42
（b））

（资料来源：施萍婷. 阿
弥陀经画卷（敦煌石窟全
集5）. 香港：商务印书
馆（香港）有限公司，
2002：222）

图F-32　药师经变　归义
军时期　第55窟北壁（正
文图序：图3-42（c））

（资料来源：王惠民 主
编. 弥勒经画卷（敦煌石
窟全集6）. 香港：商务印
书馆（香港）有限公司，
2002：210）

图F-33 弥勒经变 盛唐
第358窟南壁（正文图
序：图4-20）
（资料来源：王惠民主编.
弥勒经画卷（敦煌石窟全集
6）.香港：商务印书馆（香
港）有限公司，2002：61）

图F-34 弥勒经变 盛唐
第148窟南壁（正文图
序：图4-23（b））
（资料来源：王惠民主编.
弥勒经画卷（敦煌石窟全集
6）.香港：商务印书馆（香
港）有限公司，2002：61）

图F-35 弥勒经变 归
义军时期 第9窟窟顶东
披（正文图序：图4-24
（b））

（资料来源：王惠民主
编.弥勒经画卷（敦煌石
窟全集6）.香港：商务印
书馆（香港）有限公司，
2002：68-69）

参考文献

一般古代文献

[1] （北魏）杨衒之.洛阳伽蓝记校注.范祥雍校注.上海：上海古籍出版社，
　　1978.

[2] （梁）慧皎.高僧传.汤用彤校注.北京：中华书局，1992.

[3] 佚名.梁京寺记.大正藏，第51册.

[4] （唐）道宣.续高僧传.大正藏，第50册.

[5] （唐）道世.法苑珠林.大正藏，第54册.

[6] （唐）道宣.中天竺舍卫国祇洹寺图经.大正藏，第45册.

[7] （唐）道宣.关中创立戒坛图经并序.大正藏，第45册.

[8] （唐）慧立，彦悰.大慈恩寺三藏法师传.孙毓棠，谢芳点校.北京：中
　　华书局，2000.

[9] （宋）赞宁.宋高僧传.范祥雍点校.北京：中华书局，1987.

[10] （宋）志磐.佛祖统记.大正藏，第49册.

[11] （宋）延一.广清凉传.大正藏，第51卷.

[12] （宋）普济.五灯会元.北京：中华书局，1984.

[13] （宋）宗赜.禅苑清规.苏军点校.郑州：中州古籍出版社，2001.

[14] （元）念常.佛祖历代通载.大正藏，第49卷.

[15] 真人元开.唐大和上东征传.汪向荣校注.北京：中华书局，2000.

[16] （日）圆仁.入唐求法寻礼行记校注.白化文等修订校注.石家庄：花山
　　文艺出版社，1992.

[17] （日）成寻.参天台五台山记//蓝吉富编.大藏经补编，第32册.台北：
　　蓝宇出版社，1985.

[18] （北齐）魏收.魏书.北京：中华书局，1974.

[19] （后晋）刘昫，等.旧唐书.北京：中华书局，1975.

[20] （宋）欧阳修，宋祁.新唐书.北京：中华书局，1975.

[21] （宋）李焘.续资治通鉴长编.清光绪七年浙江书局校刊本.

[22] （宋）王应麟.玉海.清嘉庆丙寅年江宁藩署刊本.

[23] （明）解缙 等 . 永乐大典 . 北京：中华书局，1986.

[24] （清）王昶 . 金石萃编 . 北京：中国书店，1985.

[25] （清）董诰，等 . 全唐文 . 北京：中华书局，1983.

[26] 曾枣庄，刘琳，四川大学古籍整理研究所 . 全宋文 . 成都：巴蜀书社，1988.

[27] （唐）段成式 . 酉阳杂俎 . 方南生点校 . 北京：中华书局，1981.

[28] （唐）张彦远 . 历代名画记 . 丛书集成初编，第 1646 册 .

[29] （唐）韦述 . 两京新记 . 丛书集成初编，第 3205 册 .

[30] （宋）孟元老 . 东京梦华录注 . 邓之诚注 . 北京：中华书局，1982.

[31] （宋）叶梦得 . 石林燕语 . 丛书集成初编，第 2754 – 2755 册 .

[32] （宋）楼钥 . 北行日录 . 丛书集成初编，第 3111 册 .

[33] （宋）宋敏求 . 长安志（附长安志图）. 丛书集成初编，第 3209 – 3212 册 .

[34] （宋）王得臣 . 尘史 . 俞宗宪点校 . 上海：上海古籍出版社，1986.

[35] （宋）沈括 . 梦溪笔谈校证 . 胡道静校证 . 上海：上海古籍出版社，1987.

[36] （宋）郭若虚 . 图画见闻录 . 北京：人民美术出版社，1963.

[37] （宋）范成大 . 吴郡志 . 宋元方志丛刊（第 1 册）. 北京：中华书局，1990.

[38] （宋）马光祖修，周应谷纂 . 景定建康志 . 宋元方志丛刊，第 2 册 . 北京：中华书局，1990.

[39] 御定佩文斋书画谱（子部，艺术类，书画之属，卷四十九）// 上海人民出版社，迪志文化出版有限公司 . 文渊阁四库全书电子版 – 原文及全文检索版 [DB]. 上海：上海人民出版社，迪志文化出版有限公司，1999，11.

[40] 全蜀艺文志（集部，总集类，卷四十二）// 上海人民出版社，迪志文化出版有限公司 . 文渊阁四库全书电子版 – 原文及全文检索版 [DB]. 上海：上海人民出版社，迪志文化出版有限公司，1999，11.

佛教典籍

[1] （东汉）佛说无量清净平等觉经 . 支娄迦谶译 . 大正藏，卷 12.

[2] （东汉）般舟三昧经 . 支娄迦谶译 . 大正藏，卷 13.

[3] （曹魏）佛说无量寿经 . 三藏康僧铠译 . 大正藏，卷 12.

[4] （西晋）佛说弥勒下生经 . 竺法护译 . 大正藏，卷 14.

[5] （后秦）金刚般若波罗蜜经 . 鸠摩罗什译 . 大正藏，卷 8.

[6] （后秦）妙法莲华经 . 鸠摩罗什译 . 大正藏，卷 9.

[7] （后秦）佛说阿弥陀经 . 鸠摩罗什译 . 大正藏，卷 12.

[8] （后秦）大智度论 . 鸠摩罗什译 . 大正藏，卷 25.

[9] （后秦）十住毘婆沙论 . 鸠摩罗什译 . 大正藏，卷 26.

[10] （东晋）大方广佛华严经（60 卷）. 佛驮跋陀罗译 . 大正藏，卷 9.

[11] （东晋）文殊师利发愿经 . 佛陀跋陀罗译 . 大正藏，卷 10.

[12] （北凉）悲华经 . 昙无谶译 . 大正藏，卷 3.

[13] （北魏）佛说大方广菩萨十地经（大方广十地经）. 吉迦夜译 . 大正藏，卷 10.

[14] （北魏）无量寿经优波提舍愿生偈 . 菩提流支译 . 大正藏，卷 26.

[15] （刘宋）弥勒上生经 . 沮渠京声译 . 大正藏，卷 14.

[16] （刘宋）佛说观无量寿佛经 . 畺良耶舍译 . 大正藏，卷 12.

[17] （梁）僧佑 . 出三藏记集 . 大正藏，卷 55.

[18] （梁）大乘起信论 . 真谛译 . 大正藏，卷 32.

[19] （北魏）信力入印法门经 . 昙摩流支译 . 大正藏，卷 10.

[20] （梁）宝唱 . 比丘尼传 . 大正藏，卷 50.

[21] （梁）慧皎 . 高僧传 . 大正藏，卷 50.

[22] （隋）净影慧远 . 观无量寿经义疏 . 大正藏，卷 37.

[23] （隋）佛华严入如来德智不思议境界经 . 阇那崛多译 . 大正藏，卷 10.

[24] （隋）费长房 . 历代三宝纪 . 大正藏，卷 49.

[25] （隋）彦琮 . 众经目录 . 大正藏，卷 55.

[26] （唐）药师琉璃光如来本愿功德经 . 玄奘译 . 大正藏，卷 14.

[27] （唐）道宣 . 续高僧传 . 大正藏，卷 50.

[28] （唐）道宣 . 大唐内典录 . 大正藏，卷 55.

[29] （唐）大方广佛华严经（80 卷）. 实叉难陀译 . 大正藏，卷 10.

[30] （唐）智升 . 开元释教录 . 大正藏，卷 55.

[31] （唐）普贤菩萨行愿赞 . 不空译 . 大正藏，卷 10.

[32] （唐）澄观 . 大方广佛华严经疏 . 大正藏，卷 35.

[33] （唐）普贤菩萨行愿王经 . 大正藏，卷 85.

[34] （唐）大方广佛华严经（40 卷）般若译 . 大正藏，卷 10.

[35] （宋）杨杰 . 净土十疑论序 . 大正藏，卷 47.

[36] （宋）志磐 . 佛祖统纪 . 大正藏，卷 49.

[37] （元）东阳德辉编 . 敕修百丈清规 . 大正藏，卷 48.

[38]（明）仁潮集．法界安立图．卍新纂续藏经，卷 57.

[39]（明）如馨．经律戒相布萨轨仪．卍新纂续藏经，卷 60.

[40]（明）性祇．毗尼日用录．卍新纂续藏经，卷 60.

[41]（清）戒显订阅济岳彚笺．沙弥律仪毗尼日用合参．卍新纂续藏经，卷 60.

[42]（清）读体汇集．毗尼日用切要．卍新纂续藏经，卷 60.

[43]（清）咫观．法界圣凡水陆大斋法轮宝忏．卍新纂续藏经，卷 74.

近现代专著

[1] 陈扬炯．中国净土宗通史．南京：江苏古籍出版社，2000.

[2] 季羡林．敦煌学大辞典．上海：上海辞书出版社，1998.

[3] 弘学．净土宗三经．成都：巴蜀书社，2005.

[4] 汤用彤．汉魏两晋南北朝佛教史．北京：中华书局，1983.

[5] 汤用彤．隋唐佛教史稿．北京：中华书局，1982.

[6] 王颂．宋代华严思想研究．北京：宗教文化出版社，2008.

[7] 方立天．中国佛教哲学要义．北京：中国人民大学出版社，2003.

[8] 梁漱溟．梁漱溟先生论儒佛道．南宁：广西师范大学，2004.

[9] 季羡林．季羡林论佛教．北京：华艺出版社，2006.

[10] 梁启超．佛学研究十八篇．北京：中华书局，1989.

[11] 傅熹年．中国古代城市规划、建筑群布局及建筑设计方法研究．北京：中国建筑工业出版社，2001.

[12]（法）谢和耐．中国 5~10 世纪的寺院经济．上海：上海古籍出版社，2004.

[13]（美）芮沃寿（Wright，Arthur F.）．中国历史中的佛教．北京：北京大学出版社，2009.

[14]（荷）许理和（Zurcher，Erik）．佛教征服中国：佛教在中国中古早期的传播与适应．李四龙，裴勇等译．南京：江苏人民出版社，2003.

[15]（日）砺波护．隋唐佛教文化．韩昇，刘建英 译．上海：上海古籍出版社，2004.

[16]（日）常盘大定，关野贞．中国文化史蹟：解説．京都：法藏馆，1975.

[17]（日）常盘大定．支那佛教史迹踏查记．东京：龙吟社，1938.

[18] J. Prip-Møller，A Chinese Buddhist Monasteries，Copenhagen，1937.

[19] Charles Adams，A Reader's Guide to the Great Religions，Chicago，1965.

[20] 王贵祥．东西方的建筑空间．北京：中国建筑工业出版社，1998．

[21] 张十庆．中国江南禅宗寺院建筑．武汉：湖北教育出版社，2002．

[22] 张十庆．五山十刹图与南宋江南禅寺．南京：东南大学出版社，2001．

[23] 白化文．汉传佛教与佛寺．北京出版社，2003．

[24] 段玉明．相国寺：在唐宋帝国的神圣与凡俗之间．成都：巴蜀书社，
2004．

[25] 荣新江．敦煌学十八讲．北京：北京大学出版社，2001．

[26] 刘进宝．敦煌学通论．兰州：甘肃教育出版社，2002．

[27] 敦煌研究院．敦煌石窟经变篇（敦煌研究文集）．兰州：甘肃民族出版社，
2000．

[28] 贺世哲．敦煌图像研究：十六国北朝卷．兰州：甘肃教育出版社，
2006．

[29] 易存国．敦煌艺术美学：以壁画艺术为中心．上海：上海人民出版社，
2005．

[30] 巫鸿．礼仪中的美术：巫鸿中国古代美术史文编．北京：三联书店，
2005．

[31] 巫鸿．时空中的美术：巫鸿中国古代美术史文编二集．北京：三联书店，
2009．

[32] 祁志祥．中国佛教美学史．北京：北京大学出版社，2010．

[33] 赵声良．飞天艺术．南京：江苏美术出版社，2008．

[34] 李芳明．唐五代佛寺辑考．北京：商务印书馆，2006．

[35] 杨明芬．唐代西方净土礼忏法研究．北京：民族出版社，2007．

[36] 龚国强．隋唐长安城佛寺研究．北京：文物出版社，2006．

[37] 李四龙．欧美佛教学术史——西方的佛教形象与学术源流．北京：北京
大学出版社，2009．

[38] 贾应逸，祁小山．印度到中国新疆的佛教艺术．兰州：甘肃教育出版社，
2002．

[39] 夏金华．中国佛教的制度与仪轨．上海：上海社会科学院出版社，
2010．

[40] 苏树华．中国佛学各宗要义．北京：中华书局，2007．

[41] 陳劍鍠．空觀·稱名·懺悔：曇鸞、道綽與善導開展彌陀淨土教門之軌轍．
高雄：高雄復文圖書出版社，2009．

[42] 圣凯．晋唐弥陀净土的思想与信仰．北京：中国社会科学出版社，
2009．

[43] 桑大鹏．三种《华严》及其经典阐释研究．武汉：华中师范大学出版社，2007．

[44] 罗庆华．佛国尊像．上海：华东师范大学出版社，2010．

[45] 孙毅华 孙儒僴．中世纪建筑画．上海：华东师范大学出版社，2010．

[46] 樊锦诗．法华经故事（本书根据贺世哲著《敦煌石窟全集·法华经画卷》改编）．上海：华东师范大学出版社，2010．

[47] 王惠民．弥勒佛与药师佛．上海：华东师范大学出版社，2010．

[48] 樊锦诗．禅宗经典故事（本书根据贺世哲著《敦煌石窟全集·楞伽经画卷》改编）．上海：华东师范大学出版社，2010．

[49] （日）松本三郎．弥勒净土论．张元林 译．北京：宗教文化出版社，2001．

[50] （日）望月信亨．净土教概论．释印海 译．世界佛学名著译丛第 52 册，台北：华宇出版社，1987．

[51] （日）望月信亨．中国净土教理史．释印海 译．台北：正闻出版社，1991．

[52] 慧舟．佛教仪式须知．1944 年版．上海佛学书局，2002．

[53] 赖品超，学愚．天国、净土与人间：耶佛对话与社会关怀．北京：中华书局，2008．

[54] 李崇峰．中印佛教石窟寺比较研究：以塔庙窟为中心．北京：北京大学出版社，2003．

[55] 李崇智．中国历代年号考．北京：中华书局，2006．

[56] 李富华，何梅．汉文佛教大藏经研究．宗教文化出版社，2003．

[57] 李裕群．北朝晚期石窟寺研究．北京：文物出版社，2003．

[58] 李珍华，周长楫．汉字古今音表．北京：中华书局，1993．

[59] 李英武．禅宗三经．成都：巴蜀书社，2005．

[60] 吕澂．印度佛学源流略讲．上海：上海人民出版社，2005．

[61] 吕大吉．宗教学通论新编．中国社会科学出版社，2002．

[62] 谭其骧．简明中国历史地图集．北京：中国地图出版社，1996．

[63] 任继愈．中国佛教史（1－3 卷）．北京：中国社会科学出版社，1988．

[64] 释觉醒．清净国土：佛教净土观．北京：宗教文化出版社，2003．

[65] 释印顺．初期大乘佛教之起源与开展．台北：正闻出版社，1981．

[66] 李映辉．唐代佛教地理研究．长沙：湖南大学出版社，2004．

[67] 游彪．宋代寺院经济史稿．保定：河北大学出版社，2003．

[68] 何孝荣．明代南京寺院研究．中国社会科学出版社，2000．

[69] 永明．香港佛教与佛寺．香港大屿山宝莲禅寺，1993．

[70] 邢福泉 . 台湾的佛教与佛寺 . 台北：台湾商务印书馆，1981.

[71] 刘叙杰 . 中国古代建筑史 . 第一卷 . 北京：中国建筑工业出版社，2003.

[72] 郭黛姮 . 中国古代建筑史 . 第三卷 . 北京：中国建筑工业出版社，2003.

[73] 傅熹年 . 中国古代建筑史 . 第二卷 . 北京：中国建筑工业出版社，2001.

[74] 潘谷西 . 中国古代建筑史 . 第四卷 . 北京：中国建筑工业出版社，2001.

[75] 孙大章 . 中国古代建筑史 . 第五卷 . 北京：中国建筑工业出版社，2002.

[76] 梁思成 . 梁思成全集 . 北京：中国建筑工业出版社，2001-2007.

[77] 刘敦桢 . 中国古代建筑史 . 北京：中国建筑工业出版社，1984.

[78] 萧默 . 敦煌建筑研究 . 北京：机械工业出版社，2003.

[79] 敦煌文物研究所 . 敦煌石窟内容总录 . 北京：文物出版社，1996.

[80] 敦煌研究院 . 敦煌石窟全集（26 卷）. 香港：香港商务印书馆，1999-2005.

[81] 中国敦煌壁画全集编辑委员会 . 中国美术分类全集・中国敦煌壁画全集（11 卷）. 沈阳：辽宁美术出版社，2006.

[82] 敦煌文物研究所 . 中国石窟・敦煌莫高窟 . 北京：文物出版社，东京：株式会社平凡社，1987.

[83] 黄永武 . 敦煌宝藏（1~140）. 台北：新文丰出版公司，1981-1986.

[84] 王尧 . 敦煌吐蕃文献选 . 陈践 译 . 成都：四川民族出版社，1983.

[85] 王重民等 . 敦煌变文集 . 北京：人民文献出版社，1983.

[86] 唐耕祸，陆宏基 . 敦煌社会经济文献真迹释录（第 1~5 辑）. 北京：书目文献出版社、全国图书馆文献缩微复制中心，1986-1990.

[87] 敦煌研究院 . 敦煌莫高窟供养人题记 . 北京：文物出版社，1986.

[88] 郑炳林 . 敦煌碑铭赞辑释 . 兰州：甘肃教育出版社，1992.

[89] 杨富学，李吉和 辑校 . 敦煌汉文吐蕃史料辑校 . 兰州：甘肃人民出版社，1999.

[90] 黄维忠 . 8~9 世纪藏文发愿文研究——以敦煌藏文发愿文为中心 . 北京：民族出版社，2007.

[91] （俄）孟列夫（J.I.H 缅希科夫）主编 . 俄藏敦煌汉文写卷叙录（上、下卷）. 上海：上海古籍出版社，1999.

[92] （英）F. W. 托马斯 . 敦煌西域古藏文社会历史文献 . 刘忠，杨铭 译注 . 北京：民族出版社，2003.

[93] 谢稚柳 . 敦煌艺术叙录 . 上海：上海古籍出版社，1996.

[94] 宿白 . 中国佛教石窟寺遗迹 ——3~8 世纪中国佛教考古学 . 北京：文物出版社，2010.

[95] 中国社会科学院考古研究所 . 北庭高昌回鹘佛寺遗址 . 沈阳 : 辽宁美术出版社，1991.

[96] [韩] 梁银景 . 隋代佛教窟龛研究 . 北京 : 文物出版社，2004.

[97] 沙武田 . 敦煌画稿研究 . 北京 : 中央编译出版社，2007.

[98] 马德 . 敦煌莫高窟史研究 . 兰州 : 甘肃教育出版社，1996.

近现代期刊

[1] 王贵祥 . 佛塔的原型、意义与流变 . 建筑师，1998，52.

[2] 张勃 . 汉传佛教建筑礼拜空间源流概述 . 北方工业大学学报，2003（04）.

[3] 道昱 . 隋唐初期禅观对西方净土法门的影响（上）（下）. 普门学报，2004（21、22）.

[4] 陈敏龄 . 西方净土的宗教学诠释 . 中华佛学学报，2000（13）.

[5] 杜继文 . 中国佛教的净土观念和社会改革观念 // 释圣严等 . 人间净土与现代社会—第三届中华国际佛学会议论文集汇编 1. 法鼓文化，1998 .

[6] 段新龙 .《普贤行愿品》如何成为净土宗之根本经典 . 宗教学研究，2005（04）.

[7] 方立天 . 弥陀净土理念：净土宗与其他重要宗派终极信仰的共同基础 . 学术月刊，2004（11）.

[8] 华方田 . 普贤菩萨与中土弥陀信仰 // 魏道儒主编 . 普贤与中国文化 . 北京 : 中华书局，2006.

[9] 邱高兴 . 华严净土念佛思想的三种形态 . 慈光禅学学报（2001 年两岸禅学研讨会专辑），2001（02）.

[10] 任继愈 . 汉传佛教与东方文化 . 中华佛学学报，1999（12）.

[11] 王公伟 . 从弥勒信仰到弥陀信仰——道安和慧远不同净土信仰原因初探 . 世界宗教研究，1999（04）.

[12] 王公伟 . 中国佛教净土宗的思想发展历程探析 . 世界宗教研究，2005（04）.

[13] 杨白衣 . 净土的渊源及其演变 . 华冈佛学学报，1985（08）.

[14] 杨曾文 . 道绰、善导和唐代净土宗 // 蓝吉富主编 . 中印佛学泛论——傅伟勋教授六十大寿祝寿论文集，1993.

[15] 姚长寿 . 净土三经与净土五经 . 佛教文化，1990（02）.

[16] （日）平川彰 . 净土的现代意义 // 人间净土与现代社会—第三届中华国际佛学会议论文集汇编 1. 法鼓文化，1998.

[17] 王惠民 . 敦煌经变画的研究成果与研究方法 . 敦煌学辑刊，2004（2）.

[18] 陈喜波.中国古代城市"取物比类"文化现象透视.城市问题,2003(2).

[19] 塚本善隆.净土变史概说.敦煌研究,2007(1).

[20] 雷德侯.净土变建筑的来源.敦煌研究,1988(2).

[21] 范培松.中国寺院形制及布局特点.考古与文物,2000(2).

[22] 李玉珉.敦煌莫高窟第三二一窟壁画初探.美术史研究辑刊,2004(16).

[23] 于向东.莫高窟第45窟佛龛的设计意匠——兼谈与该窟观无量寿佛经变的关系.敦煌研究,2006(1).

[24] 王惠民.敦煌西方净土信仰资料与净土图像研究史.敦煌研究,2001(3).

[25] 罗庆华.敦煌壁画中的东方药师净土变.敦煌研究,1989(2).

[26] (日)山崎淑子.初唐敦煌莫高窟大幅净土变之建筑图.西北民族研究,2000(1).

[27] 周星.营窟与营卫.考古与文物,1997(5).

[28] 金维诺.寺院壁画的考察与研究.文物,1998(4).

[29] 金维诺.敦煌壁画维摩变的发展.文物,1959(2).

[30] 金维诺.西方净土变的形成与发展.佛教文化,1990(2).

[31] 郭黛姮.十世纪至十三世纪的中国佛教建筑//张复合.建筑史论文集(第14辑).北京:清华大学出版社,2001:71-92.

[32] 何培斌.理想寺院:唐道宣描述的中天竺祇洹寺//张复合,贾珺.建筑史论文集(第16辑).北京:清华大学出版社,2002:277-289.

[33] 曹汛.独乐寺认宗寻亲——兼论辽代伽蓝布置之典型格局//王伯扬.建筑师,1984(21).北京:中国建筑工业出版社,1984:30-41.

[34] 白化文.中国佛教寺院典型配置.文史知识,1983(12).

[35] 刘妍.敦煌莫高窟经变画中佛寺与水体关系研究.建筑史论文集(第27辑).北京:清华大学出版社,2009:

[36] 朱向东,王峰.法兴寺的建筑空间布局特征研究.文物世界,2010(04).

[37] 魏斌.宫亭庙传说:中古早期庐山的信仰空间.历史研究,2010(02).

[38] 庞颖.唐代敦煌莫高窟净土宗经变画建筑空间的群体组合研究.科技信息,2010(36).

[39] 王惠民.敦煌莫高窟若干经变画辨识.敦煌研究,2010(02).

[40] 董华锋,宁宇.南、北石窟寺七佛造像空间布局之渊源.敦煌学辑刊,2010(01).

[41] 符平."形异质同"与殿观重建中的国家/社会关系.华中科技大学学报(社会科学版),2010(01).

[42] 朱向东，王峰．法兴寺的建筑空间布局特征研究．文物世界，2010（04）．

[43] 秦晓霞．南京佛寺空间分布与城市结构演变关系——以六朝至元时段为例．建筑与文化，2009（06）．

[44] 李澜．有关雀离佛寺的几个问题．敦煌研究，2009（04）．

[45] 仇钧．寂静的空间——浅谈中国佛教的宇宙观与其空间功能．大众文艺（理论），2009（02）．

[46] 宿白．试论唐代长安佛教寺院的等级问题．文物，2009（01）．

[47] 刘小平．《百丈清规》与唐代佛教寺院经济变迁．江西社会科学，2009（02）．

[48] 王媛．《全唐文》中的唐代佛寺布局与装饰研究．华中建筑，2009（03）．

[49] 刘小平．唐代佛教寺院的土地资源配置．中国农史，2009（01）．

[50] 陈蓉．敦煌唐代经变画的空间表现．晋中学院学报，2009（01）．

[51] 胡绍宗．观无量寿经变画的图像分析．四川文物，2009（05）．

[52] 王建国．20 世纪以来《洛阳伽蓝记》研究的回顾与展望．武汉大学学报（人文科学版），2008（06）．

[53] 张伟然 聂顺新．也谈唐代佛教寺院分布的辑补——兼析敦煌文书《诸山圣迹志》的史料价值．世界宗教研究，2008（02）．

[54] 李芳民．唐人小说中佛寺的艺术功能与文化蕴涵．山西大学学报（哲学社会科学版），2007（01）．

[55] 吴葱，吴晓冬，阴帅可．张掖大佛寺大佛殿的空间图式和法式特征．天津大学学报（社会科学版），2007（03）．

[56] 荣新江．盛唐长安与敦煌——从俄藏《开元廿九年（741）授戒牒》谈起．浙江大学学报（人文社会科学版），2007（03）．

[57] 胡辞，王青．中国传统佛寺与道观之选址布局比较．华中建筑，2006（05）．

[58] 冉万里．唐代舍宫为寺考略．西北大学学报（哲学社会科学版），2005（05）．

[59] 王艳云．西夏壁画中的药师经变与药师佛形象．宁夏大学学报（人文社会科学版），2003（01）．

[60] 王艳云．河西石窟西夏壁画中的弥勒经变．宁夏大学学报（人文社会科学版），2003（04）．

[61] 李桂红．中国汉传佛寺建筑与佛教传播初探．西南民族学院学报（哲学社会科学版）2002（S4）．

[62] 王媛，路秉杰．中国古代佛教建筑的场所特征．华中建筑，2000（03）．

[63] 樊锦诗 . 敦煌石窟研究百年回顾与瞻望 . 敦煌研究，2000（02）.

[64] 刘玉权 . 敦煌三危山和尚沟古佛寺遗址踏查记 . 敦煌研究，1999（03）.

[65] 周维平 . 试论敦煌壁画的空间结构 . 敦煌学辑刊，1998（02）.

[66] 宿白 . 隋代佛寺布局 . 考古与文物，1997（02）.

[67] 高介华 . 中国佛教净土宗第一寺——古灵泉寺增建重建重修及环境改造
详规揭略 . 华中建筑，1997（04）.

[68] 戴俭 . 禅与禅宗寺院建筑布局研究 . 华中建筑，1996（03）.

[69] 梅林 . 律寺制度视野：9~10 世纪莫高窟石窟寺经变画布局初探 . 敦煌
研究，1995（01）.

[70] 张弓 . 汉唐佛寺主体建筑之型制的演变 // 郑学蒙 . 唐文化研究论文集 . 上
海人民出版社，1994.

[71] 张弓 . 唐代佛寺群系的形成及其布局特点 . 文物，1993（10）.

[72] 孙宗文 . 我国佛寺平面布局沿革考 . 法音，1985（02）.

[73] 段文杰 . 略论敦煌壁画的风格特点和艺术成就 . 敦煌研究，1982（02）.

[74] 梁思成 . 中国的佛教建筑 . 清华大学学报，Vol. 8（02）1961.12：
51~74.

[75] Alexander Soper. Early Chinese LandscapePainting. The Art
Bulletin, XXIII, 1941：143-144.

[76] 梁思成 . 所知道的唐代佛寺与宫殿 . 中国营造学社汇刊，1932,Vol.3（1）.

[77] 梁思成 . 伯希和关于敦煌建筑的一封信 . 中国营造学社汇刊，1932,
Vol.3（3）.

[78] 赵声良 . 敦煌北朝石窟形制诸问题 . 敦煌研究，2006（05）：1-15.

[79] 张节末 . 禅宗美学 . 北京：北京大学出版社，2006.

[80] 皮朝纲 . 禅宗美学思想的嬗变轨迹 . 北京：电子科技大学出版社，
2003.

[81] 吕澄 . 印度佛学源流略讲 . 上海：上海人民出版社，2005.

[82] 建筑思潮研究所 . 寺院建筑：本堂·书院·库里·お堂 . 东京：建筑资
料研究社，1999.

[83] MEISEI 出版公司 . 现代建筑集成：宗教建筑 . 沈阳：辽宁科学技术出
版社，2000.

[84] 觉风佛教艺术文化基金会佛教建筑研究发展中心 . 1998 佛教建筑设计与发
展国际研讨会会议实录暨论文集 . 台北：觉风佛教艺术文化基金会，1998.

[85] 王武烈 . 佛教与建筑文化 . 内部发行版本 . 台北：台湾佛教正见学会，
2002. http：//wisdombox.org/.

学位论文

[1] 刘铨芝, 吴让治. 台湾佛教寺院空间之研讨: 以显宗寺院为题进行宗教空间现代化之初探. 台南: 成功大学, 1986.

[2] 张勃. 汉传佛教建筑礼拜空间探源. 北京: 清华大学建筑学院, 1996.

[3] 张斌. 敦煌莫高窟本生故事壁画的图式与空间研究. 兰州: 西北师范大学, 2004.

[4] 王雪莹. 正定开元寺形制初探. 北京: 清华大学建筑学院, 2008.

[5] 徐雄. 唐宋时期汴州 (东京) 相国寺形制发展历程的研究. 北京: 清华大学建筑学院, 2004.

[6] 侯洪涛. 正定隆兴寺建筑及格局研究. 北京: 清华大学建筑学院, 2008.

[7] 高燕. 四川地区唐代石窟西方净土变研究. 成都: 四川大学, 2007.

[8] 郭俊叶. 敦煌莫高窟第 454 窟研究. 兰州: 兰州大学, 2010.

[9] 何孝荣. 明代南京寺院研究. 天津: 南开大学, 1998.

[10] 刘颖. 敦煌莫高窟吐蕃后期经变画研究. 北京: 中央美术学院, 2010.

[11] 王惠民. 敦煌净土图像研究. 中山: 中山大学, 2000.

[12] 孙旭. 宋代杭州寺院研究. 上海: 上海师范大学, 2010.

[13] 陈大为. 唐后期五代宋初敦煌僧寺研究. 上海: 上海师范大学, 2008.

[14] 戴俭. 禅与禅宗寺院建筑布局初探. // 星云. 中国佛教学术论典 (第 75 卷). 台北: 佛光山文教基金会. 2001 (戴俭. 禅与禅宗寺院建筑布局研究. 南京: 东南大学大学建筑学院, 1987).

[15] 袁牧. 中国当代汉地佛教建筑研究. 北京: 清华大学建筑学院, 2008.

[16] 黄德宝. 台湾地区佛教图书馆发展之研究. 台北: 台湾天主教辅仁大学, 2001.

后　记

　　本书的研究从最初兴起基于佛教石窟经变壁画的研究兴趣，到几经斟酌落实到对敦煌莫高窟相关遗存的整体探究，随后又基于本人博士学位论文的研究，在国家自然科学基金的资助下得以继续深化完善。这期间，我也经历了从学生到教师的转换。这本书不仅可以看作是一项学术研究的阶段性总结，也是一个研究者逐渐成长的记录。此时此刻，我在兴奋的同时，更多的则是感到忐忑与责任。

　　2010 年夏末，有幸拜入恩师清华大学建筑学院教授王贵祥先生门下攻读博士研究生，开始正式从事建筑历史研究，振奋、欣喜、纠结、艰辛与收获，林林总总，充实了其后四年的学习。最初选择敦煌莫高窟作为研究对象，恰是藉由恩师当时的研究项目为自己的兴趣找到了一个可以延伸的基点。衷心感谢恩师的亲切教诲和大力支持，先生深厚渊博的学术造诣、严谨求实的学术作风和学术精神让我受益终身。

　　2011 年初秋，犹记得开题报告会上，清华大学建筑学院郭黛姮、吕舟、贾珺、刘畅诸位老师对选题的认可与期许，感谢诸位老师在论文开题和写作过程中给予的指导和建议。

　　2012 年春夏，藉由国家留学基金委的资助，远渡重洋，在美国宾夕法尼亚大学东亚系度过了紧张而充实的六个月。感谢 Nancy Steinhardt 教授的慷慨帮助和培养，也使我有机会学习到国际化的学术研究方法，并助力论文资料搜集得以顺利完成。

　　2013 年隆冬，博士论文的写作告一段落，非常幸运收获了来自清华大学郭黛姮、故宫博物院晋宏逵、天津大学王其亨、北京大学孙华诸位先生给予的中肯意见，感谢先生们的无私指教，这让我获益匪浅，也为我后续的研究指明了发展方向。

　　2014 年开春，重新回到母校天津大学建筑学院，开始了我梦寐以求的教师职业生涯，感谢恩师黄为隽先生多年来给予的支持与关怀，感谢天津大学建筑学院各位师长对我的信任与鼓励，感谢学院为本研究的开展所提供的支持，感谢各位同事的真诚友谊和热忱帮助。

感谢家人对我长期伏案写作的牵挂与配合，感谢孩子对我沉浸于研究工作的理解与宽容。

感谢所有对我的有关研究给予帮助和支持的人士。

本研究承蒙国家自然科学基金（丝绸之路沿线的佛教石窟与 5~9 世纪佛寺空间模式及其生成逻辑研究，项目批准号：51608354）的资助，特此致谢。

著者　谨识

2018 年 10 月